BOBBY SCHENK

SEGELN IM REICH DER STÜRME

BOBBY SCHENK

SEGELN IM REICH DER STÜRME

MIT YACHT UND MINIFLIEGER BIS ANS ENDE DER WELT

DELIUS KLASING VERLAG

Die Deutsche Bibliothek – CIP-Einheitsaufnahme

Schenk, Bobby:
Segeln im Reich der Stürme: mit Yacht und Miniflieger bis ans Ende der Welt/Bobby Schenk. [Fotos: Carla und Bobby Schenk]. – Bielefeld: Delius Klasing, 1994
(Segeln & Abenteuer)
ISBN 3-7688-0831-9

ISBN 3-7688-0831-9

Fotos: Carla und Bobby Schenk
Porträtzeichnungen: Annette Bätjer
Umschlaggestaltung: Buchholz/Hinsch/Hensinger, Hamburg
Druck und Bindung: Clausen & Bosse, Leck
Printed in Germany 1994

Gunther Plüschow,
dem heldenhaften Segler und Flieger
gewidmet

Inhalt

Vorwort

Wir leben in der großen Freiheit!

Zumindest glauben wir das, es wird uns ja immer wieder gepredigt.

Vielleicht stimmt es sogar, vor allem, wenn wir unser Leben mit dem jener Menschen vergleichen, die in anderen Ländern, in anderen politischen Systemen leben.

Mal ehrlich: Fangen wir mit dieser Freiheit auch was Gescheites an? Wie sieht denn der normale Alltag eines mittleren Arbeitnehmers (zu denen ich mich zähle) aus?

Nach einem achtstündigen Arbeitstag und der einstündigen Bahn- oder Autofahrt durch das Verkehrsgewühl unserer Großstädte erreichen wir erschöpft unsere Wohnung. Nach dem Abendessen geht es mit schöner Regelmäßigkeit vor die Glotze, um – wie die meisten „zivilisierten" Menschen auch – recht wahl- und kritiklos die Fernsehprogramme über uns ergehen zu lassen. Gegen zehn oder elf Uhr (das kann man ruhig so verallgemeinern, weil wir ja Tagesschauzeit-gebunden leben) haben wir, nicht nur wegen der Fernsehprogramme, sondern auch wegen des genossenen Bieres, meist die richtige Bettschwere, um bis zum anderen Morgen so gegen sechs Uhr schlafen zu können. Dann geht's wieder zurück an den Arbeitsplatz.

Das ist der Alltagstrott.

Steht Urlaub an, lassen wir uns von einem Reisebüro oder von einem dicken Katalog unser Reiseziel vorschreiben. Alles ist vortrefflich organisiert, die Hotelbetten rund um den Erdball warten schon auf zahlungskräftige Touristen aus Deutschland.

Jedes Jahr steht so ein Urlaub an; macht in der gesamten Lebensarbeitszeit 30 bis 40 Urlaubsflüge.

Dann geht's in Rente! Schließlich haben wir das ganze Leben ja nur dafür gearbeitet.

So besteht unser freies Leben im wesentlichen darin, daß wir auf den Ferienreisen um den Globus kommen, jedenfalls in zahlreiche Hotelbetten auf allen Kontinenten. Im übrigen sehen wir die Welt nur noch durch den Trichter des Fernsehens.

Ist das ein erfülltes Leben? Beschränkt sich unsere vielgerühmte „Freiheit“ letztlich nicht darauf, daß wir die Wahl unter zehn Biersorten und 20 Fernsehprogrammen haben? Der eine oder andere wird jetzt protestieren. Das sei etwas überspitzt, vereinfacht. Schließlich hätten wir ja auch sehr schöne Autos zur Auswahl, ja, wir könnten zumindest im Urlaub ausbrechen und zum Beispiel mit einem Charterschiff in Westindien herumsegeln, wenn uns der Sinn danach steht (und wir es uns leisten können)! Sogar bis nach den Tongainseln läßt sich mit Hilfe eines Charterunternehmens ein Urlaub unter Segeln organisieren.

Wie ich das Wort „organisieren“ hasse! Als besonders gelungenen Urlaub bezeichnen wir den, der gut „organisiert“ war. Wo also andere uns das Denken abgenommen haben. Aber: In Wirklichkeit wird nicht der Surfurlaub auf Fuerteventura organisiert, nicht die Tauchexpedition auf den Malediven, nicht das Wildwasserabenteuer in Alaska, nein, wir(!) werden organisiert, wir freien Menschen. Fast scheint es, als würden wir auf unsere Gestaltungsmöglichkeiten keinen Wert mehr legen. Das Denken nehmen uns bunte Prospekte ab, und unsere bescheiden gewordenen Träume verwirklichen wir mit Kreditkarten. Nicht mehr mit unserer Phantasie.

Viel wird heute über die Trostlosigkeit unserer Zeit gejammert, die Null-Bock-Generation beklagt. Freuen wir uns doch, daß es so viele gibt, die keine Zukunft mehr sehen und apathisch den Kopf in den Sand stecken. Das schafft Freiräume für Menschen, die noch was anpacken.

Deshalb soll in diesem Buch nicht nur von recht ungewöhnlichen Erlebnissen berichtet, es sollen auch Anregungen – nicht mehr, aber auch nicht weniger – gegeben werden, was man mit seinem Leben sonst noch anstellen kann. Auch ich bin an die Zwänge der Urlaubsregelung gebunden und finanziell genauso eingeengt wie jeder mittlere Arbeitnehmer.

Eine Vorlage dafür, wie man seine nächste Urlaubsreise gestalten kann, ist dieses Buch freilich nicht. Es soll vielmehr aufzeigen, daß es auch in unseren „freiheitlich" durchorganisierten, deshalb beengten Lebensräumen eine Reihe von Möglichkeiten gibt, auszubrechen. Mit „Ausbrechen" meine ich nicht, alles hinzuschmeißen, wohl aber, die Möglichkeiten zu nutzen, die uns unser System offenläßt.

Daß jeder Leser dies auf eigene Art schafft, wünsche ich von Herzen.

Bobby Schenk

GESTRANDET

Carla und ich hatten uns vor vielen Jahren (als wir noch nicht lange verheiratet waren) von unseren Ersparnissen für den Preis eines mittleren Sportwagens eine kleine Segelyacht gekauft. Das Segeln auf dem Chiemsee, tief im Oberbayrischen, begeisterte uns derart, daß wir uns ziemlich bald vornahmen, den ganz großen Törn zu wagen. Von 1970 bis 1974 umsegelten wir die Welt. Nachdem wir anschließend fünf Jahre lang wieder in unseren Berufen gearbeitet hatten, zog es uns von neuem in die Ferne. Ein Südseetraum sollte wahr werden. Wir wanderten mit unserer 16 Meter langen Stahlyacht, der THALASSA II, in das Herz des Stillen Ozeans, nach Tahiti und Moorea, wo wir uns in der Cook's Bay ein Grundstück mit einem kleinen Haus kauften. Aussteigen wollten wir – und das, lange bevor „aussteigen“ zu einem Modewort wurde.

Wir lebten zufrieden unter Südsee-Insulanern, doch bald merkten wir, daß das Leben auf einer Insel, zumindest für uns Mitteleuropäer, kein Leben in der ganz großen Freiheit ist. Deshalb kehrten wir nach vier Jahren erneut nach Europa zurück, wo ich das große Glück hatte, trotz gestiegener Arbeitslosenzahlen wieder in meinen Beruf als Jurist einsteigen zu können.

Unser Leben zu Hause wurde fast so abwechslungsreich wie die Jahre auf dem Wasser. Nein, ich meine nicht die Stunden, die ich im Büro zubringe (obwohl auch die gelegentlich hochinteressant sind); ich denke da an Erlebnisse, die nur indirekt mit dem Segeln zu tun haben. So lernte ich anläßlich unserer Vorträge über unsere Segelreisen Städte in Deutschland kennen, die ich vorher nicht einmal dem Namen nach gekannt hatte. Häufig aber sahen wir außer dem Saal, in dem die Groß-Dia-Shows stattfanden, nicht viel, denn meistens mußte ich am anderen Morgen schon wieder an meinem Arbeitsplatz sein.

Wir trafen bei solchen Gelegenheiten Menschen, die mit uns die gleiche Sehnsucht nach der See oder dem See hatten. Darüber freuten wir uns. Selten gab es Ärger, niemals mit Seglern. Mit den unverzichtbaren Hausmeistern der Hallen, Säle oder Aulen schon eher. Insbesondere dann, wenn unser Vortrag in eine Zeit fiel, wo sie eigentlich frei hatten. Der Samstagabend verursachte oft in Schulen Reibungen, vor allem, wenn Thomas Gottschalk oder die lustigen Felix und Paola wirkten. „Ich gebe Ihnen hier eine Telefonnummer, da können Sie mich erreichen. Aber nur im Notfall!" Da wußte ich schon sehr viel über das Fernseh-Abendprogramm. Und wenn ich dazu die Alkoholfahne des Meisters roch, konnte ich mir nur noch den Daumen halten, daß bloß keine Sicherung rausflog. Denn der gute Mann war ab acht oder neun Uhr kaum noch ansprechbar.

Ich könnte jetzt ein interessantes Buch schreiben mit dem Titel „Deutschland, deine Hausmeister". Ein Kapitel wäre einem gewidmet, der in der Aula einer Schule im Fränkischen „Dienst" tut. Er hat die Eigenart, ziemlich nachdrücklich auf das Dienstende, und zwar sein Dienstende (nicht das, welches im Vertrag steht!), dadurch aufmerksam zu machen, daß er pünktlich um halb zehn die schrille Pausenklingel läutet. Es ist ihm gleichgültig, ob ich gerade bei den spannenden Dias vom Haiangriff bin und das Publikum atemlos zuhört. Noch rigoroser ist ein Hausmeister im Norden, der um zehn die Türen der Schulaula abschließt, ob der Vortrag zu Ende ist oder nicht. Dieser Hauschef ist unter den Vortragenden in ganz Deutschland bekannt. Trotzdem kommt es immer noch vor, daß die Zeit überzogen wird. Dort passiert das jedem Vortragenden aber nur einmal!

Solche Grobheiten erlebten wir mit meinen treuen Besuchern nie. Um einen falschen Eindruck gar nicht erst aufkommen zu lassen, muß ich aber auch zugeben, daß ich gelegentlich Zuhörer hatte, die von meinem Vortrag nicht gerade begeistert waren. Wie zum Beispiel in Flensburg. Als Bayer versuchte ich, hochdeutsch zu sprechen, obgleich ein gewisser Akzent nicht zu vermeiden war, der aber da droben im Norden ganz gut ankam. Mit einer Ausnahme: Nach dem Vortrag kam ein Flensburger (mit Elbseglermütze) zu mir und meinte, die Bilder hätten ihm ja ganz gut gefallen. Schwierigkeiten habe er lediglich damit gehabt, mich zu verstehen. „Haben Sie einen Sprachfehler?“

Vorträge und Bücher über unsere Segelreisen um die Welt* hatten mir einen bescheidenen Nebenverdienst eingebracht, mit dem wir uns ein winziges, einmotoriges Flugzeug vom Typ Mooney 252 leisten konnten. Diese kleinen Maschinen sind – vor allem, wenn man eine gebrauchte kauft – nicht viel teurer als ein Auto der gehobenen Preisklasse.

Für uns hatte das Flugzeug den großen Vorteil, daß wir die wenigen Wochen des Urlaubs und die Wochenenden zeitlich wesentlich besser nutzen konnten. Bedurfte es früher einer eintägigen Autofahrt, um am Mittelmeer segeln zu können, so saß ich jetzt, dank meines Flugzeuges, schon drei Stunden nach dem Abheben im Cockpit einer Segelyacht.

In erster Linie gingen unsere Flüge in Richtung Mittelmeer, weil Carla und ich uns auf einem Segelschiff erst dann richtig wohlfühlen, wenn wir von warmem Wasser umgeben sind und wenn wir barfuß auf dem Deck herumlaufen können. „Barfußsegler“ also? Für mich ist das kein Schimpfwort, es trifft vielmehr haargenau den Lebensstil, wie ich ihn mir auf einem Schiff vorstelle. Wenn manche Segler sich angeblich nach einem Sturm sehnen, so betrachte ich das als Heuchelei. Freilich, die Auseinandersetzung mit der Natur macht die Segelei erst reizvoll, aber überwiegen sollten doch ihre angenehmen Seiten: Sonne, warmes Wasser, blauer Himmel. Eben Barfußsegelei.

Wenn wir gleichwohl im Januar 1983 um das Kap Hoorn gesegelt sind, mit der Aussicht auf Stürme, Schnee und Eis, so stand die schiere Zeitnot dahinter. Wir waren froh, als wir das Kap bei Sonnenschein umrundet hatten. Dieses in unserem Seglerleben sicher eindrucksvollste Erlebnis hatten wir uns allerdings in den berühmt-berüchtigten Brüllenden Vierzigern hart erkämpfen müssen, wo wir unsere stärksten Stürme erlebten mit bis zu 20 Meter hohen Wellenungeheuern, die uns die nackte Angst einjagten. Wir waren froh, als wir die Roaring Forties hinter uns hatten.

* *„80 000 Meilen und Kap Hoorn – Ein Seglerleben“ und „Freiheit hinterm Horizont – Die klassische Weltumsegelung“, Delius Klasing Verlag, Bielefeld.*

Häufig bin ich gefragt worden, ob die Eingliederung ins Berufsleben nach so vielen Jahren auf See und an Südseestränden nicht besonders schwierig gewesen sei. Wenn ich mit einem ehrlichen „Nein!“ antwortete, schien es mir so, als hätte ich damit eine gewisse Enttäuschung ausgelöst. Offensichtlich erwartete man von Carla und mir, daß wir das Leben in unserer Wohlstandsgesellschaft beklagten und uns zu den verlorenen Paradiesen in der Südsee zurücksehnten. Wer kann auch schon nachvollziehen, daß wir die schönen und angenehmen Seiten des Lebens hierzulande in der Südsee fast schmerzlich vermißten.

Resozialisierungsschwierigkeiten hat es für uns jedenfalls nicht gegeben. Es fiel mir gar nicht schwer, wieder jeden Tag zur Arbeit zu gehen und einen Anzug statt eines T-Shirts anzuziehen. Es war so, als sei ich aus einem Urlaub zurückgekehrt – tatsächlich aber waren vier Jahre vergangen. Ich hatte nicht einmal verlernt, die Krawatte zu binden. An das Tragen von Schuhen aber konnte ich mich nicht gewöhnen. Auch heute noch, wenn ich nach Hause komme, werfe ich als erstes meine Schuhe in die Ecke und laufe, wann immer es geht, barfuß herum.

Notfall

Der lange Winter hatte uns ungeduldig gemacht. Ich vermißte das Gefühl, eine nasse Schot in den Händen zu halten, ich vermißte das Wiegen eines Schiffsrumpfs, der unter Backstagsbrise seinen Weg durchs Wasser schneidet. Da kam die Einladung zu einem verlängerten Segelwochenende im April auf der Ostsee gerade recht. Jungfernfahrt mit einer Zwölf-Meter-Yacht.

Begleitet von Kopilot Peter, flogen Carla und ich mit unserer kleinen Maschine von München nach Lübeck. Ein Flug ohne größere Probleme, wiewohl sich beim Landeanflug graue Regenwolken am Horizont zeigten.

Die waren schließlich schuld daran, daß unser Segeltörn buchstäblich ins Wasser fiel – nicht etwa wegen der unfreundlichen Witterung, auch nicht wegen der beißenden Kälte, nein, es war einfach kein Wind. Und so verbrachten wir das Wochenende nicht auf der Ostsee, sondern kartenspielend in der feuchten Kajüte einer schönen Segelyacht, die noch so neu war, daß auch der stark heizende Ventilator den Polyestergeruch nicht vertreiben konnte.

Als wir am Sonntagmittag immer noch keinen Meter gesegelt hatten, fuhren wir ziemlich mißmutig mit einem Taxi zum Flughafen von Lübeck. Jenem, der kurze Zeit später fast in die Geschichte der Bundesrepublik Deutschland eingegriffen hätte, als dort ein Flugzeug mit dem damaligen Ministerpräsidenten von Schleswig-Holstein an Bord im Landeanflug verunglückte. Der Ministerpräsident überlebte das Unglück als einziger.

Die Bedingungen für den Rückflug sahen nicht gut aus, denn die Jahreszeit war für eine so lange Strecke vom Norden bis zum Süden Deutschlands nicht besonders günstig. Selbst wenn wir in Lübeck ohne weiteres starten könnten: Auf dem Weg nach München mußten wir durch Regionen, die noch schlechteres Wetter aufweisen würden.

Fliegen läßt sich nicht mit Autofahren vergleichen. Die häufigen Unfälle der „kleinen“ Flieger ohne Fremdverschulden belegen das drastisch. Das große Problem beim Fliegen eines kleinen Flugzeuges ist immer noch das Wetter. Nicht, daß es empfindlicher gegen Witterungseinflüsse wäre als die großen Verkehrsmaschinen: Man kann mit den Kleinen schlechtem Wetter kaum ausweichen. Die Jets fliegen stets über dem Wetter, die schwächeren Propellerflugzeuge sind immer drin im Dreck.

Tatsächlich sind etwa 90 Prozent aller Flugunfälle, die die Fliegerei mit den kleinen Flugzeugen so in Verruf bringen, auf schlechtes Wetter zurückzuführen. Häufigster Grund für den Absturz ist das Einfliegen in Wolken mit Sichtverlust. Denn es ist keineswegs so, daß jedes Flugzeug oder jeder Pilot „blindfliegen“ kann. Hierzu bedarf es einer umfangreichen Instrumentierung und einer besonderen Ausbildung.

Kopilot Peter und ich hatten uns die Berechtigung, nach Instrumenten zu fliegen, zusammen hart erarbeitet. Dafür hatte Madlene Clausen, unsere Fluglehrerin, gesorgt. Madlene hatte mit uns weniger Schwierigkeiten als mit meinem Flugzeug. Denn bei einsfünfundfünfzig Körpergröße fiel es ihr schwer, mit den Zehenspitzen die Pedale zu erreichen. Und wenn sie schließlich den Sitz so verschob, daß die Pedale in Reichweite waren, konnte sie kaum noch die Landebahn sehen. Mit weiblichem Charme überspielte sie die Situation, indem sie sich vor dem Einsteigen stets erst die Stöckelschuhe auszog, um dann barfuß auf den Sitz zu rutschen.

Mit dem Charme war es allerdings schnell vorbei, wenn es um die Präzision beim Fliegen ging. Als mal ein Fluglotse sich auf einem unserer gemeinsamen zahllosen Trainingsflüge über Bayern und Österreich mir als Anfänger gegenüber etwas im Ton am Funk vergriff und mich wegen irgendeiner Kleinigkeit zusammenstauchte, hatte er nicht mit der kleinen Madlene neben mir gerechnet, in der die Löwin erwachte. Sie fauchte: „Geben Sie mir mal das Mikrofon!“

Was dann folgte, möchte ich hier nicht wiedergeben. Nur soviel: Der restlos verdutzte Fluglotse im Tower wurde schlagartig einsil-

Madlene Clausen

big und beschränkte sich fortan auf einen eintönigen, aber korrekten Funkverkehr.

Nicht, daß Madlene ein schlechtes Verhältnis zu den Fluglotsen hätte. Ganz im Gegenteil! Wer einmal auf einem Lufthansaflug die Möglichkeit hat, im Cockpit für ein paar Minuten dem Funkverkehr zu lauschen, der hört bei ein wenig Zufall, wie der Fluglotse der Flugverkehrskontrolle seine sachlichen Anweisungen mit einem freundlichen „Tschüß Madlene“ abschließt. Man kennt Madlene am Himmel Deutschlands. Und sollte im Kapitänssessel eine blonde Dame mit vier Streifen sitzen, dann handelt es sich ziemlich sicher um Madlene Clausen. Eine Dame, die keine Quotenregelung braucht!

Doch zurück zu unserem Heimflug von Lübeck in den Süden. Also, von unserer Ausbildung her war der Flug kein Risiko. Aber eine andere Gefahr lauerte auf unser kleines Flugzeug (wie meistens zu dieser Jahreszeit): Vereisung.

Im Gegensatz zu den großen Jets und anderen Maschinen, die gewerblich eingesetzt werden, besitzen kleine Flugzeuge kaum jemals wirksame Anlagen, um einer Vereisung entgegenzuwirken oder angesetztes Eis abzusprengen. Vereisung kann tödlich sein (und ist es häufig auch). Denn das Flugzeug lädt sich mit dem Eis eine ganze Menge Zusatzgewicht auf, das schließlich dazu führt, daß der Flieger einfach nicht mehr in der Lage ist, sich in der Luft zu halten.

Das ist aber selten der Grund, warum ein Flugzeug abstürzt. Viel wahrscheinlicher ist, daß es schon früher runterfällt. So wie das Segel eine ganz bestimmte Form haben muß, um Vortrieb zu erzeugen, so hält sich ein Flugzeug nur deshalb in der Luft, weil seine Tragflächen aerodynamisch so geformt sind, daß die vorbeifließende Luft sich in ungestörter Strömung an die Tragflächen anschmiegt. Wenn sich deren Profil durch Eisansatz verändert, dann wird die Luft an der Oberfläche der Tragflächen (besonders an den Vorderkanten) sehr rasch schon so verwirbelt, also gestört, daß – wie der Fachmann sagt – die Strömung abreißt und das Flugzeug aufhört zu fliegen. Mit verheerenden Folgen!

Bei kleinen Flugzeugen gibt es nur ein einziges Mittel gegen die Vereisung, und das ist, sie zu vermeiden. Vereisung kann sich nur dann bilden, wenn die Temperatur entsprechend niedrig ist und das Flugzeug sich in sichtbarer Feuchtigkeit bewegt, wenn es also bei Temperaturen um den Gefrierpunkt und darunter in Wolken fliegt. Bei Temperaturen deutlich über Null oder wenn man frei von Wolken fliegt, braucht man Vereisung nicht zu fürchten.

Noch eine wichtige Grenze gegen die Vereisung gibt es, die später eine große Rolle spielen soll: Wenn die Temperatur unter minus 20 oder 30 Grad sinkt, kann sich auf der Tragfläche kein Eis mehr bilden, weil es bereits vorher „ausgefallen" ist (meist in Form von Niederschlägen).

Das also war unser Hauptproblem an jenem verregneten, dunkelgrauen Tag in Lübeck. Ich schickte Kopilot Peter nochmals ins Flughafenbüro, um den letzten Wetterbericht abzuholen. Peter ist einer der bemerkenswertesten Flieger, die mir jemals begegnet sind. Seinen 18. Geburtstag hatte er gerade hinter sich, als er zwar noch keinen Autoführerschein, wohl aber den Privatpilotenschein besaß. Das wäre an und für sich nichts Besonderes, denn in der Bundesrepublik gibt es eine Reihe von knapp 18jährigen Piloten. Keiner von denen aber hat eine Instrumentenflugberechtigung, volkstümlich „Blindflugschein“ genannt. Wenn man bedenkt, daß diese Qualifikation neben einer großen Anzahl von Flugstunden auch eine halbjährige Ausbildung in Theorie, am Simulator und natürlich auch hinter dem Steuerknüppel erfordert, läßt sich ermessen, mit wieviel Energie und Begeisterung Peter die Fliegerei betreibt. Mir scheint, daß es im Leben von Peter (bis jetzt zumindest) keine anderen Interessen als Fliegen gibt.

Peter kam mit dunkler Miene und schlechten Nachrichten zurück: Die Null-Grad-Grenze lag quer über Deutschland zwischen Flightlevel 50 und 60, was einer Höhe über dem Meeresspiegel von 5000 bis 6000 Fuß entspricht.* Die Mindestflughöhe für Instrumentenflug – wegen der Wolken mußten wir nach Instrumenten fliegen – liegt über Deutschland bei 5000 Fuß. Und genau dort war auch die Null-Grad-Grenze. Damit war dieser Flug nicht möglich, denn wenn wir bei null Grad in die Wolken einfliegen würden, dann würde sich innerhalb von wenigen Sekunden massives Eis an unseren Tragflächen bilden. Eine Chance, nach oben durchzusteigen, bestand auch nicht, denn die Wolkenmassen waren so dicht und so hochragend, daß wir sie erst in einer Höhe von 13 000 oder 15 000 Fuß unter uns gelassen hätten. Auf diese Höhe wären wir aber sicher erst nach zehn bis 20 Minuten gekommen – eine viel zu lange Zeit. Wir wären wegen des Eisansatzes schon vorher flugunfähig geworden. Zumindest aber wären die Flugeigenschaften der Mooney so mies geworden, daß Weitersteigen nicht mehr drin gewesen wäre.

Wir warteten ungeduldig und telefonierten mit anderen Wetterstationen in der vagen Hoffnung, daß sie die Situation etwas optimistischer beurteilen würden. Natürlich trog die Hoffnung, es blieb zunächst bei den vorhergesagten Wetterbedingungen. Endlich, nach drei Stunden, bekamen wir die Nachricht, daß die Null-Grad-Grenze nunmehr höher läge. Sie würde zwar nicht über 6000 Fuß ansteigen, aber 200 Kilometer südlich von Lübeck würde sich die Wolkendecke lichten, und wir könnten dann – blauen Himmel

* *In der Fliegerei wird die Höhe ausschließlich in Fuß angegeben. Teilt man die Höhe in Fuß durch drei, so erhält man – ganz grob – die Höhe in Meter. 6000 Fuß sind also rund 2000 Meter.*

vorausgesetzt – bedenkenlos auch in niedrigere Temperaturen aufsteigen.

Also, schnell ins Flugzeug, bevor es sich der Wettergott noch einmal anders überlegte. Der Start verlief problemlos. Noch im Steigflug unter Sichtbedingungen bekamen wir vom Fluglotsen in Hamburg schon die Freigabe für den Instrumentenflug. Dank eines besonderen Instrumentes mit dem nichtssagenden Namen „Transponder“ sendete unsere Maschine spezielle Radarsignale aus, die es dem Fluglotsen nicht nur ermöglichten, uns eindeutig zu identifizieren; sie zeigten auf dessen Bildschirm auch unsere ungefähre Geschwindigkeit und vor allem unsere Flughöhe an.

Bald hatten wir 5000 Fuß erreicht. Ich konzentrierte mich auf die Instrumente, denn ohne auf dem künstlichen Horizont fortlaufend die Fluglage zu kontrollieren, kann man das Flugzeug in Wolken nicht länger als fünf Minuten waagerecht halten. Nicht einmal der erfahrenste Testpilot ist dazu in der Lage.

Während ich also mit den Augen die Instrumente vor mir abtastete, beobachtete Peter auf dem Kopilotensitz aufmerksam das Thermometer und gab die Temperaturen an. Die Nadel bewegte sich zwar schon im gelben Bereich (Eisgefahr!), doch noch prasselte Regen gegen unsere Windschutzscheibe. Die Nadel stand noch deutlich im Plusbereich. Wenn es also nicht mehr kälter werden würde, dann hatten wir in unserer Flughöhe von 5000 Fuß nichts zu befürchten. Trotzdem vergingen die 30 Minuten in den Wolken und nahe der Null-Grad-Grenze nur sehr langsam. Endlich, ca. 130 Kilometer südlich von Lübeck, wurden aus der grauen, gleichmäßigen Wolkenschicht Wolkenfetzen, die an uns vorbeiflogen. Und schließlich – Carla auf dem Rücksitz sowie Peter und ich deuteten fast gleichzeitig auf den blauen Fleck vor uns – waren wir aus den Wolken heraus. Wir baten die Flugverkehrskontrolle um einen höheren Flightlevel, der uns mit „90“ (9000 Fuß also) gewährt wurde. Wir stiegen, und das Thermometer sank sehr bald unter null Grad, bis es schließlich bei minus fünf Grad stehenblieb. Wir wußten, daß wir das Schlimmste hinter uns hatten, und in etwa eineinhalb Stunden würden wir in München landen. Peter hatte auf der Frequenz von Wetter Frankfurt bereits gute Nachrichten empfangen: über ganz Bayern blauer Himmel.

Millimetergenau stellte ich jetzt die Instrumente ein. Die auf der Sonnenblende abgedruckte Tabelle gab mir exakt die Leistungen an, die ich mit dem Propellerverstellhebel und dem „Gas“ zu justieren hatte. Solche Werte sind nicht etwa immer gleich, denn in der Tabelle werden Temperatur und Flughöhe berücksichtigt. Im Gegensatz zum Auto zeigt im Flugzeug ein Instrument an, wieviel Leistung der Motor gerade abgibt. Das ist der sogenannte Ladedruck. Den stellte ich auf genau 22,4 Inches ein. Die Maschine summte gleichmäßig vor sich hin.

Als ich zufällig auf den Ladedruckmesser sah, stellte ich entsetzt fest, daß die Nadel zwischen 13 und 14 Inches stand. Das bedeutete, daß der Motor praktisch nichts mehr leistete. Ich hatte inzwischen den Steuerautomaten eingeschaltet, der trotz der fehlenden Motorleistung weiterhin die Höhe hielt. Ein Blick auf den Geschwindigkeitsmesser sagte mir, daß der Ladedruckmesser einwandfrei funktionierte. Die Geschwindigkeit war von 140 Knoten auf 120 und dann auf 100 Knoten zurückgegangen. Im gleichen Moment sagte Peter ohne Panik: „Wir haben keinen Ladedruck mehr!“

Dies war eine Situation, von der jeder Pilot eines einmotorigen Flugzeuges hofft, sie nie zu erleben: Ausfall der Maschine. Zwar hat man als Flugschüler gelernt, daß man in einem solchen Fall wie ein Segelflugzeug erst einmal weitergleitet und sich in Ruhe irgendein Feld für eine Notlandung suchen kann. Tatsächlich aber ist eine andere Frage, ob jemand in der aufkommenden Panik noch fähig zu vernünftigen Handlungen ist.

Ich forderte Peter auf, den Funkverkehr zu übernehmen, ohne der Flugverkehrskontrolle einen Notfall zu erklären. Ich mußte den 18jährigen Bengel bewundern, wie er cool und ohne mit der Stimme zu zittern dem Controller erklärte, daß wir ein kleines Problem mit der Einspritzpumpe hätten.

„Can you help us with radarvectors to the next field?“ (Können Sie uns mit Richtungsangaben zum nächsten Flugplatz helfen?) hörte ich Peter sagen. In Momenten wie diesen ist der Pilot natürlich mit anderen Aufgaben beschäftigt, er hat keine Zeit, Karten zu studieren, um einen geeigneten Notflugplatz zu finden.

Auch bei mir machte sich jetzt die gute Flugausbildung bezahlt:

Ich dachte spontan an die Geschwindigkeit, die ich nun halten müsse. Denn jedes Flugzeug hat eine ganz bestimmte Geschwindigkeit, die es ihm ermöglicht, auch ohne Motorantrieb noch möglichst weit zu gleiten. Es ist die Geschwindigkeit „für das beste Gleiten“, die bei meiner Maschine um die 90 Knoten beträgt. Ich fixierte also das Speedometer und arbeitete mit dem Höhenruder so, daß ich die 90 Knoten ziemlich genau halten konnte.

Wenig später gab der Fluglotse bereits die Richtungsangabe durch: „Fly heading two-seven-zero!“

Ich drehte die Maschine auf Kurs West und fixierte wieder den Geschwindigkeitsmesser. Ein paar Sekunden darauf meldete sich der Fluglotse mit der beruhigenden Mitteilung, daß wir direkt auf einen Flugplatz zufliegen würden. Den Namen nannte er nicht, das spielte in diesem Moment auch gar keine Rolle. Wichtiger für uns war seine Mitteilung, daß er mit der Flugleitung auf dem Flugplatz telefoniert habe; dort werde alles für unsere Notlandung vorbereitet. Um irgendwelchen anderen Flugverkehr brauchten wir uns nicht zu kümmern.

Schon nach wenigen Minuten sah ich die typischen Umrisse eines mittelgroßen Flugplatzes. Doch wir waren für die Landung noch viel zu hoch, und es bestand die Gefahr, daß wir zu spät aufsetzen und über die Bahn hinausschießen würden. Über Funk gab ich durch, daß ich noch einen 360er, einen Vollkreis, drehen würde.

Wir hatten die Hoffnung noch nicht aufgegeben, daß unser Motor wieder kommen würde. Carla blätterte verzweifelt in dem blauen Buch, das jeder Pilot mit sich führt und in dem – schnell auffindbar – für jede spezielle Maschine die Notmanöver dargestellt sind. Ein Laie kann sich kaum vorstellen, daß in einer solchen Situation noch Zeit ist, um sich Informationen aus einem Flughandbuch zu holen. Tatsächlich aber bleiben Minuten, um etwas Vernünftiges zu tun, vorausgesetzt, daß in der Kabine keine Panik ausbricht.

Inzwischen hatte ich eine überflüssige Höhe von 1000 Fuß abgebaut. Die Bahn lag voraus, und wir konnten das Fahrgestell ausfahren. Peter griff zur Checkliste und las sie mir vor. Wieder mußte ich den 18jährigen bewundern, der selbst in einer solchen lebensbedrohenden Situation die Ruhe bewahrte und genau das machte, was für solche Fälle in guten Flugschulen gelehrt wird.

Als wir uns der Schwelle der Landebahn näherten, waren wir vielleicht ein paar Knoten zu schnell. Instinktiv griff mein Kopilot, nun doch etwas nervös, zum Steuerhorn. „Finger weg!" fauchte ich ihn an, und schon erklang die Überziehwarnung. Weich und sanft, so wie es sein sollte, setzte die Maschine auf. Ich war jetzt gespannt, ob sie wenigstens zum Rollen genügend Leistung abgeben würde. Und siehe da: Sie nahm bereitwillig Gas an, so als ob es niemals Schwierigkeiten gegeben hätte! Wir rollten fast bis ans Ende der Bahn. Der Tower wies uns einen Abstellplatz an, den wir aus eigener Kraft erreichten. Alles war plötzlich friedlich um uns herum, es war ein sonniger Frühlingssonntagnachmittag.

Aber wo befanden wir uns? Wir hatten in den letzten Minuten andere Dinge im Kopf gehabt, als uns Gedanken darüber zu machen, wo wir unfreiwillig unsere Heimreise von Lübeck nach München unterbrechen mußten. Es schien kein unbedeutender Flugplatz zu sein, denn die Bahn war rund 1000 Meter lang, und es standen eine ganze Reihe zweimotoriger, offensichtlich gewerblich genutzter Flugzeuge herum.

Noch etwas bleich und leicht wacklig in den Beinen, krabbelten wir aus der Maschine und betrachteten unsere Mooney von außen. Aber nirgendwo waren Öl- oder Rußspuren zu entdecken, die etwas über den Motorausfall verraten hätten. Als wir so um unsere Maschine herumstanden, kamen zwei ältere Spaziergänger vorbei und erkundigten sich, ob hier Rundflüge veranstaltet würden. Ich zuckte mit den Schultern und meinte treuherzig, daß wir selbst nicht wüßten, wo wir uns eigentlich befänden. Der ältere Herr nickte verständnisvoll: „Aha, verfranzt haben Sie sich. Sollte bei einem so schönen Wetter doch nicht passieren!"

Mich machte die Sache mit dem Motor sehr nachdenklich, zumal ich keine Ahnung hatte, warum er uns unterwegs im Stich gelassen und auf der Landebahn wieder voll funktioniert hatte. Auch Peter mit seinem technischen Verständnis konnte mir keine Antwort geben. Ein Mechaniker meinte, vielleicht sei etwas Dreck in der Einspritzdüse gewesen, den es dann wieder herausgedrückt habe. Die Erklärung befriedigte mich nicht.

Merkwürdig war, daß sich das Ganze bei einer Temperatur um den Gefrierpunkt und bei viel Feuchtigkeit abgespielt hatte. Vielleicht war etwas Eis in die Luftansaugung des Motors geraten.

Auch ein Anruf beim Bundesluftfahrtamt am Tag nach der Rückkehr nach München brachte keine Klärung. Mein Vertrauen in die Flugmotoren war nun leicht angeknackst. Es kommt selten genug vor, daß ein Automotor unverhofft stehenbleibt. Noch weniger dürfte das bei einem Flugmotor passieren. Denn Flugmotoren sind großvolumige und langsam laufende (bis 2600 Umdrehungen) Benzinmotoren ohne die Schwachpunkte eines Automotors. Ein Flugmotor hat zum Beispiel kein elektrisches Zündsystem. Das Flugzeug kann also auch nach Ausfall der gesamten Bordelektrik weiterfliegen.

Kurzum, wir fanden es nicht heraus.

Siebter Grad unter Segeln

Zweimal hatten Carla und ich vier Jahre auf dem Wasser gelebt. So etwas war jetzt nicht mehr möglich, denn irgendwann mußte auch ich mal etwas arbeiten. Andererseits war die Segelei so zu unserem Lebensinhalt geworden, daß wir darauf auf keinen Fall verzichten wollten. Nachdem wir aber – das kann ich wohl ohne Übertreibung sagen – die ganze Welt besegelt hatten, wollten wir trotz unserer beschränkten Freizeit keine Segeltörns in den überlaufenen Gebieten am Mittelmeer oder an unseren Küsten erleben, denn die boten doch von der nautischen Schwierigkeit her keine besondere Herausforderung. Es ist nicht so, daß ich die unkomplizierten Sonnentörns an unseren (Mittelmeer-)Küsten nicht liebe. Ja, für mich ist es der Inbegriff des Erholungsurlaubs schlechthin, mit einer schönen Yacht von Fischerdorf zu Fischerdorf, von Hafenkneipe zu Hafenkneipe zu schippern. Aber gelegentlich sollte es seglerisch doch ein wenig anspruchsvoller sein. So wie auch ein Bergsteiger nicht immer mit lieblichen Bergwanderungen zufrieden ist, sondern auch mal einen höheren Grad seines Sports erleben möchte.

So ein anspruchsvoller Segeltörn war jetzt wieder einmal fällig, das spürten wir. Und wenn, warum nicht gleich der siebte Grad unter Segeln?

Und noch etwas war wichtig: Der gesamte Törn sollte höchsten Ansprüchen an die Schwierigkeit genügen. Der ganze Törn, dazu zählten auch An- und Abreise. Wir wollten, so wie bisher, unsere Reiseziele aus eigener Kraft anlaufen.

Früher bedeutete „aus eigener Kraft“ der eigene Kiel, doch das war zeitlich nicht mehr drin. Aber seitdem ich flog, arbeitete in mir immer wieder der Gedanke, man könne statt des eigenen Kiels doch auch die eigenen Flügel benutzen. Will sagen: Wir könnten selbst mit unserer kleinen Maschine die entferntesten Ziele auf der ganzen Welt ansteuern.

Nun sind Sportflugzeuge nicht gerade dazu gedacht, größere Strecken damit zu überwinden. Ohne Tankstopp etwa von Lübeck nach München zu fliegen, quer über Deutschland hinweg, das ist so die Größenordnung, an die der Sportflieger bei der Anschaffung eines einmotorigen Flugzeugs denkt. Größere Etappen sind da nicht drin. Kommt man denn etwa im Pkw mit einer Tankfüllung von München nach Hamburg? Oder noch weiter, gar nach Moskau und nach Sibirien? Oder von München in den Iran? Ohne unterwegs ein einziges Mal eine Tankstelle anzufahren?

Dabei sind unsere Autos nicht einmal gewichtsempfindlich. Wenn man die Zuladung irgendwie in den Wagen reinbringt, dann fährt er auch im überladenen Zustand (vom schlechten Fahrverhalten mal abgesehen). Das größte Problem bei der Langstreckenfliegerei ist dagegen nicht nur die Spritmenge, sondern vor allem das Gewicht des Benzins. Wir haben uns so sehr an das Wunder des Fliegens gewöhnt, daß wir uns gar keine Gedanken mehr machen, warum ein Flugzeug, das ja wie im Falle der Mooney schon selbst rund eine Tonne wiegt, sich in der Luft halten kann.

Wenn wir uns das vergegenwärtigen, wird uns wieder bewußt, daß das in erster Linie sowohl eine Frage der Motorstärke als auch eine Frage des Gewichts des Flugzeugs ist. Deshalb hat jedes Flugzeug ein Maximalgewicht, das nicht überschritten werden darf. Eine viersitzige Maschine kann also nicht in jedem Fall vier erwachsene Personen mit Urlaubsgepäck aufnehmen. Wird entsprechend viel Benzin geladen, so kann der (laut Prospekt) „bequeme Viersitzer“ gerade noch zwei Personen mit Gepäck verkraften. Für die Überführung von Sportflugzeugen aus den USA über Labrador, Grönland, Island und Schottland nach Deutschland wird auf den Rücksitzen ein riesiger Tank montiert. Schon aus Gewichtsgründen könnte dann keine zweite Person mitfliegen.

Wir aber waren zu zweit und wollten möglichst zu einem anderen Kontinent fliegen, auf einer Strecke, wo ein einmotoriges Sportflugzeug mit zwei Personen noch nicht geflogen ist. Unser Traumziel hieß Isla de los Estados (Staaten-Insel) vor der Ostküste von Feuerland an der Südspitze Südamerikas.

Mit unserer THALASSA II hatten wir Kap Hoorn, den Südzipfel von Feuerland, zwar bereits umrundet, doch damals war das so eine Art Momentaufnahme. Schon nach 30 Minuten verschwand die Insel Hoorn wieder in Nebel und Dunst, der zwischen der Antarktis und Feuerland sehr häufig zu ganz geringen Sichtweiten führt. Um die Staaten-Insel hatten wir einen großen Bogen gemacht, waren außen herumgegangen. Zwischen Staaten-Insel und Festland verläuft die Le-Maire-Straße, eine ungefähr 15 Meilen breite Meerenge, die es in sich hat: Mehr als am Kap Hoorn können hier die Strömungen aus Pazifik und Atlantik aufeinandertreffen und sich zu furchterregenden Seen aufbauen. Nahe der Staaten-Insel gibt es denn auch den größten Schiffsfriedhof der Welt. Wir waren froh, als wir dieses gefürchtete Gebiet hinter uns hatten. Damals zumindest.

Jetzt aber hatte ich immer häufiger das Gefühl, einer Herausforderung ausgewichen zu sein. Warum waren wir nicht durch die Le-Maire-Straße gesegelt? War es Angst? Oder war es seemännische Vorsicht?

Nein, weder noch! Damals hatten wir mit Kap Hoorn unser großes Ziel erreicht. Den „Abstieg“ wollten wir uns so bequem wie möglich machen.

Häufig werden wir gefragt, was uns dazu veranlaßt hat, um die Welt zu segeln. Es ist unmöglich, nur eine Antwort darauf zu geben. Meist sind unsere Entscheidungen von einem ganzen Bündel von Motiven getragen. So war es auch nicht allein der Gedanke, etwas versäumt zu haben, der uns wieder in die Ferne hinauslockte. Einen größeren Anteil an unserem Entschluß, Feuerland anzusteuern, hatte ein Mann, von dem ich bis vor ein paar Jahren noch nie etwas gehört hatte: Gunther Plüschow.

Den Älteren ist Gunther Plüschow sehr wohl bekannt, denn vor dem Zweiten Weltkrieg galt er in Deutschland als Held. Sein Name stand für Unternehmungsgeist, Forscherdrang und Abenteuer. Seine Bücher erreichten in den dreißiger Jahren Auflagen, von denen Erfolgsautoren von heute nur träumen können. Aber ausgerechnet die Deutschen sind es, bei denen Gunther Plüschow in

Gunther Plüschow

Vergessenheit gerät. So wie man hierzulande häufig geneigt ist, von einem Extrem ins andere zu fallen. Sicher hat Gunther Plüschow in einer Zeit gelebt, als der Begriff „Vaterland" noch eine tiefempfundene Bedeutung hatte. Sicher war im Leben von Gunther Plüschow „Deutschland" großgeschrieben. Und ohne Selbstzweifel hat dieser ehemalige Offizier bei seinen späteren Reisen ins Ausland, zumal nach Feuerland, zum Ausdruck gebracht, daß er stolz war, ein Deutscher zu sein. Aber er war kein Nazi. Bereits zwei Jahre vor der Machtergreifung ist Gunther Plüschow tödlich verunglückt. In Feuerland.

Gunther Plüschow war mit Leidenschaft Flieger. Schon 1912 wurde er als einer der ersten Marineflieger in das damalige deutsche Pachtgebiet Tsingtau abkommandiert. Sein Flugapparat, eine „Rumpler-Taube"*, wurde mit der transsibirischen Eisenbahn nach China gebracht. An eine Überführung in der Luft dachte

* *So genannt nach dem Flugzeugbauer Erich Rumpler, der 1908 in Berlin die erste deutsche Flugzeugfabrik gründete und dort nach den Plänen des österreichischen Ingenieurs Etrich die „Taube" baute, das damals leistungsfähigste Flugzeug.*

damals, lange bevor der Nordatlantik bezwungen war, noch niemand.

Man kann sich leicht vorstellen, daß in einer Zeit, wo die meisten Menschen noch nie ein Gerät gesehen hatten, das scheinbar die Gesetze der Schwerkraft aufhob, daß also in einer solchen Zeit ein Späher aus der Luft wie Plüschow ungewöhnlich erfolgreich war. Trotzdem blieb es nicht aus, daß bei einem seiner Einsätze seine „Taube“ schwer beschädigt wurde. Nachdem zur gleichen Zeit der Erste Weltkrieg begonnen und Japan dem Deutschen Reich den Krieg erklärt hatte, fand Plüschow sich mit seinem flügellahmen Flieger unerwartet in japanischer Gefangenschaft wieder. Aber so leicht ließ sich der „Flieger von Tsingtau“, wie später der Titel seines Bestsellers lautete, nicht unterkriegen. Mit der notdürftig reparierten „Rumpler-Taube“ floh der deutsche Oberleutnant aus der Gefangenschaft. Nach einer wahren Odyssee gelangte er schließlich wieder nach Deutschland – ohne seinen Flieger.

Nach dem Krieg heuerte Plüschow auf der Viermastbark PARMA an, mit der er das berüchtigte Kap Hoorn umsegelte. Von da an hatte er auch für das Segeln seine Leidenschaft entdeckt. Er ließ sich den 16 Meter langen Fischkutter FEUERLAND bauen, mit dem er quer über den Nord- und Südatlantik bis nach Südamerika schipperte. Aber dieser Abenteurer wäre nicht der „Flieger von Tsingtau“ gewesen, wenn er darüber die Fliegerei vergessen hätte. Für ihn gehörte beides zusammen. Er ließ sich als Schiffsfracht einen Heinkel-Doppeldecker, ein Seeflugzeug mit BMW-Motor, nach Argentinien bringen und taufte ihn auf den Namen TSINGTAU D1313. Zusammen mit seinem Mechaniker Ernst Dreblow unternahm er mit seinem „Silberkondor“, wie er das Flugzeug nannte, zahlreiche Flüge in das unerforschte Landesinnere, in Gebiete, die vor ihnen noch kein Menschenauge erblickt hatte. Oder zu Plätzen, wo noch nie ein Flugzeug gesichtet worden war.

Der Sohn des mutigen Abenteurers, Guntolf Plüschow, beschreibt die Landung in der feuerländischen Hauptstadt Ushuaia so: „Alle Leute sind auf der Straße und mit ihnen der Gouverneur. Sie können es nicht fassen, ein Flugzeug am feuerländischen Himmel. Tosender Beifall begleitet die zwei Pioniere bei ihrer geglückten Landung. Alle sind sich bewußt, daß dies ein historischer Tag ist. ‚Das erste Luftpostpaket und die ersten Briefe, die vom Festland am extremen Zipfel Feuerlands ankommen, die übergebe ich persönlich dem Gouverneur', sind die Worte von Plüschow."

Der erste Flieger, der je in Ushuaia gelandet war, wagte sich mit seinem Vogel zu immer entlegeneren Plätzen vor, bis er sich schließlich sozusagen selbst eine Falle stellte, als er in einem tiefen Tal neben einem Krater am Lago Argentino landete. Böses ahnend, legte Gunther Plüschow schriftlich einen Plan fest, wie er mit Hilfe der Abwinde an den Berghängen und der Luftverwirbelungen seine Maschine aus diesem engen Taleinschnitt herausmanövrieren wollte. Er muß sich dabei verrechnet haben oder auf ungewöhnliche Winde getroffen sein, denn sein „Silberkondor" schaffte es nicht. Gunther Plüschow und sein Mechaniker Dreblow wollten sich noch mit dem Fallschirm retten, doch beide fanden am 28. Januar 1931 den Tod.

Die Argentinier haben diesen großen Segler und Flieger im Gegensatz zu den Deutschen nicht vergessen. Sie sehen in ihm auch heute noch einen verehrungswürdigen Helden.

Gunther Plüschow war es also, der mir den Weg nach Feuerland zeigte. Er war auf eigenem Kiel nach Südamerika gekommen, um dort zu fliegen. Für ihn war die Benutzung eines Segelschiffs genauso schwierig und ungewöhnlich wie für mich der umgekehrte Weg: mit einer einmotorigen Maschine dorthin zu fliegen.

Als ich Carla zum ersten Mal von dieser Idee erzählt hatte, da hatte sie mich ausgelacht und den Gedanken nicht aufgegriffen – so abwegig schien er ihr zu sein. Ich hatte ihn denn auch nicht weiter verfolgt, die Hindernisse schienen zu groß.

Ein Flug von Europa über Island, Grönland und Amerika wäre ohne weiteres möglich gewesen, denn schließlich hatten wir unsere Mooney von Texas nach Deutschland in Sprüngen von bis zu 1300 Seemeilen auf der Nordroute selbst überführt. Aber dann wären wir ja erst in Nordamerika gewesen, segeln aber wollten wir am Südende von Südamerika – da war doch noch die Staaten-Insel zu bewältigen. Und mehr als drei Monate konnten wir für das Unternehmen beim besten Willen nicht veranschlagen.

An den direkten Weg, also über den Südatlantik, dachten wir

zunächst gar nicht. 3000 Kilometer über offenes Wasser zu fliegen, ohne Möglichkeit zur Zwischenlandung mit Auftanken – das war doch nicht zu schaffen.

Sicher, noch in den Zeiten der Pionierfliegerei vor dem Zweiten Weltkrieg hatte Deutschland bereits einen regelmäßigen Luftpostdienst nach Amerika eingerichtet. Aber man benutzte dabei Wasserflugzeuge, die bei einigermaßen ruhiger See auch auf der Wasseroberfläche landen konnten. Im Südatlantik wurden Tankschiffe stationiert, wo die Wasserflugzeuge, meistens vom Typ Wal von Dornier, aufs Wasser aufsetzten. Sie wurden mit Kränen an Bord gehievt, frisch betankt und mit einem Katapult wieder in die Luft geschossen. Nur so war es den Flugzeugen mit ihren starken Motoren möglich, diese riesige Strecke zu überwinden. Selbstverständlich setzte man dabei keine einmotorigen Flugzeuge ein, denn das wäre zu riskant gewesen. Obwohl ein einmotoriges Flugzeug den großen Trumpf hatte, insgesamt weniger Sprit zu verbrauchen.

Und diesen Vorteil (allerdings bei mindestens verdoppeltem Risiko) wollten wir nutzen. Das war die einzige Chance, die 3000 Kilometer zu schaffen.

Als Schreibunterlage auf meinem Schreibtisch diente zu der Zeit meiner Gedankenspielereien eine Plastikschablone, unter der eine Weltkarte abgebildet war. Immer häufiger fiel beim Arbeiten mein Blick auf die Kontinente Europa und Amerika. Oben, im Norden, liegen die Landmassen nicht mehr so weit auseinander. Das wußte ich auch aus eigener Erfahrung. Grönland macht es vergleichsweise leicht, mit kleinen Flugzeugen den Nordatlantik zu überqueren.

Im Südatlantik bildet sich scheinbar ebenfalls eine Engstelle: dort, wo der südamerikanische Kontinent nach Osten ausgreift und der afrikanische nach Westen. Auf der Weltkarte auf meinem Schreibtisch waren auf diesen beiden Kontinenten nur wenige Orte eingezeichnet. Einer dieser – offensichtlich wichtigen – Plätze war Dakar in Afrika, und auf der anderen Seite las ich mit dem Vergrößerungsglas Recife.

Mit den Fingern versuchte ich die Entfernung zwischen Dakar und Recife zu schätzen. Schließlich tippte ich die ungefähren Koordinaten in den Taschencomputer ein und errechnete sie ganz grob: Um die 1800 Meilen kamen dabei heraus. Das schien nicht besonders dramatisch, denn schließlich waren Carla und ich schon einmal 1350 Meilen, von Goose Bay/Labrador nach Island, geflogen. Allerdings hatten wir da starken Rückenwind, manchmal bis zu 50 Knoten. Das Entscheidende dabei aber war, daß wir über Grönland flogen. Wenn also auf halbem Weg der Sprit knapp geworden wäre, hätten wir in Grönland landen können. Zwischen Dakar und Recife lag nichts.

An den Einbau von Extratanks auf den Rücksitzen war nicht zu denken. Denn selbst wenn dafür Platz gewesen wäre, hätte unsere Mooney dieses Zusatzgewicht nicht getragen. Davon ausgehend, daß die normalen Standardtanks von insgesamt 76 Gallonen Inhalt (eine Gallone sind etwa vier Liter) bei unserer Ruhelosigkeit nicht allzu weit reichen würden, hatte ich in weiser Voraussicht ohnehin eine Sonderausstattung mit integrierten Tragflächentanks bestellt. Das gab uns zusätzliche 34 Gallonen, so daß wir über insgesamt 110 Gallonen verfügten.

Von diesen 110 Gallonen mußten wir bei unseren Überlegungen ausgehen. Aber die reichten für 1800 Meilen nicht aus, allenfalls für 1500.

Es gab noch ein weiteres Problem, mit dem wir uns noch gar nicht ernsthaft beschäftigt hatten, weil uns ja der Flug selbst schon als undurchführbar erschien: Wir wollten in einem der gefährlichsten Gewässer der Welt segeln, also brauchten wir ein Schiff. Unsere THALASSA II, die uns schon einmal sicher durch dieses Gewässer gebracht hatte, war in Holland. Wegen der Zeit von drei Monaten, die uns zur Verfügung stand, war also gar nicht daran zu denken, diese Expedition mit unserem eigenen Schiff zu unternehmen.

Doch da kam uns der Zufall zu Hilfe. Als wir 1983 nach unserer Kap-Hoorn-Umrundung im argentinischen Mar del Plata gelandet waren, hatten wir die damalige Leiterin des Lufthansa-Büros in Buenos Aires, die Hamburgerin Ute Hohn, kennengelernt. Als begeisterte Seglerin kümmerte sie sich engagiert um die Langfahrtsegler, die Argentinien besuchten. In den zwei Monaten unseres Aufenthalts waren wir Freunde geworden.

Im Leben von Ute Hohn hatte sich in den fünf Jahren seit unserem Besuch in Mar del Plata viel ereignet. Sie hatte den französischen Segler Jean-Paul Bassaget kennengelernt, der mit seiner Stahlyacht KSAR auf dem Weg nach Feuerland in Mar del Plata Station gemacht hatte. Ute war so fasziniert von der Aussicht auf ein Leben auf dem Wasser und in Feuerland, daß sie ihre gute Position bei der Lufthansa aufgab und zu Jean-Paul auf die KSAR zog. Die beiden segelten nach Süden, wo sie schließlich in Ushuaia hängenblieben.

Wie der Zufall so spielt: Ute kam gerade in der Zeit zu Besuch, als ich immer häufiger auf die Weltkarte auf meinem Schreibtisch stierte und mir die Entfernung zwischen Dakar und Recife manchmal unüberwindbar weit, manchmal aber nur zwei Finger breit erschien. Carla erzählte ihr von meinen Ideen, die das Stadium der Träumerei noch nicht verlassen hatten. Kurzentschlossen bot Ute uns für die Reise von Feuerland zur Staaten-Insel die KSAR an. Wir sollten nur rechtzeitig Bescheid geben.

Gut, dieser Teil des Unternehmens wäre also einigermaßen gesichert. Aber immer noch hatte ich keine Klarheit darüber, wie ich die Anreise bewerkstelligen würde. Freilich, es hätte die Möglichkeit gegeben, ein Linienflugzeug zu nehmen. Dem aber stand im Wege, daß sich bei mir festgesetzt hatte, „aus eigener Kraft" nach Feuerland zu kommen.

Eines Tages entdeckte ich auf der Schreibunterlage nordöstlich von Recife zwei kleine Punkte im Wasser, genauer: zwei graue Flecken. Ich wußte nicht so recht, ob es sich dabei um Inseln handelte, denn ich hatte noch nie davon gehört, daß es vor dem nach Osten weisenden Buckel Südamerikas irgendwelche Inselgruppen geben würde.

Als Carla und ich mit unserer THALASSA II von Mar del Plata direkt ins Mittelmeer gesegelt waren, waren wir an dieser Stelle vorbeigekommen. Ich erinnerte mich jetzt schwach an Felsen oder Riffe im Wasser. Ein Blick in den Atlas brachte es an den Tag: Dort gab es tatsächlich eine Insel, Fernando de Noronha. Fast nördlich davon, ebenfalls auf der Verbindungslinie Dakar–Recife, lagen zwei Felsen, die Peter-und-Paul-Felsen.

Ungefähr 200 Meilen vor der Küste war also auf Fernando de Noronha fester Boden im Atlantik. Wenn es hier eine Landemöglichkeit geben würde, dann ginge der große Sprung zwischen Dakar und Recife nur noch über etwa 1600 Meilen.

Noch etwas zeigte mein Atlas: Die Punkte westlich von Dakar, denen ich auf meiner Schreibunterlage zunächst keine Aufmerksamkeit gewidmet hatte, waren die Inselgruppe der Kapverden. Und diese Inselgruppe würde, als Startplatz benutzt, die Gesamtstrecke nach Südamerika um 100 bis 200 Seemeilen verkürzen.

Das gab mir so viel Auftrieb, daß ich mich intensiver mit der Sache beschäftigte. Nördlich von Recife entdeckte ich auf dem Atlas eine andere große Stadt, Natal, die auch einen Flugplatz haben mußte. Noch günstiger als Recife gelegen! Die Entfernung von der Hauptstadt der Kapverden, wo ich ebenfalls einen Flugplatz vermutete, bis Natal betrug etwa 1580 Meilen. 1500 Meilen traute ich mir mit unserer Mooney und den Flächentanks mit 110 Gallonen Benzin unter Umständen zu. Der Passatwind würde uns helfen. Allerdings würde uns der Flug ziemlich genau durch die Doldrums führen, ein Gebiet, das bei Seglern nicht gerade gefürchtet, aber doch als äußerst unangenehm empfunden wird. Die Doldrums, nördlich und südlich des Äquators gelegen und gewissermaßen Trennlinie zwischen Nordost- und Südostpassat, sind wegen ihrer Flauten und Gewitterzonen berüchtigt. Je nach Jahreszeit sind die Doldrums 300, 400, ja bis zu 500 Seemeilen breit. Verläßt man sich ganz allein auf seine Segel, kann es wochenlang dauern, bis diese Zone durchquert ist. Der große Segler Hiscock meinte einmal, daß es zur Blauwassersegelei gehöre, sich einmal durch die Doldrums zu quälen. Für einen Flug konnte die Windstille von Vorteil, aber auch von Nachteil sein. Eines wurde mir sehr schnell klar: Ohne Windunterstützung konnte ich mit unserem Flieger die Strecke von Afrika nach Südamerika kaum überwinden.

Zum wiederholten Male kam mir jetzt der Amateurfunk zu Hilfe. Mit dem Amateurfunk war ich in Berührung gekommen, als ich Anfang der Siebziger um die Welt segelte. Auf Amerikanisch-Samoa lernte ich den Amerikaner Mike kennen. Der Amateurfunker stellte noch am Tage unserer Ankunft mit Hilfe seines zigarrenkistengroßen Radios eine klare Sprechverbindung nach München her. Ich war damals so begeistert, daß ich mir vornahm, ebenfalls

Gert Bahnert

die Amateurfunklizenz zu erwerben, was später dann auch geschah.

Das Faszinierende am Amateurfunk ist nicht nur die ständige Auseinandersetzung mit der Technik, sondern vor allem die Möglichkeit, Menschen in aller Welt kennenzulernen. Einem Funkgespräch von Tahiti aus nach Deutschland verdankte ich so die Bekanntschaft mit Gert Bahnert, Rufzeichen DJ 4 UQ. Gert begleitete uns dann 1982/83 bei der Heimreise von Tahiti um das Kap Hoorn nach Europa am Radio. Während der zahlreichen Gespräche erfuhr ich, daß Gert am Air Information Service (AIS) in Frankfurt arbeitete. Damals sagte mir das nicht viel. Da ich aber jetzt als Pilot immer häufiger die Dienste des Air Information Service in Anspruch nehmen mußte, erinnerte ich mich an Gert: Das war genau der Mann, der mir weiterhelfen konnte.

AIS ist in erster Linie dafür gedacht, Piloten bei der Flugvorbereitung zu helfen und Flugpläne anzunehmen. Zwar war mir bewußt, daß Gert mir nicht auf Anhieb sagen konnte, ob es auf Fernando de Noronha einen Flugplatz geben würde, doch sicherlich würde er über entsprechende Literatur verfügen.

Die Frage nach einem Flugplatz auf den Kapverden war rasch geklärt: Sal, ein internationaler Platz von beträchtlicher Größe, werde vor allem von russischen Maschinen auf dem Flug nach Südamerika zur Zwischenlandung benutzt, sagte Gert.

Nachdem Sal, von der Entfernung her gesehen, als Absprungbasis für Südamerika wesentlich günstiger lag, war damit Dakar bereits abgehakt. Ich brauchte unbedingt die kürzeste Verbindung. Gert wies mich darauf hin, daß beispielsweise die Insel Ascension im südwestlichen Atlantik, wenn auch etwas abseits gelegen, sich ebenfalls als Zwischenlandeplatz eignen würde, zumindest geographisch. Ob ich dort allerdings landen könne, sei mehr als fraglich, denn Ascension sei vor allem englischen Militärs vorbehalten. Im Falkland-Krieg hat Ascension eine entscheidende Rolle gespielt, denn von dort sind die englischen Flugzeuge nach Südamerika gestartet. Gert sagte mir zu, ein Telex nach Ascension zu schicken, um herauszufinden, ob es dort für mich eine Landemöglichkeit geben würde.

Voraussetzung war freilich, daß ich dort auch Flugbenzin erhalten würde, denn Sportflugzeuge benötigen Benzin mit einer erheblich höheren Oktanzahl als Autos. Üblicherweise wird die Benzinsorte 100 LL geflogen. Das war der Haken, denn das gibt es nicht automatisch auf den großen Plätzen, wo die Düsenflugzeuge landen. Letztere benötigen einen ganz anderen Treibstoff.

Wieder einmal zeigte es sich, wie klein und dabei doch großartig die Welt der Funkamateure ist. Gert fiel nämlich ein, daß er am Vorabend, als er Funkkontakt mit zahlreichen Segelyachten auf allen Weltmeeren hatte, auch mit Jürgen Schultze-Röhl von der deutschen KRIOS gesprochen hatte. Und welch ein Zufall: Jürgen war nicht nur als ehemaliger Militärpilot vertraut mit den Problemen und Sorgen von Fliegern, er befand sich auch gerade auf dem Weg nach Fernando de Noronha, das noch etwa eine Tagesreise entfernt war. Ich kannte die KRIOS sehr gut, denn sie hatte von 1970 bis 1974 mit der THALASSA auf zahlreichen Ankerplätzen zusammengelegen. Damals hieß sie noch RIK und gehörte Claess, der sie später an Jürgen verkaufte. Mit Jürgen hatte ich auch schon zahlreiche Funkgespräche geführt, und wir kannten uns mittlerweile auch persönlich – aber darauf komme ich später noch zurück.

Jetzt waren wir wieder in Kontakt, wenn auch nur indirekt. Gert bat Jürgen am nächsten Morgen, als die Funkverbindung in den Südatlantik geklappt hatte, sich auf dem Flugplatz von Fernando de Noronha kundig zu machen.

Das Resultat war eher enttäuschend. Es gab auf der Insel zwar eine schöne lange Landebahn, einen regelrechten Flugplatz, aber keinen Tropfen Benzin. Damit fiel Fernando de Noronha als Zielort in Südamerika aus.

Meine bisherigen Erkundigungen waren also ziemlich entmutigend. Dabei war ich ja immer noch dabei, die physikalischen Probleme zu lösen, also eine möglichst kurze Flugstrecke herauszufinden. So weit war ich noch gar nicht, festzustellen, ob und auf welchen Flugplätzen ich überhaupt landen durfte. Denn es ist nicht etwa so, daß die Maschine, wann immer eine Landebahn in Sicht ist, dort auch aufgesetzt werden kann. Man darf nur auf solchen Plätzen landen, wo es Zoll- und Einwanderungsbehörden gibt. Meistens läßt sich das schon aus den fliegerischen Unterlagen ermitteln. Spätestens erfährt man es dann, wenn der Flugplan nicht angenommen wird. Die Annahme eines Flugplans durch die Behörden am Abflugplatz gewährleistet, daß das Flugzeug am Zielort auch landen darf. Beim Segeln hatten wir solche Probleme praktisch nie. Wir segelten ganz einfach auf der anderen Seite des Meeres in einen Hafen und fragten nach den Zollbehörden. Das war alles. Irgendwelche Schwierigkeiten gab es nicht.

Gert bekam auf sein Fernschreiben nach Ascension keine Antwort. Damit konnten wir auch diese Insel aus unseren Planungen streichen. Allmählich kristallisierte sich die Strecke von Sal auf den Kapverdischen Inseln nach Natal in Brasilien als die kürzeste, im damaligen Planungsstadium machbare heraus, um via Südatlantik nach Südamerika zu kommen – 1580 Seemeilen, für die unsere 110 Gallonen Flugbenzin ausreichen konnten. Die Mooney 252 ist das schnellste Flugzeug seiner Art. Es erreicht eine Höchstgeschwindigkeit von über 200 Knoten, also fast 400 Stundenkilometer. Aber die Schnelligkeit der Mooney war für unsere Flugplanung nicht entscheidend. Viel wichtiger war ihre „Performance", die Eigenschaft, aus möglichst wenig Sprit so viel Meilen wie möglich zu machen. Man kann freilich nicht so planen, daß man beim

Aufsetzen gerade noch einen Liter Benzin im Tank hat. Das wäre sträflich leichtsinnig. Denn in der Luft kann viel passieren: Gegenwind beispielsweise geht mit dem vollen Betrag der Windgeschwindigkeit in die Fahrt ein. Vier Windstärken „von achtern“ – nichts Ungewöhnliches – bedeuten, daß ein 150 Knoten schnelles Flugzeug in der Stunde eine Strecke von immerhin 170 Meilen zurücklegt. Kommt der Wind dagegen von vorn, so reduziert sich die Geschwindigkeit „über Grund“ auf 130 Knoten. Grob gerechnet, würden wir für die 1580 Meilen von Sal nach Natal etwa zehn bis 15 Stunden benötigen. Bei vier Beaufort Gegenwind würde das eine „längere“ Strecke von ungefähr 200 bis 300 Seemeilen ausmachen.

So etwas dürfte nicht passieren, denn bei unserer engen Spritberechnung war ein „Umweg“ von 200 Meilen nicht drin. Allerdings war es nicht sehr wahrscheinlich, daß wir ausgerechnet in den Doldrums auf Gegenwind stoßen würden. Gleichwohl konnten wir Gegenwind nicht einfach ausschließen. Der aber hätte unseren sicheren Tod bedeutet.

Dann war da noch die Frage der Navigation. In den großen Verkehrsmaschinen, den DC 10 und Jumbos, wird die Trägheitsnavigation angewandt. Von den dafür erforderlichen Geräten haben sie zwei oder gar drei an Bord, so daß bei Ausfall eines der Geräte keine Probleme entstehen. Für mich kam ein derartiges Gerät – unabhängig vom Anschaffungspreis – schon aus Platz- und Gewichtsgründen nicht in Betracht. Und die normalen Flugfunkfeuer haben nur eine Reichweite von ungefähr 150 Meilen im UKW-Bereich und von 200 bis 300 Meilen im Langwellenbereich. Wenn ein kleines Flugzeug auf der Nordroute von Kanada nach Grönland fliegt, so hat es für die ersten zwei Stunden noch das Funkfeuer von Labrador im Rücken, und wenn die Nadel des Funkpeilers unruhig wird, kommt schon das Prinz-Heinrich-Funkfeuer von der Südspitze Grönlands herein. Mit der Peilung nach achteraus oder von vorne kann der Pilot zumindest seinen Kurs kontrollieren. Die Entfernung vom Funkfeuer oder zum Funkfeuer allerdings kann er nicht ablesen. Damit weiß er auch nicht, ob er Rückenwind oder Gegenwind hat.

Auf dem Südatlantik würde ich auf diese Hilfen verzichten müssen, denn auf einer Strecke von rund 1600 Seemeilen wäre ich sicher 1000 Seemeilen lang ohne Navigationsinformation. Also mußte ich mir etwas anderes einfallen lassen. Hatten nicht die Flugzeuge in den späten dreißiger Jahren und auch die Superconstellations in den Fünfzigern ähnliche Probleme wie ich? Ich mußte herausfinden, wie man es bei denen gelöst hatte.

Atemnot

Eines Tages im August überraschte Carla mich mit der Mitteilung, sie habe mit Ute Hohn fest vereinbart, daß wir im Winter nach Feuerland kommen würden. Carlas Zuversicht beeindruckte mich, denn ich war zu der Zeit noch gar nicht sicher, ob der Flug mit unserer kleinen Mooney über den Südatlantik nach Feuerland überhaupt möglich sei. Gleichwohl einigten wir uns darauf, im Januar zu starten. Mein Arbeitgeber war damit einverstanden, daß ich zwei Jahresurlaube zusammenlegte. Wir hatten also ein Vierteljahr Zeit zur Verfügung.

Gert hatte inzwischen herausgefunden, daß wir in Sal auf den Kapverden Flugbenzin 100 LL bekommen würden, wenn auch nur in beschränkter Menge. Bei Vorbestellung sollte es aber keine Schwierigkeiten geben. So ganz begeistert war ich von dieser Auskunft nicht. Denn wenn schon am Ausgangsort die Benzinversorgung nicht hundertprozentig gesichert war, wie sollte es erst später werden?

Eine der wichtigsten Fragen war immer noch nicht beantwortet. Wie würden auf der Strecke die Winde sein? Denn wir konnten diesen Flug nur wagen, wenn wir mit Sicherheit keinen Gegenwind haben würden. Die fantastischen Flugeigenschaften der Mooney 252 schienen mir zahlreiche Möglichkeiten zu geben, mich auf die verschiedenen Winde je nach Flughöhe einzurichten. Man kann mit ihr über die übliche Sportflugzeughöhe von 12 000 Fuß hinaus bis zu der unglaublichen Höhe von 28 000 Fuß aufsteigen. Dort oben wird das Flugzeug wegen der dünneren Luft sogar noch schneller. Das macht einen großen Unterschied. Bei der gleichen Leistungseinstellung, die die Maschine in 12 000 Fuß Höhe auf gerade 170 Knoten bringt, kann sie in einer Höhe von 28 000 Fuß fast 200 Meilen in der Stunde zurücklegen. Bei einer Reisedauer von zehn Stunden wären dies nahezu 300 geschenkte Meilen. Allerdings sind dem Fliegen in diesen Höhen Grenzen gesetzt. Die Mooney 252 hat nämlich keine Druckkabine. Wir brauchten also Sauerstoff. Von meiner Pilotenausbildung wußte ich, daß man bereits ab 12000 Fuß Höhe Sauerstoff nehmen muß; sonst wird man über kurz oder lang ohnmächtig, was tödlich sein kann. Denn sichere Vorzeichen, die auf Sauerstoffmangel hindeuten, gibt es nicht. Insbesondere stellt sich kein Gefühl des Luftmangels ein. Für 28000 Fuß Flughöhe hätten wir freilich nur so viel Sauerstoff mitnehmen können, daß wir zu zweit damit gerade sieben Stunden ausgekommen wären. Ohne Tricks konnten wir jedenfalls nicht zehn oder elf Stunden in 8,5 Kilometer Höhe bleiben.

Aber vielleicht zeitweise? Das hing davon ab, mit welchen Winden wir zu rechnen hatten. Carla versuchte das herauszufinden. Sie wandte sich an das Wetteramt am Flughafen in München. Am Telefon bekam sie gleich die erste Abfuhr. „So einfach, wie Sie sich das vorstellen, ist das nicht!“ Sie müsse schon vorbeikommen und sich die Klima- und Wetterkarten jener Gegend ansehen. Das kostete Carla zwar einen halben Tag, aber schließlich mußten wir endlich Klarheit über das Wetter bekommen. Also fuhr sie zum Flughafen hinaus, wo man ihr erklärte, solche Karten gäbe es dort nicht.

Zweiter Versuch beim Deutschen Wetterdienst in Offenbach. Man sollte meinen, daß es heutzutage nur eines Tastendrucks bedarf, um derartige Unterlagen abzurufen. Doch nachdem Carla mindestens zehnmal mit dieser Behörde telefoniert hatte, teilte man ihr mit, daß uns der Deutsche Wetterdienst auf eine schriftliche Anforderung hin ein Schriftstück übersenden würde, das uns dazu berechtige, in einer Münchner Bibliothek ein entsprechendes Buch auszuleihen. Ohne Autorisation sei das nicht möglich.

Zähneknirschend gaben wir es auf, an den Stellen etwas über das Wetter zu erfahren, die eigentlich dafür zuständig sind. Außerdem kam uns wieder einmal der Zufall zu Hilfe. Ich begegnete einem Bekannten, der nicht nur in einer Einhandregatta auf eigenem Kiel den Atlantik überquert hatte; er war – im Moment viel wichtiger – Flugkapitän bei der Lufthansa. Als ich Klaus Schroth von meinen

Plänen erzählte, gab er mir eine handfeste, wenn auch nicht eben ermutigende Auskunft: „In Höhen von über 20 000 Fuß hast du Gegenwind, und außerdem mußt du durch die Intertropical Convergence Zone hindurch, kurz ITC genannt. Das ist eine Gewitterzone, die rund um den Erdball verläuft. Über die kannst du bestimmt nicht hinwegfliegen, denn sie reicht manchmal bis 60 000 Fuß hoch. Du mußt halt um die Gewitterstöcke herumfliegen – wie in einem Wald um die Bäume."

Zwei Monate vor unserem geplanten Abflug war diese Eröffnung ziemlich niederschmetternd. Denn wenn ich bei meinen Spritproblemen noch große Umwege um Gewitter herum fliegen mußte, hatte ich keine Chance, mein Ziel zu erreichen. Der Gedanke, durch die Gewitter hindurchzufliegen, verbot sich von selbst. Denn Gewitter stellen für Flugzeuge die größte Gefahr dar. „Da ist alles drin, was ein Flieger nicht mag, angefangen von Hagel und Eis bis hin zur Turbulenz", meinte Klaus Schroth. Tatsächlich gibt es nur ein Mittel gegen Gewitter: ihnen aus dem Weg zu gehen.

Nicht die Blitze sind es, von denen die Gefahr ausgeht, denn ein Flugzeug wirkt wie ein Faradayscher Käfig. Blitzeinschläge zerstören vielleicht ein paar empfindliche elektronische Geräte, bringen aber kaum ein Flugzeug zum Absturz. Das große Problem sind die ungewöhnlich starken Turbulenzen, die in einer Gewitterwolke, dem Cumulonimbus (oder, wie der Flieger sagt, Cb), durch das Aufeinandertreffen verschiedener Luftmassen entstehen. Kein Flugzeug, unabhängig von seiner Größe, hat eine hundertprozentige Chance, ein Gewitter zu überleben. Die großen Verkehrsmaschinen steuern mit ihrer Flughöhe von ca. 35 000 Fuß über die meisten Gewitter hinweg – oder umfliegen sie von vornherein großräumig. Es kann sogar vorkommen, daß ein Flugzeug wegen einer Gewitterfront einen Ausweichflughafen ansteuern muß.

Klaus Schroth schickte mir – und das war wirklich eine große Hilfe – Unterlagen der Lufthansa zu, die zwar schon etwas vergilbt, aber von unschätzbarem Wert für mich waren. Sie stammten aus den fünfziger Jahren und waren als nautische Hilfe bei den Transatlantikflügen mit Propellermaschinen gedacht, die wie wir in einer Höhe von 10 000 bis 15 000 Fuß operierten. Darin waren vor allem die Windsysteme beschrieben.

Allmählich wurde mir eines klar: Mein Vorhaben war möglicherweise ein wenig riskant. Ob alles klargehen würde, wußte ich nicht hundertprozentig. Wenn die Transatlantiküberquerung in einem einmotorigen Sportflugzeug aber überhaupt zu schaffen war, dann nur – die Flieger mögen mir verzeihen – von jemand, der in den Passatwinden, in den Doldrums sozusagen zu Hause war, von jemand, der dort, weitab von Funkfeuern, navigieren konnte: von einem Segler also.

Freilich, während unserer Weltumsegelung hatte ich mich nur für den Wind auf der Wasseroberfläche interessiert. Damals reichte es aus, zu wissen, daß der Passatwind mit hoher Geschwindigkeit regelmäßig aus östlicher Richtung bläst. Und nur ganz selten hatten wir im Passat einen bedeckten Himmel erlebt. Fast immer hingen am blauen Firmament die typischen Passatwolken – wie Wattebällchen. Probleme mit schlechter Sicht oder Eis würde es also mit Sicherheit nicht geben, bis wir in die Doldrums einfliegen würden und damit in die Intertropical Convergence Zone, die ITC, die als wichtiger meteorologischer Begriff auch in Wetterberichten auftaucht.

Aber das sollte ich erst an Ort und Stelle erfahren.

Mir war bewußt, daß ein derartiges Flugunternehmen nur dann machbar sein würde, wenn es entsprechend geplant war. Planungsfehler würden sich im Ernstfall kaum noch ausbügeln lassen und unweigerlich zur Katastrophe führen. Bei der Vorbereitung eines Segeltörns kann man (soll man aber nicht!) schon mal fünf gerade sein lassen, und trotzdem geht vielleicht alles gut. Schließlich bleiben ja Wochen oder gar Monate Zeit, um sich an Ort und Stelle mit den Elementen auseinanderzusetzen. Ein erfahrener Segler hat dann auch so viel Talent zum Improvisieren entwickelt, daß er mit durch Planungsfehler verursachten Problemen auf hoher See meist immer noch fertig werden kann.

Beim Fliegen ist das anders. Ein extremer Flug dauert vielleicht knapp über zehn Stunden. In diesen zehn Stunden läuft das gesamte Programm fast automatisch ab, wenn bei der Planung keine Fehler begangen wurden. Man sitzt hinter dem Steuerknüppel, der Steuerautomat steuert das Flugzeug den eingegebenen Kurs entlang, und man beobachtet die Instrumente. Das ist alles.

Reimund Fröhling

Was nicht heißt, daß ein gut geplanter Flug weniger Befriedigung vermittelt als ein einwandfrei durchgeführter Segeltörn.

Aber noch waren meine Informationen über das Wetter auf dem Südatlantik lückenhaft. Immer wieder stieß ich in den alten Fluganweisungen der Lufthansa auf Hinweise, daß die Erkenntnisse aufgrund von punktuellen Ballonaufstiegen gewonnen worden seien. Wir schrieben aber das Jahr 1988; da mußten doch mehr meteorologische Daten zur Verfügung stehen als nur solche, die durch Ballonaufstiege oder durch Beobachtungen von wenigen Wetterschiffen aus gewonnen worden waren.

Wieder half der Zufall weiter. Carla, die jetzt auch ihren Flugschein machte, erzählte ihrem Lehrer in Wetterkunde, Raimund Fröhling, von unserem Vorhaben. Raimund Fröhling ist als Bundeswehrangehöriger am Flughafen Fürstenfeldbruck stationiert, wo ihm viele Möglichkeiten der Wetterbeobachtung offenstehen. Das Wichtigste aber war, daß er sich als Meteorologe für unsere Sache interessierte. Als Raimund Fröhling mir die Satellitenbilder der letzten Tage zeigte, wurde die ganze Situation zum ersten Mal transparent. Plötzlich schien alles ziemlich einfach zu sein. Eine

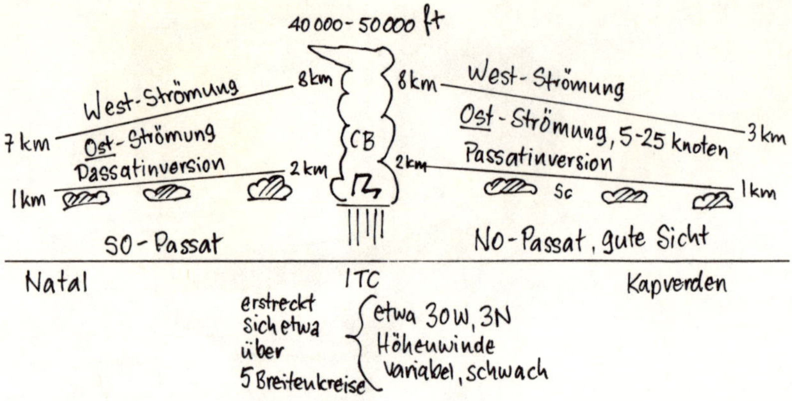

Diese Skizze von Wetterfrosch Fröhling war der Schlüssel zur erfolgreichen Südatlantiküberquerung. In einer Höhe von 24 000 Fuß (acht Kilometer) wäre die Maschine wegen der dünneren Luft mit dem Spritvorrat zwar weitergeflogen, der Westwind hätte den Vorteil aber wieder zunichte gemacht. Bei 12 000 Fuß befanden wir uns im Urpassat. Die – fast – undurchdringlichen Doldrums mit den tödlichen Gewittern liegen hinter dem Point of No Return.

Skizze von Raimund Fröhling zeigte es klar auf. Wegen der Gegenwinde und wegen des fehlenden Sauerstoffes schied ein Flug in Höhen von über 20 000 Fuß aus, obwohl wir dort 20 Knoten mehr Fahrt gemacht hätten. Der Passat, dem wir Segler die schnellen Fahrten über die Weltmeere verdanken, reicht nur bis in eine Höhe von 6000 Fuß. Über dem „Seglerpassat" jedoch weht der Urpassat, der im Vergleich mit unseren Segelwinden noch stetiger, noch zuverlässiger ist. Die Windgeschwindigkeit ist allerdings mit 15 bis 25 Knoten nicht eben berauschend und läßt vermuten, daß der Wind gelegentlich auch ganz ausfallen kann. Wir durften uns bei unserer Planung also nicht auf Rückenwind verlassen, konnten andererseits aber fast sicher sein, daß wir nicht gerade auf Gegenwind stoßen würden.

Das Wichtigste war für uns folgende Erkenntnis: In den Wintermonaten, also von Dezember bis Februar, war die ITC deutlich schmaler als in der übrigen Zeit. Trotzdem hätte die ITC das Risiko eines derartigen Fluges bis ins Unkalkulierbare erhöht, wenn nicht ein ganz besonderer Umstand aus den Unterlagen von Raimund

Fröhling hervorgegangen wäre. Die Gewittertätigkeit in der ITC ist am frühen Morgen am geringsten und wächst mit fortschreitendem Tag an. Am späten Nachmittag kommt es normalerweise zu starken Gewittern. Das war vielleicht der Schlüssel für das Gelingen unseres Fluges. Wenn wir den Abflug so einrichten würden, daß wir am frühen Vormittag an der ITC ankommen würden, kämen wir vielleicht ungeschoren durch.

Das war besonders wichtig, denn – und das machte diesen Flug wirklich dramatisch – der Point of No Return, der Ort, von dem aus ein Rückflug wegen Spritmangels nicht mehr möglich war, lag nach der Skizze des Meteorologen vor der ITC. Wenn wir also mit unserem kleinen Flieger vor einer riesigen Gewitterwolke stehen würden, die bis in die unvorstellbare Höhe von 60 000 Fuß reichte, wäre es zu spät, um umzukehren. Umwege von 100 Meilen, um so eine bauchige Wolke zu umfliegen, müßten in Kauf genommen werden. Ich sah mich im Geiste schon mit Schweißperlen auf der Stirn vor einem CB meinen Kurs um 90 Grad ändern, womit ab diesem Zeitpunkt der Sprit vollkommen nutzlos verbrennen würde. Soweit durfte es gar nicht erst kommen. Aber immerhin, nach den Wetterunterlagen war die Sache machbar.

Zu jedem Flugzeug gibt es ein Flughandbuch, aus dem unter anderem hervorgeht, in welcher Höhe, bei welcher Temperatur und unter welcher Leistungseinstellung (und damit Spritverbrauch) der Flieger eine ganz bestimmte Geschwindigkeit erreichen kann. Solche Charts sind für den Piloten sehr aufschlußreich, aber auch sehr umständlich zu handhaben. Wenn ich für jede Chart zehn Minuten brauche, um ein ganz bestimmtes Ergebnis herauszulesen, dann ist es kaum möglich, durch Vergleiche der verschiedenen Daten zu klaren Ergebnissen zu kommen. Klare Ergebnisse, das war in unserem Fall die Antwort auf die Frage: Wieviel Sprit brauche ich für 1580 Seemeilen?

Dabei war es ziemlich nebensächlich, wie lange wir unterwegs sein würden. Denn es handelte sich um eine einmalige Strapaze, die sicher am nächsten Tag wieder vergessen war. Andererseits barg eine lange Reisedauer die Gefahr, daß sich Unerwartetes ereignete, daß sich beispielsweise der Wind änderte. Es erforderte einige Tage, um ein Computerprogramm zu basteln, das sämtliche

Leistungsdaten meiner Mooney 252 berücksichtigte. Jetzt konnte ich mit ein paar Tastendrücken die für mich interessanten Werte aus der Rechenmaschine herausholen. Die sahen so aus:

Aus den 110 Gallonen Tankfüllung würde sich eine Reichweite von 1702 Meilen bei einer Höchstflugdauer von 14,6 Stunden ergeben, wenn ich mit einer Leistungseinstellung von 40 Prozent (84 PS) fliegen würde. Bei einer Leistung von 78 Prozent (164 PS) würde die Mooney 252 nur noch 1344 Meilen fliegen, würde aber auch nur 7,6 Stunden in der Luft sein. Bei den 1702 Meilen war eine Sicherheitsreserve von 45 Minuten eingeschlossen (um zum Beispiel die Position über dem Flugplatz zu halten), nicht aber der geringste Umweg oder gar der Weg zu einem Ausweichflughafen, wenn, aus welchen Gründen auch immer, in Natal nicht gelandet werden konnte. Das war also sehr knapp, aber durchaus innerhalb des vorgeschriebenen Limits, vorausgesetzt, daß keine riesigen Cb's im Wege stehen würden und die Maschine tatsächlich den geraden Kurs von Sal nach Natal fliegen würde.

Navigation

Daß ein solch extremes Abenteuer fast soviel Kombinationsgabe bei der Planung erforderte wie ein Schachspiel, zeigten die Probleme, die sich mit der Navigation stellten. Wie bei einem Uhrwerk die Rädchen, so griffen auch bei unserer Planung die Fragen der Navigation, des Spritverbrauchs, der Wetterbedingungen und nicht zuletzt der gesetzlichen Situation in den verschiedenen Ländern eng ineinander. Noch immer war ich mir unsicher, wie ich diese weite Strecke von fast 3000 Kilometern navigieren sollte, wenn ich nur auf den ersten 500 Kilometern die Kursinformation vom Funkfeuer auf Sal bekommen würde, um dann mindestens 1500 Kilometer ohne jeglichen Anhaltspunkt über meine Position zu sein, bevor ich ein südamerikanisches Funkfeuer zu fassen kriegte.

Sal verfügt über ein sogenanntes DME. Das ist eine Einrichtung, die im Flugzeug anzeigt, wieviele Meilen es vom Funkfeuer entfernt ist. Alle großen Flughäfen haben ein solches Distance Measuring Equipment. Aus dieser Funktion kann die Elektronik in meinem Flugzeug dann natürlich auch durch Zeitvergleich (das geht alles automatisch, davon merkt der Pilot nichts) die Geschwindigkeit über Grund ersehen. Diese wiederum zeigt an, wieviel Gegenwind oder Rückenwind das Flugzeug hat. Denn wenn es bei einer ganz bestimmten Leistungseinstellung eine Geschwindigkeit von 140 Knoten („durch die Luft“ sagt der Fachmann) hat und sein DME zeigt lediglich 120 Knoten über Grund an, so läßt sich daraus leicht ablesen, daß die Gegenwindkomponente 20 Knoten ausmacht. Die Reichweite von solchen Sendern ist noch geringer als die von normalen Funkfeuern. Selten können wir im Flieger Entfernungen über 100 Meilen ablesen. Aber zumindest auf diesem ersten Streckenabschnitt würde ich die Information bekommen, ob wir den erwarteten Rückenwind hatten. Allzusehr konnte ich mich aber nicht darauf verlassen, denn bei diesem langen Flug würden wir mehrere Klimazonen (Nordostpassat, ITC, Südostpassat) durchqueren. Von einem anfänglichen Rückenwind durften wir also nicht auf die Hilfe des Windes für den ganzen Flug schließen.

In der Zeit der Vorbereitung fiel mir der Prospekt eines GPS-Empfängers in die Hände. Das Global Positioning System ist ein völlig neues Verfahren der Satellitennavigation, das in den nächsten Jahren die Navigation nicht nur im Flugzeug, sondern vor allem in der Seefahrt (und auch im Auto) revolutionieren wird. Aufgrund der Explosion der amerikanischen Raumfähre vor ein paar Jahren sind noch bei weitem nicht alle notwendigen Satelliten im Orbit, und GPS befindet sich noch in der Aufbau- und Erprobungsphase. Doch bereits jetzt kann GPS für einige Stunden am Tage genutzt werden. Das hat denn wohl auch eine deutsche Firma veranlaßt, einen GPS-Empfänger auf den Markt zu bringen. Angesichts der Größe des Gerätes, seines Stromverbrauchs und vor allem des Preises kam es für mich jedoch nicht in Betracht. Ebensowenig, weil GPS sich noch im Versuchsstadium befindet, und ich wollte auf keinen Fall das Risiko eingehen, mich auf ein System verlassen zu müssen, von dem – zumindest für die Strecke im Südatlantik – noch keinerlei Erfahrungen vorliegen. Also abgehakt.

Wie hatte Charles Lindbergh die Navigationsfrage bei seiner Atlantiküberquerung gelöst? Er flog einen bestimmten Kurs, den er sich vorher sorgfältig berechnet hatte und den er auf dem ersten Wegstück über Land genau kontrollierte. Er hoffte, auf dem Atlantikflug selbst möglichst wenig Wind von der Seite zu bekommen, um so sein Ziel zu erreichen. Doch selbst wenn er durch seitliche Winde versetzt worden wäre, hätte er doch auf irgendeinen Ort an der französischen Küste treffen müssen. Mit seiner Maschine hätte er auf jeder größeren Wiese sicher landen können. Auch dann wäre er damals als Held gefeiert worden.

Derartige Überlegungen kamen für uns nicht in Betracht. Ein

Blick auf die Weltkarte zeigt, warum. Wenn wir nur geringfügig nach der Seite abgetrieben würden, würden wir die Ausbuchtung an der südamerikanischen Küste, an deren Spitze Natal liegt, verfehlen. Unter Umständen müßten wir eine wesentlich längere Strecke fliegen, um auf die dann stark nach Westen zurückweichende Küste zu treffen. Daß wir dann noch, falls der Sprit überhaupt ausreichte, bis zu einem Flugplatz gelangen würden, war unwahrscheinlich. Mit unserer Mooney konnten wir auch nicht auf irgendeiner Wiese landen. Denn im Gegensatz zu Lindberghs Maschine ist die Mooney aerodynamisch bis ins letzte ausgeklügelt. Sie liebt es, zu fliegen, und so sind ihre Schwebeigenschaften beim Landen gefürchtet: Sie braucht eine für einen so kleinen Flieger ungewöhnlich lange Landebahn. An die Schwierigkeiten mit den Behörden, die sich aus der Ankunft auf einer Wiese im Hinterland ergeben würden, durfte ich gar nicht denken.

Nein, meine Navigation mußte schon so genau sein, daß ich auch wirklich den Zielort treffen würde. Was lag also für einen enthusiastischen Segelschiffnavigator näher, als sich der Methode der Seefahrt zu erinnern. Hatten nicht die Flieger früher – so wie die Seeleute, die ihre Bahnen über die Weltmeere zogen – mit dem Sextanten nach Gestirnen navigiert? Klar, daß mich diese Idee sofort elektrisierte. Die Astronavigation beherrschte ich, da mußte ich mich nicht eigens vorbereiten. Einen Sextanten hatte ich auch.

Bei der Navigation nach Gestirnen passiert nichts anderes, als daß der Navigator den Winkel zwischen dem Gestirn und dem Horizont mißt und daraus – viele meinen, dies sei eben die Kunst der Astronavigation – eine Linie berechnet, auf der sich das Schiff (oder das Flugzeug) befindet. Von meiner Segelei her wußte ich aber sofort, wo beim Flugzeug die Schwierigkeit liegen würde. Der Horizont war das Problem. Bei diesigem Wetter – diese Empfehlung findet sich in allen Lehrbüchern – wird dem Seemann geraten, vom Brückendeck seines Frachters oder Tankers ein Deck tiefer zu gehen, weil dort der Horizont näherrückt und deshalb besser zu sehen ist. Ist ja klar, denn die Erde ist eine Kugel, und je höher der Betrachter sich über der Erde befindet, desto weiter ist der scheinbare Horizont, die Kimm, entfernt. Wenn es also schon Schwierigkeiten machte, den Horizont aus einer Höhe von zehn oder 20 Metern auszumachen, so war es unwahrscheinlich, ihn aus 3000 oder 4000 Meter Höhe als scharfe Linie erkennen zu können. Oder sollte ich zur Sonnenmessung auf 20 oder 30 Meter heruntergehen, um dann über der Kimm zu messen? Diesen Gedanken verwarf ich gleich wieder. Um mal zu sinken und dann wieder auf Reiseflughöhe zu steigen, dafür reichte der Sprit nicht aus.

Ich rief Klaus Schroth an, der treuherzig meinte, es sei schon möglich, aus der Höhe zu messen. Ich müsse mir halt ein Loch in die Decke meiner schönen Mooney schneiden, den Kopf samt Sextanten heraushalten und dann messen. Mit dem Horizont würde ich allerdings Schwierigkeiten bekommen, da müsse ich schon einen künstlichen Horizont nehmen. Auf den früheren Superconstellations habe man es genauso gemacht. Der Navigator habe die Gestirne in einer eigens für diesen Zweck vorgesehenen Kuppel am Dach des Flugzeugs gemessen.

Klaus ist immer zu Scherzen aufgelegt, und ich wußte auch diesmal nicht, ob er mich auf den Arm nehmen wollte. Ein Loch in die Decke meines Flugzeugs zu schneiden, kam überhaupt nicht in Frage. Da mußte ich mir schon etwas anderes einfallen lassen. Aber in einem hatte er sicher recht: Den natürlichen Horizont würde ich nie und nimmer ausmachen können, so daß damit die Möglichkeit einer Winkelmessung zwischen Gestirn und Horizont entfiel. Eine andere Methode, als den Winkel zwischen der Kimm und der Sonne oder dem Mond oder einem anderen Gestirn zu messen, fiel mir auch nicht ein, obgleich ich mich nun wirklich viel mit der astronomischen Navigation beschäftige.

Die Messung zwischen Mond und anderen Gestirnen, diese jahrhundertealte Methode der Monddistanzmessung, war mehr als umstritten und außerdem zu schwierig. Vor 200 Jahren schon wollte man damit die geographische Länge eines Schiffsortes bestimmen, was aber niemals funktioniert hat. Was die Nautiker der damaligen Zeit, die ja mangels Ablenkung erheblich mehr Zeit zum Nachdenken hatten als die streßgeplagten Menschen des 20. Jahrhunderts, nicht vollbringen konnten, würde mir erst recht nicht gelingen.

Ein künstlicher Horizont mußte her. Und wenn die Sonne oder ein anderes Gestirn eben so hoch stehen würde, daß ich es aus meiner Pilotenkabine heraus nicht sehen könnte, dann müßte ich meinen Abflug eben so einrichten, daß die entsprechenden Gestirne sichtbar wären.

Während des Zweiten Weltkriegs gab es spezielle Sextanten, in die ein künstlicher Horizont integriert war: eine Wasserlibelle, so daß man das Gerät genau waagerecht ausrichten konnte. Diese Wehrmachtssextanten wurden noch lange nach dem Krieg, quasi als billiger Notbehelf, aus zweiter Hand für die Seenavigation angeboten, erwiesen sich dafür aber als untauglich. Ich besitze zwar eine Reihe von sehr schönen Sextanten, alte wie moderne, aber einen Wehrmachtssextanten hatte ich nicht. Ich sah auch keine Möglichkeit, an einen solchen heranzukommen.

So wandte ich mich an die Firma Cassens und Plath, eine der führenden Sextantenschmieden in Deutschland. Die stellte mir bereitwillig einen eigens entwickelten künstlichen Horizont zur Verfügung.

Hatte ich nicht in meinen Navigationsbüchern immer wieder darauf hingewiesen, daß ein künstlicher Horizont für die astronomische Navigation nichts tauge? Und jetzt wollte ich plötzlich einem solchen Instrument mein Leben anvertrauen.

Wenige Tage später schraubte ich den künstlichen Horizont auf meinen Sextanten und versuchte auf der Gartenterrasse, die Sonne zu schießen. Es war ein merkwürdiges Gefühl, einen Sextanten in der Hand zu halten, ohne daß der Horizont sichtbar war. Am Anfang war es kaum möglich, die kleine Luftblase auf der Flüssigkeit genau in der Mitte zu zentrieren und gleichzeitig die Sonnenmitte daraufzusetzen. Aber nach wenigen Stunden Übung schien es mir ganz gut zu gelingen. Die Messung zu verrechnen, war eine Kleinigkeit. Ich tippte den gemessenen Winkel, die Uhrzeit und das Datum in meinen Computer ein, und 20 Sekunden später hatte ich schon eine Standlinie.

Auf einer Segelyacht waren meine Standlinien immer auf mindestens zwei Seemeilen genau. Ich war deshalb gespannt, wie präzise meine Messungen mit dem künstlichen Horizont sein würden. Das Ergebnis enttäuschte mich zunächst etwas. Die erste Standlinie lag satte 30 Seemeilen (also immerhin 50 Kilometer) neben meinem Garten in Fürstenfeldbruck. Die nächste Messung war schon besser: Die Linie verlief in der Karte keine acht Seemeilen an meiner Heimatstadt vorbei. Ich schöpfte Hoffnung. Eine weitere Messung aber, die ebenfalls 30 Seemeilen danebenlag (diesmal zur anderen Seite hin), zeigte mir, daß ich mich auf eine höhere Meßgenauigkeit kaum einzustellen brauchte, wenn überhaupt. Eine Genauigkeit von 30 Seemeilen hätte zwar locker ausgereicht, denn ich brauchte auf der anderen Seite des Atlantiks ja nur einigermaßen genau in den Sektor der Funkfeuer einzufliegen. Doch ich wußte im Moment ja nur, daß die Standlinie um 30 Seemeilen danebenliegen würde. Daß ich damit lediglich einen Meßfehler von 30 Seemeilen haben würde, war nicht bewiesen. Denn ich konnte mich ja irgendwo auf dieser Standlinie befinden.

Eine zweite Unsicherheit machte mir ebenfalls Sorgen. Selbst wenn ich auf der Terrasse relativ genau messen konnte, so war damit noch lange nicht gesagt, daß ich eine ähnliche Genauigkeit in meinem kleinen Flugzeug erzielen würde. Immer vorausgesetzt, ich würde vom Cockpit aus die hochstehende Sonne überhaupt mit dem Sextanten sehen können.

Denn so ein Flugzeugcockpit ist ungleich kleiner als beispielsweise der Platz hinter dem Steuer eines Personenkraftwagens. Die Beine lassen sich nicht anziehen, und vor dem Steuerhorn hätte nicht einmal eine Schreibunterlage im DIN-A4-Format Platz. Unmittelbar über dem Kopf ist schon das Dach. Ein Sextant, den ich als Seemann handlich nannte, würde in dem kleinen Cockpit eines Sportflugzeugs zu einem ausgesprochenen Monstrum.

Aber immerhin, es zeichnete sich ab, daß die Navigationsprobleme irgendwie zu bewältigen waren. Nächtliche Messungen von Sternen brachten allmählich die Gewißheit, daß – ein ruhiger Meßplatz vorausgesetzt – eine Genauigkeit von ungefähr 50 Seemeilen zu erzielen war.

Wir mußten unseren Transatlantikflug also so einrichten, daß wir einerseits wegen der Gewittergefahr morgens an der ITC stehen und daß wir andererseits gute Gestirne zur Verfügung haben würden. Aus meiner Seemannspraxis wußte ich, daß Venus und Sonne gelegentlich auch am Tag zu sehen sind. Dies hat den unschätzbaren Vorteil, daß der Navigator aus den Messungen von Sonne und Venus nahezu gleichzeitig zwei Standlinien bekommt. Nachdem sich die beiden Standlinien in einem Punkt schneiden, hat er damit einen Standort.

Das bloße Auge sieht die Venus nicht, wenn die Sonne hoch am Firmament steht. Man bedient sich hierbei eines kleinen Tricks, den jeder routinierte Navigator kennt: Der Winkel der Venus über dem Horizont wird ungefähr vorausberechnet. Wenn dann am Sextanten dieser Winkel eingestellt und der Horizont in der errechneten Himmelsrichtung abgesucht wird, so ist im Fernglas des Sextanten mit Sicherheit ein ganz schwacher Lichtschein zu entdecken. Das ist die Venus.

Daß Venus und Sonne gleichzeitig zu sehen sind, ist nicht von der Jahreszeit abhängig; vielmehr muß die Sonne von der Venus ziemlich weit entfernt sein, um sie nicht zu überblenden. Es gibt Jahre, wo dies der Fall ist, und andererseits Zeiten, wo der Navigator keine Chance hat, diesen Planeten und die Sonne gleichzeitig zu messen. Ein paar Tastendrücke auf dem Computer bestätigten mir, daß der Start am Jahresbeginn 1989 in eine ungünstige Zeit fiel. Schlimmer noch: Der Mond fiel als Alternative auch aus.

Jetzt war ich etwas in der Klemme. Würde ich den Abflug so einrichten, daß wir in der Morgendämmerung an der ITC stehen würden, hätte ich für die Navigation anschließend nur noch die Sonne und damit nur eine einzige Standlinie zur Verfügung. In der vorausgehenden Nacht hätte ich zwar mit Hilfe von Sternenmessungen (auf den natürlichen Horizont war ich ja nicht angewiesen) jederzeit einen Standort ermitteln können, doch war das Wissen um eine annähernde Position in den ersten Stunden des Fluges ziemlich uninteressant. Im Anschluß an die ITC brauchte ich meine Position! Ich blickte wieder einmal auf die Karte und überlegte mir, welchen Weg die Sonne um die Erde nimmt.

Und plötzlich erkannte ich die Lösung meines Problems. Also: Eine Sonnenmessung ergibt eine Linie, auf der ich mich befinde. Keinen Standort. Damit mußte ich mich abfinden. (Eine Versegelung der Sonne, wie sonst auf Yachten üblich, schied wegen der hohen Geschwindigkeit meines Flugzeugs von ca. 300 Stundenkilometern aus.) Die Richtung einer solchen Standlinie ist, daß ist ein Naturgesetz, immer senkrecht zur Himmelsrichtung des Gestirns, das man gemessen hat. Wenn ich also die Sonne in dem Moment messen würde, wo sie genau querab stand, dann würde ich eine Standlinie bekommen, die parallel zu meiner Kurslinie über den Südatlantik verliefe. Ich würde also nicht wissen, wie weit ich mich dem amerikanischen Kontinent schon genähert hatte, ich würde aber sehr wohl sehen, wie weit ich von meinem Sollkurs nach der Seite versetzt worden war, könnte also ungefähr die seitliche Windkomponente schätzen und so mit einer einfachen Berechnung meinen Flieger auf den Kurs zurückbringen. Das wäre schon eine ganze Menge. Wenn sich also mit Hilfe des DME in Sal herausstellte, daß ich keinen Gegenwind haben würde, und wenn ich später durch eine Sonnenmessung die Möglichkeit hätte, im Falle des Falles auf meine Kurslinie zurückzufinden, dann müßte der Flug nach menschlichem Ermessen machbar sein.

Blieb nur noch die Frage, ob nicht die Sonne in dem Moment, wo sie genau querab von meiner Flugrichtung sein würde, zu hoch zum Messen stand. Das ließ sich ganz einfach vom Cockpit aus klären. Ich setzte mich also eines Tages auf dem Flugplatz von Augsburg mit dem Sextanten ins Cockpit und schätzte den meßbaren Winkel ab. Andere Piloten, die zufällig vorbeikamen, starrten verblüfft zu mir herüber, und aus ihren Gesichtern konnte ich unschwer die Feststellung herauslesen: „Der spinnt!"

Es schien zusammenzupassen. Vormittags, an der ITC, würde die Sonne querab stehen, wäre auch noch nicht zu hoch zum Messen und würde mir damit eine lebenswichtige Information zur Seitenwindkomponente liefern. Nachdem die ITC nach den Informationen von Raimund Fröhling im Januar mit großer Wahrscheinlichkeit auf einem ganz bestimmten Ort lag, war unschwer auszurechnen, daß die gesamte Reisedauer etwa zwölf Stunden betragen würde und wir bei einem „Powersetting" von 50 Prozent mit einer Geschwindigkeit von ca. 140 Knoten fliegen würden. Das gab die Abflugzeit in Sal vor, nämlich zwei Uhr nachts. Was aber, wenn der Flugplatz von Sal über Nacht geschlossen, wenn also ein Abflug um diese Zeit gar nicht möglich war? Fragen über Fragen! Und noch etwas: Wir wollten so viel Sicherheit wie nur möglich! Die 110 Gallonen Sprit reichten zwar mit größter Wahrscheinlichkeit, doch wären mir ein paar Gallonen mehr ganz lieb gewesen. Sal ist von den Kapverden die Insel mit dem größten Flugplatz, nicht aber die am südwestlichsten gelegene. Und je weiter südwestlich ich starten konnte, um so besser: Natal liegt auf etwa 5° südlicher Breite, die Kapverden auf etwa 15° nördlicher Breite. 100 Meilen südwestlich von Sal, auf der Kapverden-Insel Sao Tiago, gibt es ebenfalls einen Flugplatz, jedoch ohne die Möglichkeit, vollzutanken. Doch ich hatte da so eine Idee: Für die 100 Meilen von Sal nach Sao Tiago würde meine Mooney etwa 15 Minuten benötigen; das wären ungefähr 40 Liter Benzin. Wenn ich in Sal vollgetankt abfliegen und diese 40 Liter in normalen Benzinkanistern mitführen würde, könnte ich in Sao Tiago die Tanks noch mal randvoll machen, und die Gesamtstrecke, für die die 110 Gallonen ausreichen mußten, würde sich dann um rund 200 Kilometer reduzieren. Voraussetzung war allerdings, von Sao Tiago aus ins Ausland abfliegen, also ausklarieren zu können, vor allem aber, kurz nach Mitternacht starten zu dürfen. Der Flugplatz mußte also geöffnet haben.

Gert klärte das aufgrund seiner Unterlagen ab. Die Sache sah so aus: Sal hatte 24 Stunden geöffnet, Sao Tiago aber nur am Tage. Gert entdeckte in den amtlichen Mitteilungen allerdings eine Fußnote, die besagte, daß auch von Sao Tiago aus Flüge in der Nacht möglich seien, wenn vom zuständigen Ministerium eine entsprechende Sondergenehmigung erteilt werde.

Die mußte doch zu beschaffen sein! Gert sandte ein Telex an die kapverdische Behörde, worin er unser Problem mit „technical stop" beschrieb. Allerdings mit dem zu erwartenden Mißerfolg. Es ist immer wieder verblüffend, daß in kleinen Ländern selbst Behörden die Nerven haben, Telexe, die auch die Sicherheit des Luftverkehrs betreffen, einfach zu ignorieren.

Also versuchten wir es mit dem Telefon. Carla widmete sich dieser Aufgabe ungefähr vier Tage lang. Die Kapverden sind im Selbstwählferndienst nicht zu erreichen, so daß die Gespräche angemeldet werden mußten, worauf man in der Regel nach etwa fünf Stunden zurückgerufen wurde. Wenn man Glück hatte, kam die Verbindung zu einer Zeit zustande, wo im Ministerium gerade nicht Mittagspause und noch nicht Dienstschluß war. Allerdings brachte das alles gar nichts. Denn der Gesprächspartner Carlas, der zwar Englisch konnte, hatte von der Sache keine Ahnung und offensichtlich überhaupt keine Kompetenz. Mit dem zuständigen Beamten aber konnten wir uns nicht verständlich machen. Regelmäßig mündeten die Gespräche – mehr geschrien als gesprochen – in der Empfehlung seitens der kapverdischen Behörden, doch ein Telex zu schicken. Kurzum: Wir bekamen trotz einiger hundert Mark Telefonkosten keine verbindliche Auskunft.

Ich bin überzeugt, daß manch anderer spätestens jetzt das Handtuch geworfen hätte. Von unseren Weltreisen in abgelegene Länder aber wußten wir, daß sich vor allem in den kleinen Staaten an Ort und Stelle vieles regeln ließ, was im offiziellen Schriftverkehr sich zunächst als aussichtslos herausgestellt hatte. So gaben wir es schließlich auf, eine Genehmigung zu bekommen, auf Sao Tiago zu landen und von dort kurz nach Mitternacht zu starten.

Ich mußte mir mit meinem Benzin eine andere Taktik zurechtlegen. Ich dachte wieder an Fernando de Noronha. Es mußte doch eine Möglichkeit geben, auf irgendeine Weise 100 Liter Flugbenzin auf die Insel zu transportieren und dort zu deponieren. Nicht, daß ich unbedingt in Fernando de Noronha hätte landen müssen. Aber dort, 200 Seemeilen vor der südamerikanischen Küste (die ITC hinter uns), würde ich die letzte Gewißheit haben, ob mein Sprit bis nach Natal reichte. Wenn nicht, wollten wir wenigstens landen und – was zu einer Landung naturgemäß gehört – auch wieder starten können. Fernando de Noronha ist zwar kein Flughafen zum Einklarieren, doch hätte man in einem derartigen Fast-Notfall mit den Behörden sicher ein Agreement treffen können.

Über Freunde wandten wir uns deshalb an den Direktor der deutschen Niederlassung einer großen südamerikanischen Fluggesellschaft mit der Frage, ob es möglich sei, 100 Liter Benzin nach Fernando de Noronha zu bringen. Wiederum Fehlanzeige.

Jetzt schien unser ganzer schöner Plan doch noch fehlzuschlagen. Aber immerhin, besser ein Plan fällt ins Wasser als ein Flugzeug. Ohne eine zusätzliche Sicherheit zu meinen 110 Gallonen Benzin – 40 mitgebrachte Liter auf Sao Tiago oder 100 Liter auf Fernando de Noronha – wollten wir den Flug nicht riskieren. Fast hatten wir schon aufgegeben, als nochmals der Zufall zu Hilfe kam. Der richtige Mann zur richtigen Zeit macht eben alles möglich. In diesem Fall war es Otto Halser.

Fehlstart

Gelesen hatte ich von Otto Halser schon oft. Wann immer in einer Fliegerzeitschrift von Motorenschwierigkeiten die Rede war, wurde auch Otto Halser von der MTU erwähnt. Wenn mit meiner Mooney irgend etwas nicht stimmte und die Werkstätte nicht gleich die Fehler finden konnte, hieß es immer: „Da müssen wir den Otto Halser fragen." Der Name wäre bei mir gar nicht haftengeblieben, wenn ich nicht als Lausbub von zehn Jahren in meiner Heimatstadt auf der Straße einen Spielkameraden gehabt hätte, der ebenfalls Otto Halser hieß. In den vergangenen 40 Jahren hatte ich nie mehr etwas von ihm gehört.

Um so größer war die Überraschung, als sich herausstellte, daß der Motorenguru Halser der Otto aus den Grüben in Burghausen war. Nach dem ersten Erinnerungsaustausch kam ich gleich zur Sache, denn zu dieser Zeit rotierte in meinem Kopf nur eines, und das waren Benzinberechnungen. Otto gehört nicht zu jenen Menschen, die lange erklären, warum sie dieses eben *nicht* wissen oder jenes für einen *nicht* tun können. Otto Halser ist einer, der immer eine praktikable Lösung zur Hand hat. Immer!

Ob es denn auf der Insel Fernando de Noronha Autobenzin geben würde. Superbenzin.

„Klar, das ist eine große Insel."

Als sei dies die selbstverständlichste Sache der Welt, meinte Otto, daß dann alles in Ordnung sei. „Solche Probleme haben wir öfters, vor allem dann, wenn Flieger in den Ostblock fliegen und dort kein Flugbenzin bekommen."

Ich traute meinen Ohren nicht, denn gerade für meinen Motor wurde in sämtlichen Handbüchern eindringlich darauf hingewiesen, ja nur Flugbenzin der Sorte 100 LL zu benutzen.

Otto Halser

Aber Otto wußte einen Ausweg: „Schau, die Probleme mit falschem Benzin bekommst du nur, wenn du entweder in großer Höhe oder mit hoher Leistung fliegst. Sagen wir mal, daß du in Fernando de Noronha heruntermußt. Dann achtest du darauf, daß du entweder den Tank in der linken Tragfläche oder den in der rechten vollkommen leer fliegst. Du mußt nur sicherstellen, daß dein Benzinvorrat nicht gleichmäßig auf beide Tragflächentanks verteilt ist. In Fernando de Noronha besorgst du dir dann Autosuper und füllst mit 50 oder 100 Litern den leeren Tank auf. Beim Starten schaltest du auf den Tank mit dem Flugbenzin um, denn da brauchst du die höchste Leistung. Sobald du aber ein paar tausend Fuß erreicht hast, verminderst du deine Leistung. Wenn du mit wenig Leistung fliegst, sagen wir mal mit 50 Prozent, dann kannst du beruhigt auf das Autobenzin umschalten. Vor der Landung mußt du allerdings wieder den Tank mit dem Flugbenzin benutzen, denn es könnte ja sein, daß du durchstarten mußt und dazu die volle Leistung deines Motors brauchst."

Das leuchtete mir ein, und ich war für diesen Rat aus dem Munde eines erstrangigen Fachmanns außerordentlich dankbar. Ich war sicher, daß ich darauf nicht zurückgreifen mußte, aber es beruhigte mich doch sehr, daß es bei Benzinknappheit die technische Möglichkeit gab, auf Fernando de Noronha zu landen. So konnte ich auch auf die Benzinkanister auf den Kapverden verzichten, zumal auf unsere zahlreichen Telefonate und Fernschreiben hin lediglich sichergestellt war, daß für uns in Sal 400 Liter Flugbenzin bereitstünden, wenn wir Anfang Januar ankommen würden.

Der Reiz bei der Vorbereitung auf ein solches Abenteuer liegt sicher darin, daß sich zunächst ein Berg von vermeintlichen oder auch tatsächlichen Problemen vor einem aufbaut und man immer wieder die Flinte ins Korn werfen möchte, weil das Vorhaben aussichtslos erscheint. Aber dann findet man nach und nach einen gangbaren Weg, und alles wird plötzlich transparenter. Die Spritversorgung auf Fernando de Noronha war durch den praxisnahen Rat von Otto Halser geklärt, die Navigationsprobleme würden mit dem Sextanten gelöst werden, und die ITC würden wir am Vormittag zum Zeitpunkt der geringsten Gewittertätigkeit durchfliegen.

Otto Halser aber dachte weiter. „Bist du sicher, daß du in Südamerika auch die notwendigen Ölwechsel machen kannst?“

Ute Hohn hatte sich zwischenzeitlich beim Aero-Club in Ushuaia erkundigt und mir geschrieben, daß es dort einen Mechaniker gebe, der einen Ölwechsel durchführen könne. Denn ein Ölwechsel ist bei den herkömmlichen Ölen alle 50 Flugstunden erforderlich.

Noch viel wichtiger als beim Bootsmotor ist beim Flugzeug die Qualität des Öls. Die hohe Zuverlässigkeit eines Flugmotors ist nur dann gewährleistet, wenn er am schonendsten geflogen wird, im Normalfall mit hoher Leistung und bestem Öl.

Ich antwortete Otto, daß für den Ölwechsel schon Sorge getragen werde, doch ob ich das spezielle Mehrbereichsöl bekommen würde, das könne ich nicht sagen. Im Motor unseres Flugzeugs befinden sich rund acht Liter Öl. Eine zweite Füllung mitzunehmen, kam schon aus Gewichtsgründen nicht in Betracht; ein Extragewicht von acht Kilogramm war einfach nicht drin. Ich rechnete schon, ob ich zum Nachfüllen eine oder zwei Dosen mitnehmen konnte. Doch glücklicherweise hatte unser Motor bis jetzt praktisch kein Öl verbraucht. Das Limit für den Ölverbrauch lag bei ungefähr einem halben Liter pro Stunde. Wenn unser Motor tatsächlich diese Menge verbraucht hätte, dann wäre es praktisch unmöglich gewesen, eine Atlantiküberquerung von zehn oder 15 Stunden Dauer zu planen. Denn während des Fluges Öl nachzufüllen, ist ohne größere Umbauten am Motor nicht möglich. Mein Ehrgeiz ging ja auch dahin, einen solch ungewöhnlichen und einmaligen Törn über den Atlantik mit dem geringsten technischen Aufwand – und damit auch mit dem geringsten technischen Einsatz – durchzuführen. Wenn sich die Vorbereitung eines solchen Unternehmens darauf beschränkt, vom Schreibtisch aus telefonisch Arbeiten in Auftrag zu geben und die Rechnungen – gar noch mit dem Geld von Sponsoren – zu bezahlen, sollte man von einem „Abenteuer" nicht mehr sprechen.

Otto riet mir zu AV1, einem neu entwickelten synthetischen Öl. Dieses Öl war zwar in Südamerika nicht erhältlich, doch entgegen allen anderen Flugmotorenölen sollte es bis zu 100 Stunden benutzt werden können. Tatsächlich war das AV1 für einen aufsehenerregenden Rekordflug entwickelt worden: Ein amerikanisches Paar hatte mit einem Flieger namens Voyager nonstop in neun Tagen die Welt umrundet. Sie brauchten natürlich ein Öl, das notfalls auch 200 Stunden lang benutzt werden konnte. AV1 schien für uns also genau das richtige zu sein, denn von Europa über den Südatlantik nach Feuerland und auf der Rückreise nach Nordamerika würden wir nicht viel mehr als 100 Stunden fliegen. Doch leider war es nicht das richtige, wie sich noch rechtzeitig herausstellen sollte.

Man sollte meinen, so ein Flug sei – vergleichbar mit einer Autofahrt – eine umkomplizierte Angelegenheit: Man tankt auf, setzt sich in die Maschine und fährt los. Doch so ist das nicht. Einen Monat vor dem geplanten Abflug brachte ich die Mooney in eine kleine Werkstätte nach Straubing, wo Mechaniker Wagner sie noch einmal unter die Lupe nehmen sollte. Ich war überrascht, wieviel kleine Fehler der sorgfältige Wagner fand. Denn es handelte sich um eine fast fabrikneue Maschine mit knapp 100 Flugstunden auf dem Buckel.

„Wenn da nicht alles hundertprozentig stimmt, lasse ich Sie mit dieser Maschine nicht fort!" meinte Wagner, als er wieder einmal sein Wochenende drangab, um die Mooney so perfekt wie nur möglich herzurichten.

Paul Wagner

Kurz nach Weihnachten war es soweit. Ich konnte die Maschine, optisch und gewiß auch mechanisch in einem Topzustand, in der Werkstätte in Straubing abholen. Nach Augsburg kam ich nicht mehr. Lächerlich: Wenige Tage später wollte ich rund 15 000 Kilometer nach Südamerika fliegen, doch jetzt konnte ich wegen des Wetters nicht einmal die 150 Kilometer bis Augsburg hinter mich bringen. Zum Glück war das kleine Hotel am Flugplatz geöffnet.

Als ich am anderen Tag auf meinem Heimatplatz Augsburg gelandet war, staunte ich nicht wenig, als ich den Ölstand überprüfte. Rund ein halber Liter Öl fehlte, und das bei einer Flugzeit von 30 Minuten. Möglicherweise war das Öl in dem ausgewechselten Ölfilter verschwunden. Doch das mußte ich genau wissen. Ich setzte mich wieder in die Maschine und flog eine halbe Stunde am Augsburger Himmel herum. Erneuter Ölcheck. Ein weiterer halber Liter fehlte. Was noch schlimmer war: Die Maschine sprang plötzlich schlecht an. Der Anlasser drehte deutlich hörbar, aber der Propeller rührte sich nicht.

Ein Anruf bei Otto Halser brachte betrübliche Klarheit: Das eingefüllte Superöl AV1 verfügte über so hervorragende Gleiteigenschaften, daß die Feder des Anlassers, die eigentlich die Welle des Motors mitnehmen sollte, einfach durchrutschte. Das Öl war trotz minus zehn Grad Lufttemperatur so dünnflüssig gewesen, daß es sich über die Entlüftung des Kurbelgehäuses verflüchtigt hatte. Das war eine böse Überraschung. Denn bei einem Ölverbrauch von einem Liter pro Stunde konnte ich unseren Flug über den Südatlantik getrost vergessen.

Also, zurück nach Straubing und das 300 Mark teure Superöl durch ein ganz gewöhnliches Mehrbereichsöl ersetzen.

Dann war alles klar, die Maschine war startbereit.

Inzwischen sah es in unserer Wohnung wie in einem mittleren Expeditionslager aus. Die Firma Autoflug hatte uns Überlebensanzüge (solche, wie die Arbeiter sie auf den Bohrinseln im Nordatlantik tragen) und eine spezielle Rettungsinsel für Flugzeuge zur Verfügung gestellt. Von der Firma Peter Frisch hatten wir einen tragbaren Notsender bekommen, und von der Firma Kadematik waren wir mit Rettungswesten ausgestattet worden.

Ich erwähne absichtlich diese Firmen, denn wir werden häufig gefragt, wer denn der Sponsor für ein derartiges Unternehmen gewesen sei. Nicht ganz ohne Stolz antworte ich, daß ich mein eigener Sponsor war. Besser müßte ich sagen: Die Leser meiner Bücher und die Zuhörer meiner Vorträge waren beziehungsweise sind meine Sponsoren. Mit Ausnahme der erwähnten Sachleistungen war finanziell an unserer Expedition niemand beteiligt (damit ich es nicht vergesse: die Firma Panasonic lieh uns eine auf dem Markt noch nicht erhältliche Super-VHS-Kamera).

Im übrigen aber, und das faszinierte an diesem Unternehmen, würden – außer den normalen Flugkosten – keine besonderen Ausgaben auf uns zukommen. Wenn mit einer Segelyacht ein längerer Törn unternommen wird, dann müssen meistens Zusatzgeräte angeschafft, funktionsfähige Teile des Riggs ausgewechselt oder gar alte Segel ausgemustert werden. Wir aber konnten mit unserem spärlichen Gepäck einfach in das Flugzeug steigen und losfliegen.

Apropos Gepäck: Hier wurde der Unterschied zu einem der üblichen Touristikflüge deutlich. Außer unserer Sicherheitsausrüstung und den Kameras gab es keinen Platz für persönliche Gegenstände. Gewicht wurde an allen Ecken und Enden gespart. Das ist sogar wörtlich zu nehmen: Wir sägten selbst den Griff einer Zahnbürste ab und packten nur das Kopfteil ein. Von *einer* Zahnbürste, wohlgemerkt, denn auf die zweite verzichteten wir. Wir würden in Deutschland zwar im tiefsten Winter bei Temperaturen weit unter dem Gefrierpunkt losfliegen, doch die Wintersachen mußten zu Hause bleiben. Ein paar Stunden später würden wir ohnehin schon die Luftstraßen von Spanien befliegen. Denn unser erstes Ziel war Malaga.

Bis zum Start lagen jetzt nur noch wenige Tage vor uns. Raimund Fröhling hatte uns gemeldet, und wir sahen es auch auf Satellitenfotos, daß die ITC zu der Zeit ungewöhnlich schmal und aufgelokkert war. Aber das Wetter in Deutschland schien uns einen Strich durch die Rechnung zu machen. Es war wieder etwas wärmer geworden, und die Temperaturen schwankten knapp um den Gefrierpunkt. Der Himmel war täglich grau in grau. Schnee wollte gar nicht fallen, aber man sah die Feuchtigkeit am Himmel. So war unsere größte Sorge, wie wir von Deutschland wegkommen würden. Denn wenn schon am Boden null Grad herrschten, mußten wir beim Eintritt in die Wolken mit schwerer Vereisung rechnen. Nachdem die Wolken laut Auskunft des Wetteramtes bis in 15 000 Fuß Höhe aufragten, konnten wir kaum in wolkenfreie Luft gelangen, ohne schon beim Aufstieg eine Menge Eis aufzupacken. Zu viel für unsere kleine, zerbrechliche Mooney.

Als wir am Freitag, dem 13. Januar, unser Gepäck ins Auto luden, um es zum Flieger zu bringen, dachten wir schon gar nicht mehr an die Atlantiküberquerung; unsere Sorge galt allein dem Wetter in Deutschland. Mit gemischten Gefühlen bepackten wir am Abend sorgfältig den Flieger, denn wir mußten nicht nur das Gesamtgewicht bedenken, sondern nach bestimmten Formeln auch die Gewichtsverteilung berechnen. Zwei Mechaniker bearbeiteten inzwischen das Radar, das später für den Flug durch die Intertropical Convergence Zone so wichtig werden sollte.

EUROPAFLUG

Ein kleines Wunder – der Himmel war wolkenlos, die Wettervorhersage gut und der Flugplan nach Malaga vom Tower akzeptiert, als wir am Samstag, dem 14. Januar, frühmorgens in den Flieger kletterten. Über Nacht war die Temperatur etwas abgefallen, ein gutes Zeichen, denn damit war die Vereisungsgefahr noch geringer. Die kalte Luft hatte den Vorteil, daß unser Flieger das Gewicht, das er tragen mußte, nicht gar so schwer nahm. Die Starteigenschaften sind nämlich bei Kälte erheblich besser als bei warmer (oder feuchter) Luft. So hatten wir auch keine Schwierigkeiten, schon bei gut der Hälfte der Landebahn bei Augsburg abzuheben und in den blauen Himmel zu steigen. Von Pol zu Pol konnten wir das winterliche Bayern überblicken. Kein Schnee weit und breit, nur von den Alpen her glänzte es weiß.

Fast 2000 Kilometer lagen bis Malaga vor uns, aber wir machten uns keine großen Gedanken um diesen weiten Flug. Denn in ein paar Tagen mußten wir ja 3000 Kilometer über den Südatlantik fliegen, ohne die Möglichkeit, im Notfall irgendwo auf festem Boden landen zu können. Trotzdem fühlten wir uns wohler, als wir allmählich die Alpen hinter uns ließen und an der Ostküste von Spanien entlangflogen. Nur die Funkausrüstung machte mir Sorgen. Denn auf meinem Hauptnavigationsinstrument, dem VOR I (einem sehr genauen Funkpeiler im UKW-Bereich – Standardinstrument auch der großen Flugzeuge), war die rote Flagge sichtbar, zum Zeichen dafür, daß der Sender noch nicht empfangen werden konnte. Beim VOR II dagegen stand die gelbe Nadel ständig in der Mitte, ohne Warnflagge, obwohl ich auf dem VOR II den gleichen Sender eingedreht hatte wie auf dem VOR I. „Das fängt ja gut an“, dachte ich bei mir, denn ich wollte Carla nicht beunruhigen. Tatsächlich hätten wir mit einem defekten VOR unsere Reise gleich abbrechen können.

Als wir die braune Landebahn von Malaga schon in Sichtweite hatten, begann das VOR I wieder zu arbeiten. Nach sechs Stunden und 17 Minuten, einem Stundenmittel von 307 km/h also, setzte unsere Mooney sachte in Malaga auf. Jetzt lagen vor unserem Sprung über den Atlantik nur noch zwei Flugtage.

Kaum im Hotel angekommen, versuchte ich, den Elektroniker Schuster von der hilfsbereiten Firma Hemmel in Straubing ans Telefon zu bekommen, der in meiner Maschine gearbeitet hatte und sie deshalb bestens kannte. Nach vielen Gesprächen hatte ich endlich seine Privatnummer herausgebracht, denn es war ja Wochenende. Leider konnte er mir am Telefon nicht viel weiterhelfen, erklärte sich aber bereit, sofort die Schaltpläne nach Malaga zu faxen. Das aber hätte einen Aufenthalt von einem Tag bedeutet, und dabei wäre noch nicht einmal sichergestellt gewesen, daß sich irgend jemand finden würde, der mit den Schaltplänen etwas anfangen konnte. Ich kam also zu dem Schluß, daß es wohl das beste sei, weiterzufliegen. Vor dem Südatlantik konnten wir immer noch aufgeben und nach Hause fliegen.

Ich war mir allerdings bewußt, daß ich mir wohl in die eigene Tasche log. Denn Elektronikgeräte haben keine Launen. Wenn sie defekt sind, dann sind sie defekt. Die Zeiten, wo man mit der Hand aufs Radio geschlagen hat, bis es wieder zu hören war, sind vorbei. Trotzdem – ich wollte mir nach einer so langen, aufregenden Vorbereitung das Unternehmen von einem defekten VOR nicht kaputtmachen lassen. Ich schaltete auf stur.

Als wir am nächsten Tag mit Kurs Gran Canaria in der Luft waren, arbeiteten beide VORs wieder einwandfrei. Allerdings stellte ich fest, daß das VOR I geringfügig unempfindlicher war als das VOR II: Es zeigte die Warnflagge schon früher an. Durch die Berge der Sierra Nevada verdeckt, mußte das Signal des UKW-Drehfunkfeuers am Vortag wohl nur noch so grade eben hereingekommen sein; das empfindlichere VOR II hatte es verarbeitet, das VOR I aber nicht.

Ich war beruhigt, denn nun wußte ich, daß meine Maschine hundertprozentig in Ordnung war. Ich konnte mich auf sie verlassen. Das machte mich ziemlich euphorisch, denn so einen Zustand hatte ich bei einem Flugzeug noch nie erlebt.

Die sogenannten Kleinflugzeuge wie unsere Mooney sind nämlich elektronisch genauso umfangreich ausgerüstet wie die großen Verkehrsmaschinen. Das bedeutet, daß sich auf engstem Raum eine Menge Elektronik drängt. Es ist schon ein kleines Wunder, wenn diese vielen hochempfindlichen Geräte vollzählig funktionieren, denn die Arbeitsbedingungen sind ungewöhnlich hart. Die Elektronik muß bei minus 50 Grad genauso einwandfrei funktionieren wie bei plus 40 Grad, und das bei ständiger Vibration. Daß das eine oder andere Gerät dabei gelegentlich den Geist aufgibt, ist nur allzu verständlich. Auf unserem großen Flug aber konnte ich Pannen nicht gebrauchen, denn die Wahrscheinlichkeit, ein defektes Gerät während der Reise reparieren lassen zu können, nahm mit zunehmender Entfernung von Europa ab. Da gab ich mich keinen Illusionen hin. Aber wenn man bei einem solch extremen Unternehmen nicht auch etwas auf sein Glück vertraut, kann man es gleich bleiben lassen. Denn allein mit Können und der richtigen Auswahl von Flugzeug und Ausrüstung ist es nicht getan.

Der Flug von Malaga nach Gran Canaria war eine heitere Sache. Keine Wolke am Himmel, und die Temperatur in 12000 Fuß lag schon über zehn Grad. Wir hatten also gut daran getan, keine Winterkleidung mitzunehmen. Für mich reichten ein Hemd und ein leichter Pullover sicher bis Feuerland aus. Nur die Schuhe lösten sich langsam auf. Ich hatte meine ältesten mitgenommen, denn für den Segeltörn in der Nähe der Antarktis würde ich mir ohnehin neue besorgen müssen. Möglicherweise sogar mehrere Paar, denn beim Segeln, obgleich weit weniger riskant, kann man sich mit der Kleidung einen derartigen Leichtsinn wie beim Fliegen nun wirklich nicht erlauben.

Als wir nach einem ereignislosen Flug von viereinhalb Stunden auf Gran Canaria landeten, blies uns heiße Luft ins Gesicht. Jetzt erst fühlten wir uns wieder „unterwegs“, denn wir waren an der Straße der Weltumsegler angelangt.

Sturmsegeln

Das Schönste am Fliegen ist, genauso wie beim Segeln, das Ankommen. Doch während man beim Segeln nach den Einklarierungsformalitäten mit Handtuch und Seife in der Hand nach einer Duschgelegenheit sucht und abends in die stinkige Koje kriechen muß, winkt nach einem Flug und einer kurzen Taxifahrt ein sauberes weißes Bett, meistens in einem Hotel einer internationalen Kette, mit einem großen Bad oder einer Dusche – nur für dich allein. Wir sind keine Freunde von solchen Hotels, doch nach der Ankunft mit dem Flugzeug leisten wir uns meistens diesen „Luxus". Als Pilot bekommt man in den internationalen Hotels nicht selten einen Rabatt von 50 Prozent, so daß die Übernachtung dann nicht teurer als in einem Mittelklassehaus ist.

Die Straße vom internationalen Flughafen von Gran Canaria in die Stadt führt an der langen Mole des Hafens La Luz vorbei. Unsere Gedanken schweiften zurück zu jenem Tag, als wir vor nahezu zwei Jahrzehnten in diesen Hafen zum Start zu unserer Weltumsegelung eingelaufen waren. Ein richtiger Schock war das für mich gewesen: Die in sich abgeschlossenen Häfen am Mittelmeer oder am Atlantik gewöhnt, war es für mich unvorstellbar, in einem riesigen Berufshafen vor Anker gehen zu müssen, der zum Ozean hin vollkommen frei, ohne schützende Hafenmole war. Prompt erlebten wir in diesem Hafen denn auch die bis dahin aufregendsten Minuten auf der Thalassa. Entgegen allen Wettervoraussagen hatte der Wind nach zwei Tagen Aufenthalt gedreht und kam, was für die Jahreszeit ungewöhnlich war, vom offenen Meer. Die vor Anker liegenden Yachten wurden total durcheinandergebracht. Drei Anker haben wir auf dem sechs bis zehn Meter tiefen, felsigen Grund zurückgelassen, ehe wir uns in den unvorstellbar ölig-dreckigen Fischerhafen flüchteten.

Wieviel Zeit, wieviel Seemeilen lagen nun schon zwischen diesen Erlebnissen und heute. Nicht viel hatte sich der große Hafen verändert. Wie damals lag dort eine Fischereiflotte asiatischer Herkunft, dümpelten die rostigen Schiffsleiber im leichten Hafenschwell und tönte schrille Lautsprechermusik mit unverkennbar fernöstlichem Einschlag von einem der Walfänger. Neu war ein kleiner Yachthafen, hinter dessen Mole zehn oder 15 Yachten lagen. Auch eine Yacht mit deutscher Flagge konnten wir von der Straße aus erkennen.

Es wurde uns doch ein bißchen wehmütig bei dem Gedanken, daß wir einfach nicht mehr die Zeit hatten, die langen Anreisen von Erdteil zu Erdteil auf eigenem Kiel zurückzulegen. Und so entsprach es auch unserer Stimmung, daß wir sofort nach dem „Einklarieren“ im Hotel uns noch mal ein Taxi in den schmuddeligen Hafen La Luz nahmen. Wir schlenderten die Mole entlang und kamen an einem ungefähr elf Meter langen Kunststoffschiff vorbei. Es war eine Contest, und am Heck lasen wir den Namen JÖNATHE.

JÖNATHE, JÖNATHE, JÖNATHE? Den Namen kannte ich, aber ich kam nicht darauf, woher. Auch Carla wußte nicht weiter. Wir hatten keine Eile, und so setzten wir uns auf einen mächtigen Poller, ließen die Füße über dem Beton baumeln und beobachteten die Yachten. Auf der JÖNATHE mit der Bundesflagge am Heck war jemand an Bord, das konnten wir am geöffneten Luk sehen. Nach ein paar Minuten kam ein Mann den Niedergang hoch, ging übers Seitendeck zum Mast, setzte sich auf den Kajütaufbau und pütscherte an den Wanten herum. So wie man es eigentlich nur macht, wenn man einerseits ein sorgfältiger Seemann ist, andererseits einen längeren Törn vor sich hat. Denn der Charterskipper kümmert sich gewöhnlich nicht so sehr um die Wanten; er setzt voraus, daß das gecharterte Schiff in ordnungsgemäßem Zustand ist. Die Selbsteueranlage am Heck der JÖNATHE ließ ebenfalls auf einen Langfahrtsegler schließen.

JÖNATHE? Carla wußte plötzlich Bescheid: „Ist das nicht die Yacht, die hinter uns bei Kap Hoorn gekentert war?“

„Natürlich“, schoß es mir durch den Kopf. Als Carla und ich vor ein paar Jahren von der Südsee heimkamen, waren wir froh, als wir Kap Hoorn hinter uns hatten. Viele Yachten hatten wir unterwegs nicht getroffen; trotzdem hatte es uns damals interessiert, wieviel Deutsche sich wohl in jenem Jahr in dieser unwirtlichen Gegend herumtreiben und wieviele versuchen würden, Kap Hoorn zu umrunden. Es war schon März, als wir unseren sechs Wochen langen Aufenthalt in Mar del Plata hinter uns hatten und uns auf den mühsamen Heimweg gegenan durch den Südatlantik machten. Da bekamen wir eines Tages über Funk die Nachricht, daß die deutsche Yacht JÖNATHE südlich von Kap Hoorn entmastet tagelang hilflos zwischen Antarktis und Kap Hoorn herumgetrieben war.

Nichts erinnerte jetzt mehr an die Schläge, die die Yacht abbekommen haben mußte; äußerlich befand sie sich in einem einwandfreien Zustand. Wenn nicht der Name so auffällig gewesen wäre, hätte ich niemals darauf getippt, daß diese Yacht ein solches Schicksal hinter sich hatte.

Ich rief den Skipper an, und wir stellten uns gegenseitig vor. Als ich meinen Namen genannt hatte, verdüsterte sich sein Gesicht etwas. Nicht gerade unfreundlich, aber doch bestimmt erklärte er mir ohne große Umschweife, daß ein Artikel von mir in der „Yacht" ihm ganz und gar nicht gefallen hätte. „O je", dachte ich, „aus einem gemütlichen Plausch mit dem Skipper wird wohl nichts." Wiewohl dem Tonfall (mit leicht rheinischem Einschlag) anzumerken war, daß es sich beim Skipper der JÖNATHE nicht um einen im Grunde unfreundlichen oder gar unhöflichen Menschen handeln würde. Tatsächlich war die Geschichte mit dem „Yacht"-Artikel nach wenigen Minuten bereinigt, und Carla und ich wurden an Bord gebeten – wobei der Skipper es sich nicht verbeißen konnte, darauf hinzuweisen, daß er dies nicht allein deshalb machen würde, um dem Gebot der Höflichkeit Genüge zu tun.

Nachdem er die JÖNATHE für ein paar Sekunden so nah an die Pier verholt hatte, daß wir übersteigen konnten, führte uns der Skipper in seine gemütliche Kajüte, der man es ansah, daß sie derzeitiger gemütlicher Mittelpunkt im Leben des Seemannes Theo Biesemann war. Wir setzten uns. Seine Frau, die wir bis dahin im Schiffsinneren noch gar nicht wahrgenommen hatten, bot uns Kaffee an. Klar, daß wir schon nach ein paar Minuten beim Thema Kap Hoorn waren. Je rauher das Gewässer, desto freundlicher wurde die Gesprächsatmosphäre. Wir verglichen unsere Routen, aber nachdem unsere Kap-Hoorn-Umrundung glücklicherweise ohne Zwischenfall verlaufen war, hatten wir nicht viel zu berichten.

Theo erzählte uns seine Story, ohne auch nur den Versuch zu machen, irgend etwas zu übertreiben. Das war auch gar nicht nötig, denn die Geschichte der Jönathe und ihrer Kap-Hoorn-Umrundung gehört sicher zu den aufregendsten Seeabenteuern, die Yachtseglern jemals widerfahren sind. Uns fesselte sie vor allem deshalb, weil wir ja Kap Hoorn nicht nur schon einmal erlebt, also hinter uns hatten, sondern weil wir ja wieder auf dem Weg nach Feuerland waren, um den gefürchteten Felsen am Ende Südamerikas einen weiteren Besuch abzustatten. Kap Hoorn ist nun mal der Höhepunkt in einem Seglerleben, es ist der Inbegriff für Abenteuer und Unternehmungsgeist.

Inzwischen hatte sich Frau Biesemann zu uns gesetzt. Eigentlich habe sie mit der ganzen Geschichte nichts zu tun, sagte sie, denn sie würde niemals mitsegeln. Gelegentlich würde sie ihrem Mann nachfliegen und ihn in den Häfen betreuen. Aber so weite Strecken zu segeln, das sei nichts für sie. Früher hätten sie auch gemeinsam etwas unternommen, aber das sei immer an Land gewesen, wie zum Beispiel ihre Hochzeitsreise mit dem Motorrad.

„Wissen Sie, schon Wochen vorher fängt mein Mann an, Vorbereitungen zu treffen. Er erzählt mir nie, was er jetzt wieder vorhat. Aber ich merke, es treibt ihn wieder zum Segeln. Wenn ich dann sage: ‚Muß das schon wieder sein‘, brummt er nur. Ich weiß dann, daß es bald wieder losgeht. Dagegen kann man halt nichts machen.“

„Ich habe nämlich zu Hause ein Baugeschäft“, mischte sich Theo Biesemann freundlich in die Unterhaltung ein. „Das lege ich still, wenn ich für ein paar Monate zum Segeln wegfahre. Und nach der Rückkehr fange ich das Geschäft wieder neu an. Ich stelle also meine Mitarbeiter ein und entlasse sie wieder. Anders ginge das nicht. Auf diese Weise habe ich unsere Jönathe auch nach Chile segeln können. Zum großen Törn ums Kap Hoorn kam dann noch mein 27jähriger Sohn Jörg dazu. Ich segle gern mit meinem Sohn, denn allein zu segeln ist nicht das Richtige für mich. Obwohl ich schon 60 bin, kommt es an Bord wegen des Altersunterschiedes zu keinen Reibereien. Mit meinem Sohn verstehe ich mich prächtig.

Es war schon März, als wir in Chile lossegelten, und das war vielleicht auch der Fehler, den wir gemacht haben. Sonst kann ich mir eigentlich keinen Vorwurf machen, denn wir hatten uns auf diesen Törn sehr gut vorbereitet. Wir waren nicht nur innerlich auf einen Extremfall eingestellt. So wie jeder Fahrtensegler, der etwas auf seine Seemannschaft hält! Wir hatten auch unsere JÖNATHE, die sich bis dahin gut bewährt hatte, zusätzlich zum normalen Steckschott für den Niedergang mit einem Stahlschott ausgerüstet. Denn wir wußten, daß man in einem wirklichen Supersturm in den Brüllenden Vierzigern nur eine Chance hat, solange das Schiff schwimmt. Und es schwimmt eben nur so lange, wie das Innere sich nicht mit Wasser füllt. Deshalb das zusätzliche Stahlschott.

Die Rettungsinsel fuhren wir nicht an Deck, sondern unter einem Deckel im Achterschiff. Denn zu groß ist die Gefahr, daß sie von Bord gewaschen wird. Wiewohl die sicherste Rettungsinsel immer noch das Schiff ist und bleibt, gleichgültig in welchem Zustand, solange es nur schwimmt.

Also", wiederholte Theo Biesemann, „wir waren für den großen Törn von Chile aus gestartet. Zunächst war auch alles glattgegangen. Wir hatten schnell unseren Weg nach Süden gemacht, hatten den 40., dann den 50. Breitengrad überquert. Irgendwann würde ein Sturm auf uns zukommen, das wußten wir. Das ist ja auch das Problem bei der Kap-Hoorn-Umrundung von West nach Ost: Du mußt alles so nehmen, wie es kommt, hast keine Chance, dich irgendwo hinter eine Insel zu verkriechen.

Wir waren genau 80 Seemeilen südlich von Kap Hoorn, in der Gegend der Insel Diego Ramirez, als es passierte. Das Barometer war so stark gefallen, wie ich es noch nie erlebt hatte. Jörg und ich konnten gar nicht glauben, daß so etwas möglich war. Schließlich war die Nadel bei 950 stehengeblieben. Unser Schiff machte sich ganz gut. Nach und nach hatten wir alle Segel weggenommen, bis wir mit blanken Masten vorm Wind abliefen. Unsere Adam-Selbststeueranlage arbeitete ganz phantastisch, während wir unten waren. Mit der kleineren der beiden Windfahnen hielt sie das Schiff einigermaßen auf Kurs und verhinderte, daß es querschlug. Wir hatten von innen zusätzlich zu dem Steckschott das Stahlschott angebracht, damit ja keine See einsteigen konnte.

Als das Barometer nach 24 Stunden wieder zu steigen begann, war es hellichter Tag, und ich sagte zu Jörg, daß es nicht mehr lange dauern könne, bis wir wieder segeln würden. Dann passierte es!"

Theo Biesemann lehnte sich zurück und blickte lange ins Leere. So wie einer, der sich immer und immer wieder die gleiche Frage stellt und keine Antwort findet.

„Dann kam irgend etwas und schmiß uns um!"

Theo machte noch einmal eine Pause.

„Wir haben überhaupt nichts gehört, es war entsetzlich. Kein Rauschen, kein Schlag gegen die JÖNATHE, nichts. Plötzlich schoß uns überall Wasser entgegen, alles flog herum. Auch Jörg und ich wurden durcheinandergewirbelt. Beide Schotten waren in die Kajüte geflogen, und zwischen Kajütwand und Deck, das es förmlich angehoben hatte, ergossen sich Hunderte Liter Wasser ins Schiffsinnere. Um uns wieder zurechtzufinden, blickten wir durch den offenen Niedergang. Was wir sahen, konnten wir gar nicht richtig glauben. Das Deck war wie leergefegt. Keine Masten, nichts, gar nichts. Jörg blutete stark; das Schott, das offensichtlich mit Explosionsgewalt in die Kajüte geschleudert war, hatte ihn an der Nase getroffen. Wir wußten gar nicht so recht, wo wir als erstes hingreifen sollten. Daß Jörg verletzt war, war im Moment nicht so wichtig, denn wir mußten zunächst einen Überblick bekommen. Denn schlagartig war uns ins Bewußtsein gerückt, daß es nunmehr ums Überleben ging.

Jetzt merkten wir auch, daß die Masten gegen die Bordwand hämmerten. Sie hingen, gefesselt von Fallen und Wanten, längsseits im Wasser. Wenn wir dadurch noch ein Loch in die Schale bekommen würden, dann hätten wir gar keine Chance mehr, das Schiff am Schwimmen zu halten. Also suchte ich den Wantenschneider, um die Drahtseile zu kappen. Ich hatte da keinen speziellen für Yachten, sondern ganz einfach einen von der Baustelle, so ein Ding, wie meine Mitarbeiter es zum Durchschneiden der Stahlarmierungen benutzen. Soweit ich mich erinnern kann, machte es keine Schwierigkeiten, die bis zu zehn Millimeter starken Nirosta-Drähte zu kappen. Vielleicht, weil wir in unserer Verzweiflung wohl unsere letzten körperlichen Kräfte mobilisierten. Das eingedrungene Wasser lenzten wir mit Eimern.

Oben konnten wir als einziges den Baum retten. An Deck sah es aus, als wenn ein Riese eine Keule genommen hätte und einfach mal so richtig darübergegangen wäre. Die Mastreling war verdreht, der Besan in zwei Stücke gebrochen – eins konnten wir retten –, den Mast hatte es in drei Teile zerlegt. Wir wollten eines davon bergen, was uns aber nicht gelang. Die Spinnakerbäume waren auch weg. Es war furchtbar.

Ich dachte an alles das, was ich über die richtige Sturmtaktik gelesen hatte, die vielen Theorien, die da im Laufe von hundert Jahren Yachtsegelei als Abwehrmaßnahme gegen den äußersten Sturm erdacht worden waren.

Sturmtaktik?" Biesemann schüttelte den Kopf. „Mit Sturmtaktik hatte das gar nichts zu tun! Wir waren ja gar nicht mehr so richtig drin im Sturm. Wir wollten ja bereits wieder segeln, denn es schien uns, als läge alles längst hinter uns. Jede Yacht wäre hier entmastet worden. Ich betone: jede!

Was sich wirklich ereignet hat, wissen wir auch heute noch nicht. Das Unheil kam völlig lautlos. Vom normalen hysterischen Pfeifen des Windes hat sich kein Geräusch besonders hervorgehoben. Für uns war es die totale Überraschung. Ich denke schon, daß wir durchgekentert sind. Die See ließ uns keine Chance! Das war einfach so ein Dingens, das da über uns hinweggegangen ist.

Wir machten uns zunächst keine großen Gedanken, was wirklich geschehen war. Es galt jetzt, so schnell wie möglich ein Notrigg aufzustellen. Aber das war leichter gesagt als getan. Du glaubst gar nicht, wie schwierig es ist, auf einem schwankenden Schiff zu arbeiten. Es war eine echte Qual, den Baum hinzustellen, denn es war ja auch der Mastfuß weg. Das hat Stunden über Stunden gebraucht. Eine Reling gab es auch nicht mehr, und als Jörg auf das Vorschiff gegangen ist, habe ich Angst um sein Leben gehabt. Als der Baum endlich stand, haben wir Tränen der Erschöpfung geweint."

Wir sahen es dem Gesicht von Theo Biesemann an, daß ihm diese Stunden des Überlebenskampfes immer noch nachgingen.

„Und dann die Nässe. Es gab keine Stelle im Schiff, die trocken war, und wir froren fürchterlich. Jörg und ich sind zusammengekrochen wie ein Liebespaar, um uns gegenseitig zu wärmen.

Irgendwie hat dieses Erlebnis auch meinen Sohn verändert. Wir hatten mit ihm in seiner Jugend so die üblichen Schwierigkeiten. Aber jetzt war er wie verwandelt. In unserem Todeskampf richtete er mich auf: ‚Weißt du, Vater, wenn wir zwei das überstehen, den ganzen Mist, dann sollst du sehen, dann mach ich was aus meinem Leben.'

Wir versuchten unter Notrigg, die Falklandinseln zu erreichen. Zehn Tage kämpften wir gegen das Schiff, gegen das Wetter und vor allem gegen die Kälte. Gelegentlich munterte ich Jörg auf, indem wir uns vormachten, daß wir nur erst mal 200 Seemeilen an Falkland heran sein müßten, und dann würden sie schon zu uns rauskommen und uns vielleicht 'ne Büchse Bier geben.

Aber es ist keiner gekommen. Zerschlagen sind wir in den Hafen von Port Stanley eingelaufen. Die Engländer haben uns dort sehr geholfen. Das waren prima Kerls. Aber die Versorgungsmöglichkeiten auf den Falklands sind schlecht. Was wir am dringendsten brauchten, war so eine Art Mast. Die Argentinier hatten jede Menge Telegrafenmasten zurückgelassen. Da suchten wir uns ein paar Stücke zusammen, die wir mit Hilfe der Engländer zu einem Mast zusammenschweißten.

Jörg mußte dann dringend nach Hause, und auch da halfen wieder die Engländer. Mit einem Militärflugzeug wurde er nach Großbritannien geflogen. Er hatte aber alles für mich vorbereitet, um mein Schiff einigermaßen seetüchtig hinzukriegen.

Mit die größte Schwierigkeit war, Draht für das Rigg zu beschaffen. Der Kapitän eines holländischen Frachters, der Port Stanley angelaufen hatte, gab mir schließlich verzinkten Draht mit dem Rat, daß ich mit meinem Kahn nur dann heil nach Hause käme, wenn ich jeden Draht doppelt und dreifach nehmen würde. Es hat dann Wochen gedauert, die Drähte zusammenzudrehen und das Rigg einigermaßen stabil zu improvisieren.

Zwischenzeitlich war der erste Schnee gefallen, und es war höchste Zeit für die Weiterreise. Zum Abschied haben wir so etwas wie eine Party gefeiert, und soweit es ging, habe ich mich für die Hilfe der Engländer revanchiert. Als ich dann meine Schulden bezahlen wollte, winkten sie ab: Das würde aus der Mannschaftskasse erledigt.

Ich segelte wieder. Das heißt: Segeln konnte man das gar nicht nennen, denn Kreuzen war einfach nicht drin. Etwa 60 Meilen machte ich am Tag. Ursprünglich wollte ich Montevideo anlaufen, um dort mein Schiff wieder richtig seetüchtig zu machen. Aber das ging nicht. Ich hatte das Großsegel zwar so oft wie möglich um den Baum gewickelt, damit es nach oben hin paßte, aber kreuzen konnte ich damit nicht. Ich mußte weitersegeln.

Das Rigg machte mir große Sorgen, denn es begann schon auseinanderzufallen. Die ersten Drähte drehten sich einfach auf. Daß ich es wenigstens noch bis Rio schaffen würde, glaubte ich nicht mehr. Die Schrauben am Rigg hatte ich vorsichtshalber schon gelöst, damit ich den Mast über Bord bringen konnte, wenn er umfallen würde. Denn wenn dieser Telegrafenmast ins Wasser gefallen wäre, wäre die Gefahr große gewesen, daß er ein Loch in die Schale gestoßen hätte.

Irgendwie habe ich es dann doch bis Rio geschafft. Dort habe ich zwei Südafrikaner getroffen, die mir einredeten, daß mein Rigg eigentlich nur noch einer Saling bedürfte, dann wäre es erheblich besser. Tatsächlich haben die mir dann eine Saling angeschweißt.

Von Rio aus bin ich mit dem Notrigg bis nach Holland gesegelt. Die Leute von der Werft haben nicht schlecht gestaunt, als ich dort eingelaufen bin. ‚Hört mal', habe ich gesagt, ‚ich hab euch euren Kahn wieder zurückgebracht, den müßt ihr jetzt reparieren. Hoffentlich nehmt ihr nicht soviel Geld dafür.' Ich war nämlich nicht vollkaskoversichert. Denn wenn man eine Versicherung hat, die alles abdeckt, dann hat man letztlich kein Geld mehr zum Leben."

Ich wußte, daß jede Frage an Theo Biesemann, die auch nur den Anschein von Kritik oder gar Zweifel an seiner Leistung erwecken konnte, nicht angebracht war. Es ist nämlich eine Sache, mit einem gut ausgerüsteten Schiff und etwas handwerklichem Geschick über die Weltmeere zu segeln, schöne Reisen zu machen. Eine ganz andere Sache aber ist, in einem Unglücksfall, wie Biesemann ihn erlebt hatte, sein Schiff, die Mannschaft und sich selbst zu retten. Hier zeigt sich wahre Seemannschaft, und alles andere als größter Respekt vor dieser phantastischen Leistung von Jörg und Theo Biesemann wäre fehl am Platz gewesen. Trotzdem bat ich ihn, seine Erfahrungen aus diesem Erlebnis auf den Punkt zu bringen.

„Einen Vorwurf haben wir uns natürlich gemacht. März ist schon recht spät im Jahr, um Kap Hoorn zu runden. Auch der Erdmann war ja schon ziemlich spät dran. Ihr seid im Januar gesegelt, da gibt es sicher weniger Probleme. Aber das Wichtigste – und das ist etwas, was du deinen Lesern weitergeben solltest – ist das Gebot, niemals, aber auch wirklich niemals das Schiff zu verlassen, solange es noch irgendwie schwimmt. Die Rettungsinsel aufzusuchen gebietet sich nur dann, wenn du dein Schiff nicht mehr hast, wenn es dir wegsäuft. Solange aber dein Kahn schwimmt, hast du immer noch die beste Chance zu überleben.

Übrigens: Hätte ich die Rettungsinsel oben an Deck gefahren, so wie die meisten Yachten, so wäre sie nicht mehr dagewesen. Denn das Deck war leergeräumt."

Wir waren sehr nachdenklich, als wir die JÖNATHE verließen. Denn schließlich wollten auch wir in wenigen Wochen nochmals um Kap Hoorn segeln. Außerdem: Solange wir noch zu Hause an die Gewässer von Feuerland, an Kap Hoorn und Staaten-Insel gedacht hatten, war das für uns nichts weiter als ein Reiseziel. So schön, wie das riesige Poster in unserem Wohnzimmer das Kap Hoorn aus der Luft zeigt, ohne aber die Gefahren sichtbar zu machen. Jetzt waren wir wieder daran erinnert worden, daß es sich dabei um ein Segelrevier handelt, das der Gott des Westens bewacht, der es sicher nicht straflos hinnimmt, wenn es unterschätzt wird. Wir waren gewarnt.

Anflug

Schon am nächsten Tag saßen wir wieder in unserem Flieger und blickten auf die Kanarischen Inseln zurück, wo der Pico de Teide langsam achteraus verschwand. Jetzt ging es zum ersten Mal über offene See. Wir hatten unsere Rettungswesten angelegt; das deutete nicht etwa auf eine gewisse Dramatik hin, vielmehr ist das üblich in einmotorigen Flugzeugen, wenn es über Wasser geht.

Die meiste Zeit des Fluges waren wir allerdings in Landnähe, so daß wir im Falle eines Motorschadens im Gleitflug jederzeit noch die Küste erreicht hätten. Denn eine Landung irgendwo auf festem Boden, auch mit dem Risiko des Totalschadens, ist immer noch sicherer als eine Landung auf dem Wasser. Denn die birgt die tödliche Gefahr, daß das Flugzeug sich beim Aufsetzen überschlägt. Unsere Mooney war allerdings weitgehend dagegen gesichert, denn wir hatten ein einziehbares Fahrgestell, was die Maschine beim Aufsetzen mit großer Wahrscheinlichkeit nicht stolpern ließ. Aber eben nur wahrscheinlich. Wenn so ein Flugzeug mit einer Geschwindigkeit von ungefähr 120 Stundenkilometern aufs Wasser aufsetzt, dann ist das wie eine Landung auf Beton. Herrschen nur zwei oder drei Windstärken und noch dazu Dünung, so ist dies gleichsam eine Hügellandschaft. Die Folgen, wenn man mit der Schnauze in einen solchen Wellenhügel hineinstößt, lassen sich leicht ausmalen. Und selbst wenn die Landung klappen sollte, bleibt der Mannschaft nur ungefähr eine Minute (das hängt von der Benzinmenge in den Tanks ab), bis die Maschine auf Tiefe geht.

Keine angenehme Vorstellung, besonders in unserer Mooney, denn sie hat nur eine einzige Tür. Ich mußte mich also darauf verlassen, daß Carla so schnell wie möglich aus der Tür herauskommen würde, um auch mir Zugang ins Freie zu verschaffen. Wir hatten uns so eine Art Notprogramm festgelegt. Bei einer Notwasserung würde Carla unmittelbar vor dem Aufsetzen die Tür leicht aufmachen (damit sie im Falle eines Zellschadens nicht verklemmte) und nach dem Aufsetzen die Sicherheitsgurte öffnen. Vorausgesetzt, sie war durch den Aufprall nicht bewußtlos geworden. Ohne sich um Rettungsinsel oder ähnliches zu kümmern, würde sie fluchtartig den Flieger verlassen. Ich würde ebenfalls versuchen, so schnell wie möglich ins Freie zu gelangen, um dann von außen die Rettungsinsel vom Rücksitz zu reißen. Das hörte sich sehr einfach an, doch ob es sich in der Praxis wirklich so abspielen würde, war mehr als fraglich. Zwar war die Rettungsinsel auf dem Rücksitz über dem Gepäck gestaut, doch mit ihren 18 Kilogramm Gewicht war sie nicht eben leicht zu handhaben. Dazu kam die Gefahr, daß sie sich mit den anderen Gepäckstücken verklemmen würde (unsere Mooney war ja randvoll gefüllt).

Aber selbst wenn wir die Rettungsinsel herausgekriegt hätten, wäre damit noch nicht viel gewonnen gewesen. Denn abseits von Europa ist es keineswegs sicher, innerhalb von wenigen Tagen geborgen zu werden. Wir hätten uns also auf einen längeren Aufenthalt in der Insel einstellen müssen. Dies beunruhigte mich allerdings nicht so sehr, denn während unserer vielen Jahre auf dem Wasser hatten wir genügend Zeit gehabt, uns mental mit einer derartigen Situation auseinanderzusetzen. Das Hauptproblem sah ich darin, heil mit dem Flugzeug aufs Wasser aufzusetzen und mitsamt Rettungsinsel herauszukommen.

Auf dem Flug zu den Kapverden brummte unser Continental mit seinen 210 PS beruhigend gleichmäßig, und wir mußten uns keine Gedanken um eine eventuelle Notwasserung machen. Als wir auf dem riesigen Flugplatz von Sal landeten und ausrollten, war weit und breit kein anderes Flugzeug zu sehen.

Extrameilen

Schon zweimal waren wir versucht gewesen, auf den Kapverden einen Stopp einzulegen: als wir mit der Thalassa I und der Thalassa II jeweils den Atlantik überquerten. Gleichgültig, ob mit oder ohne Stopp, bei einer Atlantiküberquerung kommt man ohnehin nahe an den Kapverden vorbei. Denn jeder Langfahrtsegler wird sich den Passat zunutze machen, wenn er den großen Teich überquert. Da der Passatwind selten so weit nach Norden reicht, daß er auch das Gebiet der Kanarischen Inseln erfaßt, muß man einen kleinen Umweg nach Süden in Kauf nehmen, um dann mit dem Passat nach Westen, nach Westindien zu segeln. Butterbrotnavigation nannte man das früher: „So lange nach Süden segeln, bis die Butter schmilzt, und dann rechts herum nach Westen."

Doch ganz so einfach ist das nicht. Wer Glück hat, findet den Passat schon ein bis zwei Tage nach dem Absegeln von den Kanarischen Inseln, andere müssen tagelang Kurs Süd halten, ehe sie die typischen Passatwölkchen am Horizont sehen. Schon so mancher Segler hat vor lauter Ungeduld bereits beim ersten Windhauch Kurs West abgesetzt, um dann nach kurzer Zeit in einem Flautenloch hängenzubleiben. Vom Passat keine Spur weit und breit.

So wäre es nur logisch, bei einer Atlantiküberquerung von vornherein einen Stop auf den Kapverden einzuplanen. Viele Yachten machen das auch so, doch wir hatten kein Bedürfnis verspürt. Denn der große Lehrmeister der Fahrtensegler, der inzwischen verstorbene Eric Hiscock, hatte in seinen Büchern den Bewohnern der Kapverden kein gutes Zeugnis ausgestellt. Abgesehen von ihrer aufdringlichen Armut würden sie klauen wir die Raben. Und den Proviant könne man auch nicht ergänzen, weil es auf den Kapverden nichts zu kaufen gebe. Nicht einmal Frischwasser sei zu haben.

Jetzt aber mußten wir die Gastfreundschaft der Kapverden in Anspruch nehmen. Unser erster Eindruck deckte sich mit Hiscocks Schilderung. Das Land schien schon optisch in einem desolaten Zustand. So weit wir auch blickten: nirgendwo etwas Grünes, nur dunkelbraune Hügel und Staubwolken. Doch das beeindruckte uns im Moment nicht. Das Wichtigste und einzig Entscheidende war der Sprit. Der dunkelhäutige junge Mann, Chef des Flugplatzes, nickte freundlich, als ich ihn nach Benzin fragte. Eine große Sorge weniger!

Unser monatelang ausgeklügelter Plan sah vor, in der Mitte der Nacht von den Kapverden nach Brasilien zu starten. Nachdem wir jedoch in drei Tagen von Augsburg bis hierher 5000 Kilometer zurückgelegt hatten, schien es mir zu vermessen, noch in der gleichen Nacht weiterzufliegen. Für diesen Flug mußten wir fit sein. Nachdem ich mich im Wetterbüro vergewissert hatte, daß in den nächsten Tagen mit keiner entscheidenden Wetteränderung zu rechnen sei, beschlossen wir, einen Ruhetag einzulegen. Ich handelte damit eigentlich gegen einen meiner Grundsätze beim Fliegen: „Wenn das Wetter gut ist, flieg sofort los!"

So sagte ich dem Chef des Flugplatzes, daß wir am nächsten Tag wiederkommen würden, um den notwendigen Papierkram zu erledigen und vor allem die Maschine zu betanken. Die Versuchung war groß, die Tanks gleich randvoll zu füllen, nach dem Motto: „Was man hat, das hat man!" Wenn aber die bis unter die Tankdeckel betankte Maschine in der glühenden Sonne gestanden hätte, wäre nicht ganz sicher gewesen, daß die Tanks bei der temperaturabhängigen Ausdehnung des Benzins auch wirklich dichtgeblieben wären. Auf der Unterseite der in die Tragflächen integrierten Tanks zeigten sich nämlich verräterische Benzinspuren, die darauf hindeuteten, daß die Tanks nicht hundertprozentig dicht waren.

Pedantisch räumten wir in der glühenden Hitze unseren Flieger aus und schafften mit Hilfe einiger neugieriger Zuschauer unser umfangreiches Gepäck mit all den Fotoapparaten, mit Videokamera, Seenotsender und sonstiger Überlebensausrüstung in die Schalterhalle. Ja, es gab in dieser Einöde einen richtigen Flugplatz mit Schalterhallen und ein paar klapprigen Taxis vor der Tür. Ich mußte immer wieder an Eric Hiscock denken: „Sie klauen wie die Raben.“

So machten wir uns die Mühe, auch die Rettungsinsel und unsere Überlebensanzüge ins Taxi zu schaffen. Möglicherweise wäre das nicht nötig gewesen, doch das Risiko war mir einfach zu groß, daß durch den Diebstahl auch nur eines unserer Gepäckstücke unser gesamtes Unternehmen zum Scheitern gebracht wurde.

Über Schotterstraßen, eine riesige Staubwolke hinter uns herziehend, ging es durch das trostlose Hügelland. Nie zuvor hatten wir irgendwo auf der Welt eine Landschaft gesehen, die so sehr an die Mondoberfläche erinnerte. Um so überraschter waren wir, als wir das Hotel erreichten, ein hübscher, flacher, unmittelbar am Meer gelegener Bau mit ein wenig Grün drumherum. Der gesamte Hotelkomplex wurde mit Energie aus einer Windflügelanlage versorgt. Das Schwirren des riesigen Flügels, ein paar hundert Meter entfernt, war freilich deutlich zu hören und beeinträchtigte doch irgendwie unser Wohlbefinden. Im Hotelzimmer hing ein großes Merkblatt, das daran erinnerte, wie kostbar Energie sei. Nachdem es auf den Kapverden keine Quellen gibt – es hatte auch schon jahrelang nicht mehr geregnet –, wird Trinkwasser mit Hilfe von elektrischem Strom aufwendig aus Meerwasser destilliert. Wenn ich das nicht in dem Merkblatt gelesen hätte, wäre mir das spätestens beim Zähneputzen aufgefallen, denn das Trinkwasser hatte einen deutlichen, wenn auch nicht besonders störenden Eigengeschmack.

Die wenigen Touristen in dem hübschen Hotel waren samt und sonders mit russischen Maschinen gekommen. Die Kapverden bemühten sich, ihre Devisenbringer zufriedenzustellen: mit Bier aus Deutschland, Salat aus Afrika und Fleisch aus Amerika.

Am nächsten Morgen fuhren wir zum Flugplatz, um unsere Mooney auf den großen Flug vorzubereiten. Wir mußten alles tun, um mit der größtmöglichen Sicherheit nach Amerika zu kommen. Der Sprit war genau berechnet, mein Powersetting ausgeklügelt, und dank der Brasilien vorgelagerten Insel Fernando de Noronha hatte ich auch genügend Sicherheit im Tank. Trotzdem wollte ich von den Kapverden so viel Reichweite mitnehmen wie nur irgend möglich. Wir ließen die Maschine volltanken, baten aber darum, um Mitternacht nochmals tanken zu dürfen. Denn beim Betanken hatten wir ungefähr 30 Grad im Schatten, und ich rechnete mir aus, daß die Tanks bei 20 Grad in der Nacht noch weitere Liter fassen würden. Das wußte ich als begeisterter Fernsehzuschauer von den Formel-1-Rennen vor ein paar Jahren, als die erlaubte Spritmenge so knapp bemessen war, daß die Wagen nur mit Mühe ins Ziel kamen. Um ein paar Liter mehr in die Tanks zu bringen, wurde das Benzin vor dem Einfüllen gekühlt. Und nicht nur das: Bis zum Start wurden Eisstücke auf die Kühler gelegt.

Ein paar Extrameilen würde uns auch eine makellos glatte Außenhaut der Mooney bringen. Ist ein Flieger nämlich verdreckt, so kommt es auf der Tragfläche zu Luftverwirbelungen, die so viel Widerstand erzeugen können, daß leicht zwei oder drei Knoten Geschwindigkeit verlorengehen. Zwei oder drei Knoten auf zehn Stunden sind 50 Kilometer, auf die es, zum Beispiel bei unvorhergesehenem Gegenwind oder bei großen Umwegen durch die Gewitterzone, ankommen konnte. So fragten wir den Flugplatzchef, ob es eine Möglichkeit gebe, unseren Flieger zu waschen. Dies war gewiß eine Zumutung angesichts der Wasserknappheit auf den Kapverden. Doch zu meinem größten Erstaunen sagte der freundlich lächelnde Mann, er werde Wasser organisieren. Offensichtlich interessierte er sich für unseren ungewöhnlichen Flug. Er hatte auf seinem Flugplatz auch noch nie eine so kleine Maschine gesehen. Gelegentlich würden sie schon mal „kleinere Flugzeuge“ abfertigen, aber unsere Mooney schlage da alle Rekorde. Als ich kurz darauf in das Besucherbuch der Flugplatzbehörde blickte, verstand ich, was unser Freund unter „kleineren Flugzeugen“ verstand. Das kleinste war eine Maschine mit einem Gewicht von immerhin zehn Tonnen. Ein Riese also im Vergleich zu unserer Mooney, die gerade einskommadrei Tonnen wiegt, und das vollbeladen.

Unsere Überraschung war groß, als am Ende der Rollbahn ein Tankwagen auftauchte, der vor unserer Mooney anhielt. Eine Wasserkanone auf dem Tank richtete sich auf unseren kleinen Vogel und bewässerte ihn mit lautem Platschen. Anschließend sprangen sechs zerlumpte Kumpel vom Wagen und machten sich mit riesigen Lappen fröhlich lachend über unseren Flieger her. Keine zehn Minuten hatte der Zauber gedauert, als unsere Mooney frisch gewaschen und poliert war. Über dieses großzügige Entgegenkommen freute ich mich so sehr, daß ich dem Chef der Putzkolonne einen nennenswerten Dollarbetrag aufzudrängen versuchte. Denn Carla und ich wären ohne die Hilfe dieser Leute aufgeschmissen gewesen. Selbst wenn wir einen Eimer oder einen Schlauch gefunden hätten, eine Wasserstelle gab es hier nicht.

Die freundlichen Leute weigerten sich standhaft, auch nur einen Cent für ihre großzügige Hilfe entgegenzunehmen. Seit Eric Hiscock hatte sich offensichtlich viel auf den Kapverden verändert. Wir kamen mit den Männern ins Gespräch. Sie erzählten uns voller Stolz, daß sie nun endlich von den Portugiesen unabhängig seien. Ob es ihnen seither wirtschaftlich besser gehen würde, wollte ich wissen. „Seit der Unabhängigkeit geht es uns wirtschaftlich keinen Deut besser. Unsere sozialistische Regierung bemüht sich redlich, uns mehr Wohlstand zu verschaffen, aber es geht eben nicht. Die Kapverden sind ein bettelarmes Land!“

Wo denn dann der Vorteil der Unabhängigkeit zu sehen sei, hakte ich neugierig nach.

„Die Unabhängigkeit hat uns unsere Identität gegeben.“

Diese stolze Antwort beschämte mich leicht.

Schweißüberströmt gingen wir in das Flughafengebäude zurück, und ich gab meinen Flugplan auf. Flugpläne können 24 Stunden vor Abflug niedergelegt werden. Sie beinhalten die Route, das Reiseziel, die Anzahl der Besatzung, Angaben über die Sicherheitsausrüstung, den Ausweichflughafen und die Reichweite. Der Flugplan dient in erster Linie der Sicherheit; er wird allen Bodenstationen, die an der Kontrolle des Fluges mitwirken, per Fernschreiben übermittelt. Wenn die Maschine dann abhebt, so weiß die Bodenstation, die als erste den Funkverkehr führt und die Maschine über ein paar hundert Meilen hinweg kontrolliert, genau, um welche es sich handelt und wohin der Flug geht.

Mit der Abgabe meines Flugplanes begann der Countdown für den großen Flug über den großen Teich. Noch zwölf Stunden bis zum Abflug. Zwei Probleme waren noch zu lösen: das des Schlafs und das der fehlenden Toilette.

Jeder, der üblicherweise sehr spät zu Bett geht, weiß, wie schwierig es ist, die Schlafenszeit vorzuverlegen und um Mitternacht aufzustehen. Fast ein Ding der Unmöglichkeit! Trotzdem wollten wir versuchen, soviel Ruhe wie möglich und vielleicht auch ein paar Minuten Schlaf zu finden. Unser Hotelzimmer hatten wir aufgegeben und waren in eine einfache Pension in Flugplatznähe umgezogen. Dort wollten wir uns so gegen fünf Uhr nachmittags zum Schlafen hinlegen.

Das Problem mit der fehlenden Toilette ist einfacher zu lösen, als man denkt. Wir hatten uns vorgenommen, schon fünf oder zehn Stunden vor dem Start und erst recht während des Fluges nichts zu essen und zu trinken. Hungergefühle beabsichtigten wir mit ein paar Bonbons zu unterdrücken. Um zwei Uhr nachmittags gingen wir also nochmals in eine primitive Kneipe und aßen dort eine Art Eintopf. Vom Salat ließen wir die Finger, denn Durchfall war das allerletzte, was wir jetzt brauchen konnten. Irgendwie schmeckte das Essen nach Henkersmahlzeit.

Wir machten noch einen Spaziergang und freuten uns über die freundlichen Kinder. Welch ein Gegensatz zu Eric Hiscocks Schilderungen! Da dieser ehrenwerte englische Seemann seine Eindrücke von den Kapverden damals mit Sicherheit seriös wiedergegeben hat, mußte das Wesen dieser einfachen Insulaner in den letzten Jahren sehr positiv beeinflußt worden sein. War es tatsächlich die Unabhängigkeit?

Am frühen Abend legten wir uns hin und versuchten zu schlafen. Doch wie erwartet, wollte sich kein Schlaf einstellen. Meine Gedanken kreisten um den bevorstehenden Flug. Ich ärgerte mich ein wenig über mich, denn wieder einmal hatte ich mich in eine Sache hineinmanövriert, der ich nicht mehr voller Freude entgegensah. Ja, ich hatte Angst. Noch gab es ein Zurück. Ich brauchte nur zu Carla zu sagen: „Laß uns umkehren, die ganze Sache ist einfach zu riskant!"

Nichts wäre verloren gewesen, nichts hätte ich versäumt – schließlich hatten Carla und ich an extremen Unternehmungen schon mehr als genug erlebt.

„Aber ist es nicht ein Zeichen von Feigheit, jetzt, so kurz vor dem Start, wieder abzuspringen?" meinte mein zweites Ich. „Morgen um diese Zeit sitzt du ja schon mit einem Maitai in der Hand im heißen Südamerika."

„Und was ist, wenn ich stundenlang zwischen den Gewitterwolken der ITC herumkurven muß, um ein Loch zum Durchkommen zu finden? So ein Cb kann leicht mal 100 Kilometer im Durchmesser haben ..."

„Nein, auf den Satellitenfotos, die du dir heute im Wetterbüro nochmals angesehen hast, ist die ITC ziemlich schwach. Du bist gut vorbereitet, du hast alles Menschenmögliche für einen solchen Flug getan. Denk an die Postflugzeuge in den dreißiger Jahren."

„Ja, aber die hatten zwei Motoren, und ich habe nur einen einzigen ..."

„So ein Motor läuft 1000 oder 1500 Stunden. Bis jetzt hat er erst ungefähr 100 Stunden drauf. Er ist gerade richtig eingefahren. Warum sollte er stehenbleiben, solange er Benzin kriegt? Außerdem weiß der Motor nicht, daß du über offenes Wasser fliegst!"

Darüber mußte ich im Halbschlaf schmunzeln. Otto Halser, der Motorenspezialist in München, hatte mir das mit auf den Weg gegeben. In Fliegerkreisen heißt es, daß ein Motor um so unruhiger läuft, je rauher das Gelände unter dem Flugzeug ist. Das stimmt natürlich nicht und ist die schiere Einbildung. Wer über ein Gebiet hinwegfliegt, auf dem man nicht notlanden kann, horcht aus einer diffusen Angst heraus so angestrengt auf die Motorgeräusche, bis er tatsächlich glaubt, Rauhheiten im Lauf wahrzunehmen.

Immer wieder blickte ich auf die Uhr, aber die Minuten gingen nur zäh dahin.

„Was ist aber, wenn der Motor trotzdem stehenbleibt?" Es jagte mir einen Schrecken ein, als ich mir das plastisch vorstellte. Schließlich hatte ich die Situation auf dem Flug von Lübeck nach Augsburg schon einmal erlebt. Wir würden in 12 000 Fuß Höhe fliegen, also hätten wir rund zwölf Minuten Zeit, um uns auf die Notwasserlandung vorzubereiten. Mindestens drei Minuten würden wir wahrscheinlich noch mit dem Versuch verplempern, den Motor wieder in Gang zu bringen. Panik dürfte nicht aufkommen. Wichtig war, heil herunterzukommen – sie würden uns dann schon rausfischen.

Rausfischen? Noch am Nachmittag hatte mir der Flugplatzchef

erzählt, daß seit Tagen ein kapverdisches Fischerboot vermißt werde. Die Maschine sei stehengeblieben, das Boot würde 70 Meilen von den Kapverden entfernt irgendwo herumtreiben. Wo genau es wäre, wisse man nicht. Auf meine Frage, ob schon ein Suchflugzeug losgeschickt worden sei, schüttelte der Flugplatzchef etwas traurig den Kopf. Nein, man habe keines. Ich zögerte einen Moment, bot dann aber an, mit meinem Flugzeug auf die Suche zu gehen. Aber der Flugplatzchef winkte ab. Wenn sich innerhalb einer Woche nichts getan habe, würde man vom Festland oder von den Kanarischen Inseln Suchflugzeuge herbeordern. Irgendwie würde man das schon hinkriegen.

Mir wurde bewußt, daß man sich wohl kaum um uns kümmern würde, wenn wir inmitten des Atlantiks runtermußten. Die Chancen auf Hilfe aus der Luft waren somit gleich Null. Wir konnten allenfalls von einem Schiff geborgen werden. Aber warten müßten wir da schon in der Rettungsinsel. Wie lange? Die Baileys, ein englisches Ehepaar, hatten es immerhin über 100 Tage geschafft, in einer Rettungsinsel zu überleben. Allerdings hatten sie auch das Beiboot dabei. Und sie hatten einige lange Minuten Zeit gehabt, das Notwendigste in die Rettungsinsel zu schaffen, bevor ihre Yacht absoff.

Nein, wir mußten uns schon selbst weiterhelfen, wenn wir notwassern mußten. Das war ja auch ganz gerecht so. Denn mit welchem Recht wollten wir wohl den Anspruch erheben, daß andere Menschen große Opfer und sich selbst in Gefahr bringen, um uns, die wir unbedingt mit eigenem Flugzeug nach Feuerland fliegen wollten, aus Seenot zu retten? Die würden sich auch verständlicherweise sagen, hätten sie doch eine Linienmaschine benutzt. Aber auch Linienmaschinen können abstürzen!

Inzwischen war es zehn Uhr abends geworden. Noch zwei Stunden bis zum Aufstehen, und noch hätte ich die Chance gehabt, Carla aufzuwecken und zu sagen: Wir lassen es bleiben. Doch in diesem Moment schlief ich wohl ein.

Start

Wir sprachen kaum miteinander, als uns ein Taxi zum Flugplatz brachte. Schon vom Wagen aus konnten wir das Flugfeld sehen. Ein einziger starker Scheinwerfer war eingeschaltet, in dessen Lichtkegel unsere Mooney, die Thalassa IV (wie wir sie nach unseren Schiffen benannt hatten), stand. Das Flughafengebäude war dunkel, und wir mußten uns die Lichtschalter suchen, um den Gang zum Wetterbüro zu beleuchten. Sal ist zwar ein großer internationaler Verkehrsflughafen, der nach der Papierform 24 Stunden geöffnet ist. Wenn aber keine Maschinen erwartet werden, spielt sich nichts ab. Und wegen der kleinen Maschine aus Deutschland, die unbedingt um ein Uhr nachts über den großen Teich wollte, beleuchtete man den Flughafen nicht eigens. Auch das Wetterbüro war dunkel.

Ich klopfte und öffnete die Tür halb. Eine weibliche Stimme rief: „Hallo!“ Dann wurde ein Licht eingeschaltet. Es sah in dem Büro aus wie in einem Großstadtbahnhof am frühen Morgen. Mehrere Gestalten schliefen auf dem Boden. Von einem Sofa wälzte sich eine vielleicht 30jährige Frau herunter und verschwand mit einer Entschuldigung durch die Tür. Vielleicht die Frau des Meteorologen. Dieser erschien auch gleich und versuchte erfolgreich, durch scheinbar selbstsicheres Auftreten nicht den Eindruck von Müdigkeit zu erwecken. Er schaltete sofort, als er uns wahrnahm: „Ich habe gute Nachrichten für Sie: Die ITC ist schwach.“

Er hatte schon eine erstklassige Wetteranalyse vorbereitet und drückte uns eine Mappe mit allen notwendigen Unterlagen, insbesondere eine Fotokopie des letzten Satellitenbildes, in die Hand. Mit einem Farbstift markierte er die Fotokopie: „Das ist Ihre Route, und da steht die ITC. Sie sollten keine Schwierigkeiten haben, wenn Sie am frühen Morgen dort sind. Guten Flug!“

Wenig tröstlich hat der Meteorologe Fröhling kurz vor unserem Abflug in die Doldrums in das Satellitenfoto Cb's wie an einer Perlenschnur aufgereiht hineingeschrieben. Die Cb's (Cumulonimbus) sind mächtige Gewitterwolken, die bis in eine Höhe von 50 000 Fuß reichen – zu hoch zum Überfliegen. Doch das Foto zeigt auch, daß vielleicht Lücken zwischen den Gewittern an Ort und Stelle gefunden werden können.

Als ich auf das Vorfeld trat, um einen Wagen für das Gepäck zu suchen, dachte ich mir noch, daß unsere deutschen Flieger froh sein würden, wenn sie auf den modernen Verkehrsflughäfen in Deutschland jedesmal eine solche Wettervorbereitung bekommen würden. Bei unserer leichten Kleidung fanden wir die Nacht kühl, und wir fröstelten leicht. Nicht nur die Temperatur von ungefähr 20 Grad war die Ursache dafür.

Bei unserer Maschine angekommen, machte ich den üblichen Vorflugcheck. Im Schein der Taschenlampe sah ich, daß der

Ölstand genau bis zum Markierungsstrich reichte. Mehr Öl einzufüllen hätte keinen Sinn gehabt, denn das überflüssige Öl wäre sofort herausgeschleudert worden. Ich war noch nicht ganz mit der Überprüfung der Maschine fertig, als schon der Tankwagen kam. Obwohl die Tanks dichtgeblieben waren und kaum Benzin abgelassen hatten, konnten wir immerhin nochmals zehn Liter tanken. Zehn Liter sind bei sparsamster Einstellung rund 80 Kilometer. Machte zusammen mit der Einsparung durch die frisch gewaschene Außenhaut ein Extra von 120 Kilometern. Nicht viel, aber ein zusätzliches Sicherheitspolster.

Dann war es soweit, wir mußten einsteigen. Vorher ging ich noch mal hinter die Maschine, um beim Pinkeln nicht gerade vom Scheinwerfer angestrahlt zu werden. Dann kroch ich in meinen Sitz. Im Licht der Taschenlampe legte ich die Navigationsunterlagen griffbereit auf die Ablage über dem Armaturenbrett. Die Bordlichter durften wir nicht einschalten, denn noch lief die Maschine nicht. Aus Gewichtsgründen kann ein Flugzeug nur eine sehr kleine Batterie mitführen, die bei stehendem Motor nicht so strapaziert werden darf wie beispielsweise eine Yachtbatterie. Hinter mich, neben die Rettungsinsel, legte ich die halbgeöffnete Schachtel mit dem Sextanten. Ihn würde ich erst in ein paar Stunden benötigen, aber dann mußte er griffbereit sein und durfte nicht irgendwo hinten im Gepäckfach liegen, wo wir ihn vielleicht nicht erreichen würden. Bis dahin hatten wir nämlich noch nicht ausprobiert, ob wir notfalls auch während des Fluges nach hinten krabbeln konnten.

Ich wollte die Maschine nicht anlassen, bevor nicht abzusehen war, daß ich zu der im Flugplan angegebenen Zeit auch wirklich starten konnte. Denn auf dem Rollweg auf die Freigabe zu warten, hätte bedeutet, wertvolle Liter Benzin im Stillstand sinnlos zu verbrennen. 20 Minuten ließen wir noch verstreichen. Letzte Gelegenheit, um im gespenstischen Scheinwerferlicht des Flugplatzes von Sal über unser Vorhaben noch einmal nachzudenken.

Dann war es soweit. Wie immer sprang die Maschine innerhalb einer Sekunde an. Hoffentlich würde mir jetzt der Tower helfen, so früh wie möglich in die Luft zu kommen. Denn was ich von den zwei für das Rollen einkalkulierten Gallonen einsparen könnte, hätte ich als weitere Sicherheitsreserve. Natürlich konnte ich nicht einfach auf die Landebahn schießen und abheben, denn erst mußten die Öl- und die Zylinderkopftemperaturanzeigen meiner Maschine in den grünen Bereich kommen. Nachdem ich von einer verschlafenen Stimme vom Tower die Rollgenehmigung erhalten hatte, suchte ich mir in der Dunkelheit entlang der blauen Lichter den Weg zur Landebahn. Und dann endlich: „You are cleared for departure."

Nachtflug

Die Lichter zu beiden Seiten der Landebahn brannten hell, als unsere Mooney beschleunigte: 60 Knoten, 70 Knoten ... Dann ein leichter Zug am Steuerhorn. Der Flieger schien einige Sekunden einen Meter über der Landebahn zu verharren, doch dann verengten sich die Lichterreihen links und rechts, liefen blitzschnell aufeinander zu, und plötzlich war unter uns nur noch Dunkelheit. Ich drehte nach links weg, um die vorgeschriebene Abflugroute einzuhalten, und blickte dabei auf den Flugplatz zurück. Die Lichter brannten noch, aber die riesige Landebahn war bereits ganz klein.

Dakar Control übernahm unseren Flug und gab mir neue Frequenzen. Es war schon gespenstisch, in die dunkle Nacht hineinzufliegen. Die Navigationslichter – links rot, rechts grün, wie bei Segelschiffen auch – hatte ich ausgeschaltet, denn hier war kein anders Flugzeug unterwegs. Die Instrumentenbeleuchtung war das einzige Licht, etwa 30 Uhren hatte ich vor mir. Wirklich wichtig waren in diesem Moment nur wenige. Die Geschwindigkeit hatte ich auf 105 Knoten zu halten, und den Spritverbrauch konnte ich am sogenannten Fuelflow-Meter ablesen. Allerdings liefen jetzt rund 25 Gallonen pro Stunde durch, ein Wert, an dem ich bis zum Erreichen der Reiseflughöhe nicht viel ändern konnte. Später würde ich das Gemisch so einstellen, daß nur noch acht Gallonen verbraucht wurden. Denn wir hatten ja nur 110 Gallonen dabei, jetzt vielleicht nur noch 106 oder 107.

Wir flogen nach Amerika! Aber von Amerika war an den Instrumenten noch nichts abzulesen. Noch lange nicht. Jetzt fing ich noch das Funkfeuer von Sal auf und bekam vor allem die Anzeige vom DME, die mir noch für eine halbe Stunde meine Geschwindigkeit angeben würde. Die Geschwindigkeit auf dem DME war identisch mit der umgerechneten Geschwindigkeit auf meinem Geschwindigkeitsmesser, was bedeutete, daß wir keinen Wind hatten. Weder Rückenwind noch Gegenwind. So konnte es weitergehen. Alles schien normal, die Instrumentenzeiger waren im grünen Bereich, und die Anspannung der letzten Minuten begann sich schon zu lösen. Ich gab Radio Dakar meine ersten Schätzungen für die vorgeschriebenen Wegpunkte durch. Doch Radio Dakar bestätigte meine Durchsage nicht und meldete kurze Zeit später: „You are very very weak."

Mein Gott, wir waren kaum in der Luft, und schon begannen die Schwierigkeiten! Ich kannte die Ursache für meine schwache Sendeleistung. Die Verbindung zur Antenne auf dem Dach über dem Gepäckraum war locker. Das Problem hatte ich schon einmal. Ich hatte es dadurch gelöst, daß ich auf die Rücksitze gestiegen war und nach hinten gegriffen hatte, um an der Kabelzuleitung zu drehen. Das war allerdings am Boden geschehen. Jetzt aber war ich in der Luft, die Maschine im Steigflug begriffen, und hinter mir auf dem Rücksitz türmte sich fast bis zur Decke Gepäck. Keine Möglichkeit, um nach hinten zu greifen. Sollte ich wegen dieses blöden Wackelkontakts wieder umkehren? Nochmals die Aufregung des nächtlichen Abflugs erleben? Nein, es mußte auch anders gehen!

Ich schaltete den Steuerautomaten ein, zog den Bauch ein und drehte meinen Körper unter dem Steuerhorn so, daß ich immerhin auf dem Pilotensitz kniete, den Rücken zur Flugrichtung. Trotzdem kam ich noch nicht an die Antenne heran. Also krabbelte ich über die Lehne hinweg zwischen Kajütdach und Gepäck hindurch, um ins Gepäckfach zu gelangen. Bei einem Innenraum, der viel kleiner ist als der eines VW-Käfers, eine akrobatische Leistung, die eines Schlangenmenschen würdig gewesen wäre. Als ich so mit meiner ganzen Länge in der Kajüte lag, blickte ich nach vorne auf den leeren Pilotensitz, der vom schwachen Insturmentenlicht so eben sichtbar gemacht wurde. Schon ein merkwürdiges Gefühl! So ähnlich mußten sich Astronauten fühlen, wenn sie durch die Dunkelheit des Weltraums schossen. Dieses hier war nun also unsere kleine private Raumkugel, die, automatisch gelenkt von einem sinnreichen elektronischen Gerät, Richtung Amerika flog. Unsere Bodenstation, Radio Dakar, meldete sich wieder ungeduldig und fragte, was denn nun mit unserem Sender los sei. Darauf kletterte ich schleunigst wieder zurück, und siehe da, die Radios funktionierten einwandfrei.

Nach 16 Minuten hatten wir bereits unsere Reiseflughöhe von knapp 12 000 Fuß erreicht, und ich konnte in aller Ruhe die Leistung einstellen. Sicher hundertmal hatte ich zu Hause dieses spezielle Computerprogramm auf meinem Taschencomputer ablaufen lassen. Jetzt kannte ich zum ersten Mal die vollständigen Ausgangswerte. Die Temperatur betrug immerhin noch zehn Grad, so daß weit und breit keine Eisgefahr bestand. Um mit 45 Prozent Leistung zu fliegen, mußte ich den Ladedruck auf 22,7 justieren: Millimeterarbeit. Mit dem Gemischhebel konnte ich den Spritverbrauch auf exakt 7,5 Gallonen abmagern. Ich verglich die Instrumente mit meinem Computer. Geschwindigkeitsmesser und Computer zeigten übereinstimmend 106 Knoten Geschwindigkeit an. Das ergab eine berechenbare Geschwindigkeit von 133 Knoten durch die Luft, was ohne Rückenwind auf eine Reisedauer von etwa 12,5 Stunden schließen ließ. Das war der Beweis, daß die Maschine hundertprozentig in Ordnung war. Jetzt mußte alles wie geplant ablaufen.

Das ist der große Unterschied zwischen Fliegen und Segeln. Den Hauptstreß hat man vor dem Flug. Der Flug selber sollte eigentlich keine Anstrengung mehr bringen. Beim Segeln dagegen kann man sich noch so gut vorbereiten, die Praxis wird immer anders sein. Entweder ist die Dünung viel heftiger als erwartet, oder es weht überhaupt kein Wind, oder, noch schlimmer, man gerät in einen Sturm. Wir saßen jetzt in unserem kleinen Flieger, der mit ca. 250 Stundenkilometern durch die Nacht in Richtung Äquator und Südamerika schwebte, und hatten nichts mehr zu tun.

Es war aber alles andere als langweilig, denn Carla und ich brachten es nicht fertig, auch nur eine Minute nicht aufmerksam auf das Motorgeräusch zu hören. Von Entspannen also keine Spur!

Nach 155 Meilen meldete sich das DME ab, ich war also ab jetzt ohne jede Entfernungsinformation. Ich wußte, daß auch bald die rote Warnflagge in meinem VOR erscheinen würde und daß ein paar Meilen weiter die Nadel des Funkpeilers anfangen würde zu zittern, um dann in irgendeiner falschen Richtung stehenzubleiben. Ich spielte an den Radios herum, um vielleicht einen starken Sender von Dakar empfangen zu können. Ich bekam zwar das Funkfeuer herein, wegen der seitlichen Peilung war es jedoch für mich wertlos. Dann verließen uns nacheinander das VOR von Sal und dann sein NDB.

Südatlantik

Die letzte Information, mit der ich für die nächsten paar Stunden alleingelassen wurde, war: kein Wind! Davon mußte ich bei meiner weiteren Navigation ausgehen, bis ich auf der anderen Seite des Atlantiks die ersten Navigationsinformationen von den dortigen Funkfeuern bekommen würde. Jetzt konnten wir wirklich nichts mehr tun, als dem Funkverkehr zu lauschen. Ich hörte Maschinen, die uns entgegenkamen und sich auf den Pflichtmeldepunkten meldeten. Aber meine Hoffnung, eine dieser Maschinen als Lichtpunkte am Himmel zu entdecken, um damit eine sichere Navigationsinformation zu bekommen, war vergeblich.

Schließlich waren wir von der afrikanischen Küste so weit entfernt, daß wir auch auf UKW nichts mehr hören konnten. Jetzt waren wir ganz allein auf uns gestellt, wir hatten es selbst in der Hand, mit Hilfe von ein paar Drehknöpfen auf einem Instrumentenbrett Amerika zu erreichen. Würden wir am falschen Knopf drehen, dann hätten wir eben Pech gehabt und würden südlich oder nördlich von Natal irgendwo ins Meer fallen.

Unsere Gedanken gingen zurück zu den Atlantiküberquerungen mit Thalassa I und Thalassa II. Irgendwann heute nacht würden wir unsere unsichtbaren Kurse von damals kreuzen. In welch großartiger Zeit leben wir doch! Und welche Freiheiten genießen wir! Im 20. Jahrhundert könne man keine Abenteuer mehr erleben? Ein Trugschluß! Denn ist es nicht ein Abenteuer, mit einer Segelyacht ein vergängliches Kielwasser ins Wasser zu schreiben, um dann mit dem Flugzeug von Kontinent zu Kontinent darüber hinwegzufliegen? Und das alles ohne Unterstützung durch den Staat oder durch eine Organisation, sondern alles in eigener Initiative.

Die Nervenanspannung ließ die Stunden wie im Fluge vergehen.

Der Morgen graute, und ich wußte, daß jetzt meine Stunde als Navigator gekommen war. Ich hatte schon ein paar Sterne in den Computer eingetippt, der innerhalb von einer Minute die Koordinaten vorausberechnete. So hatte ich es schon während meiner Weltumsegelung mit Erfolg gehandhabt. Vom Wasser aus ist es unmöglich, Sterne aus einem Sternbild herauszupicken, um sie zu messen. Denn selbst wenn das Sternbild am frühen Morgen noch zu sehen ist, so ist gleichwohl der Horizont noch nicht sichtbar. Und wenn der dann deutlich aus der Morgendämmerung hervortritt, sind mit Sicherheit nur noch ganz wenige, besonders helle Sterne am Firmament zu entdecken. Auch der Sternenkenner kann sie dann nicht mehr identifizieren. So habe ich mich mein Leben lang nicht um die Namen von Sternen oder Sternbildern gekümmert, ja, nicht zu kümmern brauchen, denn meine Navigationsmethode funktionierte auch ohne diese Kenntnis.

Jetzt aber merkte ich, daß ich große Trümpfe in der Hand hätte, wenn ich die einzelnen Sterne identifizieren könnte. Denn auf den natürlichen Horizont war ich nicht mehr angewiesen. Die Wasserblase im künstlichen Horizont ersetzte die Kimm. Aber ich kannte die Sterne nicht. Und mein altes, bewährtes System, das mich über alle Weltmeere geführt hatte, versagte, denn unsere Geschwindigkeit war nicht zu vergleichen mit der eines langsam dahintorkelnden Segelschiffes. Wenn ich die vorausberechneten Werte im Sextanten einstellte, konnte ich im Fernglas dennoch keinen Lichtpunkt entdecken, weil dieser sich in der Zwischenzeit schon aus dem engen Blickwinkel des Sextanten entfernt hatte. Damit war die erste Chance vertan, eine Position zu bekommen.

Ich hatte zwar auf ein Sternenfix gehofft, doch war ich nicht darauf angewiesen. Denn in meinem Plan spielte eine Sonnenmessung am Vormittag die größte Rolle. Nutzlos verlief also die Zeit der Dämmerung, die Sonne kroch über den Horizont. Wir befanden uns im Passat. Doch die Passatwölkchen, die dem Ozeansegler so viel Seelenfrieden verschaffen, waren nun nicht mehr über uns zu sehen, sondern unter uns. Wir „segelten" jetzt im Urpassat, einem Windsystem, das ohne die charakteristischen Wölkchen auskommt. Trotzdem fühlten wir uns zu Hause.

Aber wo war die ITC? Gegen 8.30 Uhr sahen wir am Horizont

einen grauen Streifen, und beim Näherkommen traten aus diesem grauen Streifen hochaufragende Haufenwolken hervor, die die Passatwölkchen verdrängten. Einerseits erfüllte es mich mit Genugtuung, daß unsere Planung so genau war, daß wir pünktlich um neun Uhr an der ITC stehen würden, andererseits begann jetzt der aufregende Teil des Flugs. Den Point of No Return hatten wir hinter uns, jetzt gab es nur noch den Weg nach vorn. Unter mir sah ich deutlich die weiße Spur eines Kielwassers und am spitzen Ende der Spur das dazugehörige Schiff. War es ein Tanker? Sein Kurs verlief in unsere Richtung. In diesem Moment erwies es sich, daß meiner penibles Vorbereitung doch ein kleiner Mangel anhaftete. Wenn ich jetzt ein tragbares UKW-Funkgerät dabeigehabt hätte, so hätte ich das Schiff auf Kanal 16 anrufen können und – so wie man es auf hoher See üblicherweise tut – um seine (und damit unsere) Position bitten können. Vielleicht wäre der Funkkontakt auch gescheitert, denn es hätte sicher viel zu viel Zeit erfordert, dem Funker klarzumachen, daß ein Segler aus der Luft Hilfe in Form des Schiffsortes benötigte. Dann wären wir längst wieder außer Reichweite seines und unseres UKW-Geräts gewesen. Aber das waren jetzt müßige Gedanken, und ich verschwendete keine Zeit mehr damit.

Vor uns lag die ITC, die Gewitterwolken waren schon deutlich zu sehen. Aber sie machten einen friedlichen Eindruck. Die Sonne links hinter mir war dabei, uns zu überholen. Ich war sehr aufgeregt, als ich nach dem Sextanten griff, um die erste Sonnenhöhe zu nehmen. Selten war ich dringender auf eine Gestirnsstandlinie angewiesen als jetzt. Auf See hätten möglicherweise Wolken die Messung der Sonne verhindert, was nicht weiter schlimm gewesen wäre, denn dann hätte man sie am nächsten Tag gemessen. Jetzt aber, in diesen Minuten, brauchte ich die Sonne.

Noch stand die Sonne nicht so hoch, als daß sie über dem kleinen Fensterausschnitt nicht mehr in den Sextanten zu holen gewesen wäre. Und das Flugzeug verhielt sich ruhig. So etwas kannte ich von der See her gar nicht. Ich konnte sogar meine Ellenbogen gegen das Fenster pressen, um die Wasserblase im künstlichen Horizont einigermaßen in der Mitte zu halten. Ich hatte ein gutes Gefühl, mehr als zehn bis 20 Meilen sollte die Messung wohl nicht danebenliegen. Noch aber stand die Sonne nicht genau querab, so daß die Standlinie nur einen ganz groben Anhaltspunkt über die seitliche Versetzung unserer Maschine geben konnte. Aber alles paßte zusammen! Zufall oder Genauigkeit? Das Ergebnis der Messung würde sich erst bestätigen, wenn wir in Natal in Brasilien aufsetzen würden.

Wir flogen in die ITC ein. Die Cb's links und rechts von uns waren noch weiß, irgendein böser grauer Schatten war nicht zu erkennen. Trotzdem blickten wir ehrfürchtig nach oben und versuchten die Höhe dieser Wolken abzuschätzen. Das war unmöglich. Aber ich glaubte meinen Unterlagen, daß sie bis zu 60 000 Fuß hoch reichen können – zu hoch also für jedes Flugzeug, um sie zu überfliegen. Ich erinnerte mich an die Erzählung eines amerikanischen Armeefliegers und späteren Airliner-Kapitäns mit 30 000 Flugstunden auf dem Buckel: „Als die Flugzeuge nur 10 000 Fuß hoch flogen, erzählte man uns, die Wolken würden bis 20 000 Fuß hoch reichen. Als dann die ersten Flugzeuge mit Druckkabine in 20 000 Fuß herumflogen, da lernten die Piloten in der Wetterkunde, daß die Wolken bis 30 000 oder gar 40 000 Fuß hinaufwachsen würden. Und als dann die Jets in einer Flughöhe von 35 000 Fuß von Kontinent zu Kontinent flogen, stellte man fest, daß die Gewitterwolken durchaus bis in 60 000 Fuß Höhe ragen würden. Quintessenz: Die Wolken sind immer höher, als das Flugzeug fliegen kann."

Daran, über die Wolken hinwegzufliegen, war von vornherein nicht zu denken gewesen. Wir hatten zwar Sauerstoff dabei, um notfalls auch auf 28 000 Fuß Höhe gehen zu können, doch hätte dies unsere gesamte Planung durcheinandergebracht. Angefangen vom Spritverbrauch bis hin zu möglichen Gegenwinden. Nein, wir hatten einen Plan, der Hunderte von Malen überprüft worden war, und an den hatten wir uns zu halten. Also: durch die ITC hindurch!

Von den Satellitenfotos wußten wir, daß die ITC – wie immer im Normalfall – etwa 300 Meilen breit sein würde. Es würde also zwei bis drei Stunden dauern, bis wir sie hinter uns hatten. Die nächsten zwei Stunden wurden lang für uns. Zunächst sah es so aus, als könnten wir unseren Kurs beibehalten. Ich konnte sogar eine weitere Sonnenstandlinie nehmen – die Sonne stand genau querab zu

1

1 Die KSAR, eine zwölf Meter lange Ketsch vom Typ Joshua. Keine Yacht zum Sonnenbaden, sondern zum Überleben im Reich der Stürme.

2 Die Doldrums sind für Segler ungemütlich – für Flieger aber tödlich, wenn er in eine der Cumulonimbus-Wolken einfliegt. Diese Wolkenriesen müssen spritfressend umflogen werden.

3 Bobby Schenk vor der Mooney 252, gebaut in Texas.

4 Überlebensausrüstung von Autoflug für den Fall des Falles. Von den Überlebensanzügen gibt es nur eine Größe.

2

3

4

5

6

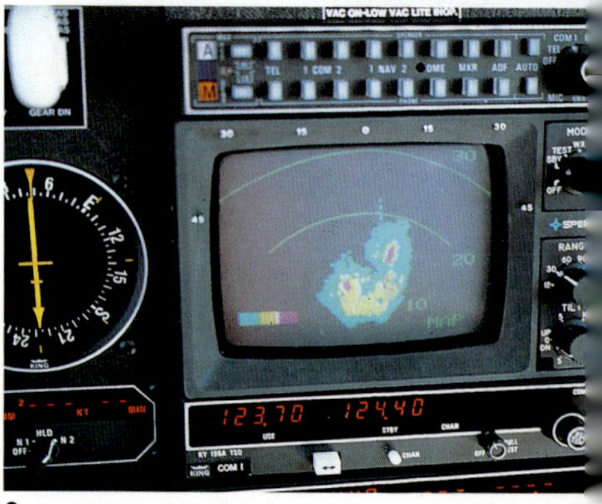

5 Der Marinesextant wurde mit einem künstlichen Horizont von Cassens & Plath ausgerüstet. In der Enge des Cockpits erwischt Bobby Schenk die Sonne kaum.

6 Das Radar erwies sich als lebenswichtig. Es zeigte die tödlichen Gewitter (rote Flecken) so rechtzeitig an, daß wir ihnen ausweichen konnten.

7 Die Mooney 252 vor dem Zuckerhut in Rio de Janeiro.

8 Die KSAR am Ende der Welt im Beagle-Kanal.

9

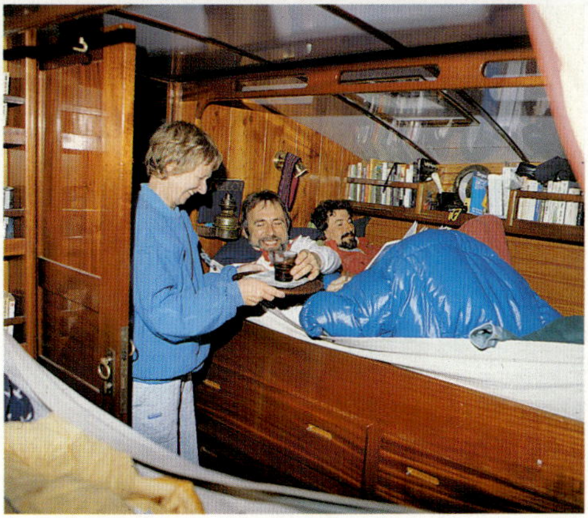

11

10 Auf engstem Raum eingesperrt zu sein, kann zwischenmenschliche Probleme heraufbeschwören – auch wenn das Schiff noch so gemütlich aussieht. Einer der wichtigsten Ausrüstungsgegenstände der Ksar war der dänische Dieselofen. Von links: Marie-Paul, Ute und Reinhard.

9 Seemannschaft in den Gewässern von Kap Hoorn heißt: Warten auf eine Lücke zwischen den zahlreichen Tiefs südlich des Kaps.

11 Carla, Thomas und Reinhard (von links).

12

13 / 14

12 Die Ksar bei achterlichem Wind mit acht Knoten Fahrt.

15 In der Morgendämmerung: Einfahrt in die Le-Maire-Straße.

15

16

13/14 Das Land ist rauh, was die Menschen erfinderisch macht. Wenn der vom Sturm gefällte Baum so weiterwächst, kann das Holz zum Bootsbau benutzt werden.

16 Kelp, Hauptproblem beim Ankern. Dieses gummizähe Zeug hindert das Eisen daran, sich einzugraben.

17 Selten kommen die Gauchos ins Tal – dann aber, um beim Rodeo die jungen Pferde zu brechen.

17

18

19

19 Die Idylle auf der Staaten-Insel trügt. Schon eine Stunde später kann es mit zwölf Windstärken blasen. Für solche Verhältnisse ist die KSAR bestens ausgerüstet. Auf einer an Deck fest montierten Nirosta-Trommel ist eine schwere Trosse einsatzbereit.

18 Traum-Ankerplatz am "Ende der Welt" (Jules Verne) auf der Staaten-Insel.

20 Vor dem Grab des Russen: Carla, zwei argentinische Soldaten und Ute (von links).

unserem Kurs. Eine Sorge weniger: Die Standlinie verlief exakt von Sal nach Natal. Wir waren auf Kurs! Dann aber – es ging so allmählich, daß wir es kaum zur Kenntnis nahmen – mußte ich den Kurs am Selbsteuerautomaten doch um zehn Grad ändern, um einem Riesencumulus auszuweichen. Einmal nach rechts, einmal nach links, dann weitere 20 Grad nach links, dann noch mal 20 Grad...

Obwohl wir das Gefühl hatten, wir würden gleich durch sein, wurden wir zu immer größeren Umwegen gezwungen. Als ich einmal statt der 260 Grad Sollkurs einen Kurs von 170 Grad fliegen mußte, um zum nächsten blauen Loch zu kommen, mußte ich mir eingestehen: „Der Sprit, der jetzt auf diesem Kurs durch den Fuelcomputer läuft, bringt uns nicht voran, muß also von den insgesamt 110 Gallonen als quasi nicht existent abgerechnet werden."

Aber kurz darauf tat sich wieder eine Lücke zwischen zwei Wolkenbergen auf, und wir konnten das dazwischenliegende, hoffnungsvoll stimmende Blau anfliegen. Dann wurden wir zur anderen Seite gezwungen. Zehn Minuten lang, 15 Minuten lang, 20 Minuten. Auf dem Schreibblock auf meinen Knien hatte ich jeweils die Zeiten notiert, die wir mehr als 20 Grad vom Kurs abweichen mußten. Das war wichtig für die überschlägige Benzinrechnung. Denn wenn wir unseren Kurs zu lange verlassen mußten, dann war eine Landung auf Fernando de Noronha erforderlich, um zu überleben. Doch in diesen Minuten der Anspannung war eine nüchterne Rechnerei nicht mehr möglich. Man arbeitet dann mehr nach dem Gefühl. Die Finger wären viel zu zittrig gewesen, um die kleinen Tasten des Computers zu bedienen, und im Kopf ist man, von Angst blockiert, ohnehin zu keinen Berechnungen mehr fähig. Zumindest nicht zu richtigen Berechnungen.

Als ich mich des Gefühls, schon viel zu lange nach einer Seite geflogen zu sein, nicht mehr recht erwehren konnte, suchte ich nach einem Durchlaß in der weißen Wolkenwand. Unser Radargerät hatte bis dahin noch keine der Wolken als rote Flecken gezeichnet, was auf eine Menge Wasser und damit auf Gewittergefahr hingewiesen hätte. Jetzt aber sahen wir auf dem Bildschirm immer häufiger gelbe, ja gelegentlich sogar auch kleinere rote Felder. Ich erinnerte mich an die Worte des Meteorologen, daß die ITC ziemlich dünn sei. Auf das Satellitenfoto bezogen, mochte das schon richtig sein, denn da ist ein Fleck mit einem Durchmesser von einem Millimeter unauffällig. Wenn man aber am Firmament vor diesem „einen Millimeter" steht, dann kann das eine Wolkenwand mit 100 Kilometer Breite sein.

Möglicherweise waren wir jetzt genau vor so einem Ungetüm. Ich bildete mir ein, durchzumüssen. Ich hielt auf die Stelle zu, für die das Radargerät lediglich Gelb zeigte, und hoffte, daß dahinter nicht ein weiterer „Charlie Bravo", wie wir die Cb's nannten, herumstehen würde. Carla und ich schnallten die Sicherheitsgurte enger, so daß unsere Körper allein schon durch den Gurt in den Sitz gedrückt wurden. Nachdem die ersten Wolkenfetzen an uns vorbeigeflogen waren, spürten wir die „Charlie Bravos" links und rechts von uns. Die gelben Flecken auf dem Radar nahmen plötzlich eine rote Färbung an, aber noch wurde ich nicht nervös, weil auf dem Steuerstrich voraus noch nichts Böses zu sehen war.

Aber es reichte auch so. Zunächst machte die Maschine einen Hopser, so daß ich trotz des engen Gurtes mit dem Kopf die Decke berührte. Noch ehe ich den Gashebel zurückziehen konnte, kam der nächste Schlag und drehte unsere brave Mooney halb auf die Seite. In diesem Moment pfiff auch das Alarmhorn los, der Autopilot war rausgeflogen. Aber ich hätte ihn ohnehin ausgeschaltet, denn in einer solchen Situation war es besser, mit der Hand zu steuern. Ich wußte, das alles Entscheidende, um so eine Situation ohne gebrochene Flügel zu überstehen, würde sein, die Geschwindigkeit möglichst niedrig zu halten.

Ein Blick auf den Geschwindigkeitsmesser zeigte mir, daß die Nadel immer noch unter 140 Knoten stand – bei dieser Geschwindigkeit konnte man das Fahrgestell ausfahren. Ein Griff in die Mitte des Instrumentenpanels ließ es herausfallen. Schlagartig nahm die Geschwindigkeit ab, und die Nadel des Geschwindigkeitsmessers erreichte den weißen Bereich. Jetzt durfte ich nur nicht den Fehler machen, in Aufwärtsturbulenzen meine Höhe halten zu wollen. Denn das hätte zu einem Sinkflug mit steigender Geschwindigkeit geführt. Also ließ ich mich von den Turbulenzen mit geschätzten 3000 Fuß pro Minute in die Höhe liften, ohne das Steuerhorn nach vorn zu drücken.

Carla und ich sagten nichts, denn dies war keine Situation, um sich zu unterhalten. Das einzige, was uns im Moment beruhigte, war der Radarschirm. Denn voraus war nichts Rotes zu sehen, und der gelbe Fleck lichtete sich und ging allmählich in Punkte über. Gleichzeitig nahm der dunkelgraue Himmel über uns wieder eine hellere Farbe an, ein Zeichen, daß die Wolkendecke dünner wurde.

Keine zwei Minuten hatte der Spuk gedauert, bis uns die ITC ausspuckte. Plötzlich sahen wir wieder blauen Himmel, und bis zum nächsten „Charlie Bravo" waren es schätzungsweise 10 oder 20 Meilen. Und vor allem: Die Cb's wurden kleiner, ja deutlich flacher. Wir hatten das Gefühl, es ging wieder bergab. Nur noch vereinzelte „Charlie Bravos" standen am Himmel, und allmählich wurden sie von den Wattebäuschchen des Passathimmels abgelöst. Wir waren durch!

Landfall

Niemals werde ich den Tag vergessen, als auf unserer ersten Atlantiküberquerung auf dem Weg nach Barbados beim Herumspielen am Radio plötzlich auf Mittelwelle eine Stealband zu hören war – und damit Amerika. Ähnlich erging es mir jetzt, als ich auf dem Funkpeiler nacheinander die Funkfeuer von Recife, Natal und Fernando de Noronha hereinzudrehen versuchte. Immer und immer wieder, bis bei Fernando de Noronha sich die Nadel des Funkpeilers aus der 90-Grad-Stellung leicht herausbewegte, einmal nach rechts vorne zeigte, einmal nach links vorne, um dann in einer ungewissen Stellung – jedenfalls aber voraus zeigend – zunächst einmal stehenzubleiben. Im Kopfhörer versuchte ich die Kennung des Feuers herauszuhören – und siehe da, ganz deutlich durchdrangen die Morsestriche des Funkfeuers das atmosphärische Rauschen. Jetzt konnte eigentlich nichts mehr schiefgehen. In wenigen Minuten würden wir zumindest eine genaue Navigationsrichtung haben. Zunächst aber mußte ich noch etwas Geduld haben, denn die Nadel meines NDBs zeigte erst ab einer bestimmten Senderintensität deutlich an. Ich durfte ihr nicht zu früh folgen, denn im Moment, das mußte ich mir eindringlich vergegenwärtigen, konnte sie nur ungefähr anzeigen. Es wäre dumm gewesen, jetzt bereits den Kurs zu ändern.

Nach weiteren zehn Minuten wies die Nadel genau voraus, was aber auch Zufall sein konnte. Dann widerstand ich der Versuchung nicht mehr und änderte den Kurs zunächst 30 Grad nach Steuerbord, dann 30 Grad nach Backbord. Die Nadel machte die Bewegung nicht mit und zeigte immer in die gleiche Richtung, nämlich 260 Grad. Das war's: Wir waren exakt, auf den Grad genau, auf Kurs!

Das Wetter war so, wie es in der Passatzone sein sollte. Um so mehr wunderte ich mich, als auf dem Radargerät plötzlich voraus ein starkes Echo auftauchte, das wieder auf einen „Charlie Bravo“ schließen ließ. Das harmlose Grün auf dem Radarbild hatte sich in ein deutliches Gelb und schließlich in ein sattes Rot verwandelt. Das war merkwürdig, denn in einer Entfernung von 20 Meilen konnte ich keinen Cb sehen, nur harmlose kleine Cumuli. Dann kam die Erleuchtung. Das Echo rührte nicht von einer Wolke her, vielmehr war es das Bodenecho von Fernando de Noronha. Ich war mir ganz sicher, obwohl mir jetzt ein paar Wolken den Blick nach unten nahmen und ich Land nicht ausmachen konnte. Aber was sollte es sonst schon sein?

Damit war alles gelaufen. Der Sprit würde reichen – wir hatten etwa 15 Knoten Rückenwind gehabt. Die Funkverbindung nach Brasilien war längst hergestellt, und wir befanden uns unter der Kontrolle der brasilianischen Behörden. Doch die Sprechverbindung war noch nicht klar genug, um längere Unterhaltungen zuzulassen. Aber was sollte schon noch passieren? Jetzt galt es, so schnell wie möglich unter die Dusche zu kommen. Ein großer Vorteil gegenüber dem Segeln: Keine 38 Tage, wie wir für diese Strecke mit unserer THALASSA gebraucht hatten, sondern lediglich elf oder zwölf Stunden Nervosität waren der Preis für die Atlantiküberquerung. Mit 50 Prozent Leistung waren wir bisher geflogen, jetzt konnte es ruhig etwas schneller gehen. Ich schob den Gashebel nach vorn, um mit 65 Prozent Leistung und damit um 20 Knoten schneller unserem Ziel entgegenzufliegen.

Als ich nach meinen Berechnungen den letzten Pflichtmeldepunkt (nichts weiter als zwei Zahlen, die einen Punkt irgendwo in der Wasserwüste des Atlantiks beschreiben) erreicht hatte, wo es rechts nach Natal abging, und ich den Brasilianern meldete: „Heading for Natal“, da riß mich die barsche Stimme des brasilianischen Fluglotsen aus meinen Träumen: „You cannot go to Natal, you have to go to Recife!“

Das war eine unangenehme Überraschung. Ich wollte dies nicht akzeptieren und fragte zurück. Aber der Controller bestand darauf, daß ich nach Recife fliege, denn in Natal wäre es nicht möglich, einzuklarieren. Das sei ein Militärflughafen.

Ich war sprachlos. Nicht nur meine Unterlagen hatten nichts darüber ausgesagt, auch Gert in Frankfurt, ein Fachmann auf dem Gebiet, hatte nichts davon gewußt. Die Tatsache, daß die Brasilianer meinen Flugplan ohne Widerspruch akzeptiert hatten, war mit dieser Anweisung einfach nicht in Einklang zu bringen.

Nachdem wir nun aber 10 bis 15 Knoten Rückenwind, vom Passat also etwa 150 Meilen geschenkt bekommen hatten, war das 100 Meilen weiter entfernt gelegene Recife problemlos zu erreichen, wenn auch bei sparsamster Leistungseinstellung. So zog ich also zähneknirschend den Gashebel wieder zurück. Diese eine Stunde Extra-Flugzeit würden wir auch noch überstehen.

Kurze Zeit später erblickte Carla einen grauen Strich am Horizont und schrie, so wie sie es immer auf dem Schiff mehr spaßhaft als ernst zu tun pflegte: „Land ahoi!"

Nach genau 10 Stunden und 46 Minuten waren in den beiden Flächentanks gleichmäßig verteilt noch je fünf Gallonen Benzin. In diesem Moment berührten die Reifen unserer Mooney die heiße Landepiste von Recife. Auf einem großen Digitalthermometer konnten wir beim Abrollen die Temperatur ablesen: 38 Grad.

Vier Tage zuvor hatten wir in München noch minus 12 Grad gemessen. Aber München war jetzt weit entfernt, 8000 Kilometer. Die Entfernung von Sal bis Recife betrug genau 3069 Kilometer – mit dem Computer errechnet, die Umwege um die „Charlie Bravos" nicht berücksichtigt.

Zwei Stunden brauchte der umständliche brasilianische Zoll, um unsere kleine Mooney einzuklarieren – er benutzte die gleichen Formulare wie für die Jumbos. Dann endlich waren wir richtig in Brasilien. Unter erster Gang führte uns, wohin schon, auf die Toilette.

Küstenfliegen

Wir hatten bis jetzt Glück gehabt, daß an unserer Maschine keine größeren Defekte aufgetreten waren. Der einzige, den ich bei einer Überprüfung am nächsten Tag feststellte, war, daß die Propellerenteisung nicht funktionierte. Als ich in einer Werkstätte am Flugplatz von Recife nach einem Monteur fragte, der mir meinen „heißen Prop“ in Ordnung bringen könnte, lachte man mich aus: „Hier brauchst du keine Propellerenteisung.“ Das war schon richtig angesichts der Bodentemperatur von bis zu 40 Grad. Doch in wenigen Tagen würde ich in Feuerland sein und dort möglicherweise in Höhen von 20 000 oder 25 000 Fuß bei minus 20 oder 30 Grad herumfliegen. Dann mußte die Propellerenteisung funktionieren. Kurzum, ich konnte die Monteure überreden, den Defekt zu beheben. Damit war unsere Maschine für den Weiterflug bestens gerüstet. Bis Rio de Janeiro lagen 2000 Kilometer vor uns. Der Zuckerhut war für uns natürlich ein Muß, und so hatte ich im Flugplan auf Empfehlung anderer Piloten den, wie sie gesagt hatten, „kleinen“ Flugplatz Santos Dumas angegeben, mitten in der Weltstadt gelegen.

Der Flug verlief so, wie es sein sollte: ohne besondere Vorkommnisse. Allerdings erregte bei fast jeder Kontrollstation mein Rufzeichen D-EFKS Aufsehen. Mehr als einmal wurden wir nach unserem Heimatland gefragt und dann – nach einer Denkpause – nach dem Typ unserer Maschine. Nach drei Stunden Flugzeit wies uns der Fluglotse plötzlich eine andere Frequenz zu; „Switch to 123.45!“

„Wo kommt ihr denn her?“ meldete sich eine freundliche Stimme. Sie kam aus dem Cockpit einer Boeing 737 der brasilianischen Fluggesellschaft VASP, die sich auf dem Flug zum Amazonas befand. Wir kamen ins Gespräch, und es stellte sich heraus, daß der brasilianische Pilot deutschstämmig war und sich freute, wieder einmal Deutsch sprechen zu können. „Wo übernachtet ihr denn in Rio?" Wir wußten es noch nicht und fragten nach einem guten Hotel.

„Paßt auf, auf dem Rückflug landen wir schätzungsweise gegen vier Uhr nachmittags in Rio. Ich hol euch am Flugplatz Santos Dumas ab, und dann gehen wir zusammen in mein Hotel, wo ihr sicher ein Zimmer findet. Abends können wir dann zusammen zum Essen gehen."

Über Amateurfunk hatte ich zwar schon zahlreiche Bekanntschaften geschlossen, aber eine Bekanntschaft in der Luft, das war neu für uns.

Nach sechseinhalb Stunden befand ich mich im Anflug auf Santos Dumas. Es war leicht diesig, und ich mußte mich so auf meine Instrumente konzentrieren, daß ich keinen Augenblick Muße fand, nach dem Zuckerhut Ausschau zu halten. Ich war schon enttäuscht, daß ich ihn nicht schon längst gesehen hatte. War dieses Wahrzeichen von Rio de Janeiro doch nicht so augenfällig, wie es Fotos glauben machen?

Von wegen „kleiner" Flugplatz! Ich schätze Santos Dumas auf ebenso groß wie Stuttgart. Als ich ausrollte und sich die Anspannung vom Anflug mitten über Rio hinweg etwas löste, sah ich dort, wo die Landebahn im Meer endete, den Zuckerhut glitzern.

Jetzt waren wir unserem Ziel Feuerland schon ganz nahe. Die einzige wirklich schwierige Hürde der Anreise, die Atlantiküberquerung, lag hinter uns, und wir konnten unbeschwert das herrliche Flugwetter in Südamerika genießen. Herrlich deshalb, weil es, zumindest um diese Jahreszeit, keine Probleme mit Eis gab. Denn in Südamerika finden sich nur auf der Westseite des Kontinents hohe Berge, die Anden. Auf unserem Kurs nach Süden gab es nur flaches Land, und wenn wir in einer Höhe von 12 000 Fuß flogen, zeigte das Thermometer 15 bis 20 Grad an. Die Gewittergefahr ließ sich leicht dadurch umgehen, daß wir unsere Flüge immer schon am frühen Morgen antraten.

Doch so viele Flüge waren das gar nicht. Von Rio de Janeiro ging es nach Iguazu. Iguazu ist ein Begriff in Südamerika, denn dort sind die wohl mächtigsten Wasserfälle der Welt. Das war aber nicht der Grund, warum wir ausgerechnet ins Landesinnere flogen. Wir richteten unsere einzelnen Streckenabschnitte so ein, daß wir möglichst schnell unser Ziel in Feuerland erreichten. Irgendwo in Brasilien mußten wir ausklarieren, und dafür bot sich Iguazu am sogenannten Dreiländereck geradezu an: Es liegt dort, wo die Grenzen von Paraguay, Brasilien und Argentinien aufeinanderstoßen.

In Deutschland waren wir noch gewarnt worden, daß es in Südamerika äußerst schwierig sei, ohne spanische Sprachkenntnisse zu fliegen. Denn dort ist für den kontrollierten Flug nach Instrumenten nicht nur Englisch, sondern auch Spanisch zugelassen. Bar jeglicher spanischer Sprachkenntnisse hatten wir uns bei der spanischen Luftfahrtgesellschaft Iberia noch eine Liste mit Fachausdrücken besorgt. Doch ob wir damit tatsächlich einen verständlichen Funkverkehr in spanischer Sprache abwickeln konnten, war höchst fraglich. Erschwerend kam hinzu, daß sich in Brasilien die meisten Flieger über Funk in ihrer Landessprache, Portugiesisch, unterhalten.

Aber meistens kommt es anders, als man denkt. Jedenfalls waren die brasilianischen und später die argentinischen Fluglotsen von einer unglaublichen Zuvorkommenheit, und die wenigen Verständigungsschwierigkeiten wurden mit viel Geduld überwunden. Ansonsten war das Fliegen nicht anders als in Deutschland. Wir flogen von Funkfeuer zu Funkfeuer und landeten dann auf dem geplanten Flugplatz.

Das einzige, was nunmehr noch unsere Segeltour in Feuerland in Frage stellte, war – wie könnte es anders sein – die Politik. Schon wenige Tage vor unserem Abflug hatte das Fernsehen zu unserem Entsetzen über eine Revolte in Argentinien berichtet. Meine erste Reaktion damals war, alles abzublasen. Aber dann erinnerte ich mich unserer Zeit fünf Jahre zuvor in Argentinien und an die Erzählungen von Ute Hohn: Mit Revolutionen mußte in Argentinien immer gerechnet werden.

Erfahrungsgemäß bekommt man ohnehin nicht allzu viel mit, wenn man sich nicht unmittelbar am Herd der Rebellion aufhält, und das ist meistens Buenos Aires. So schien mir, von Deutschland aus, die Gefahr auch nicht allzu groß, daß etwa die Grenzen gesperrt werden würden. Beinahe hätte ich mich getäuscht!

Nachdem wir in Iguazu gelandet waren, schaltete ich im Hotel den Fernseher ein. Außer den brasilianischen waren auch argentinische Sender zu empfangen. Trotz unserer fehlenden Sprachkenntnisse hörten wir aus den Nachrichten heraus, daß sich in Argentinien, wieder einmal, irgend etwas zusammenbraute. Das Militär begehrte zum x-ten Male gegen Alfonsin, den damaligen Präsidenten, auf. Am nächsten Morgen wollten wir weiterfliegen nach Mar del Plata. Das konnte ja heiter werden.

Vergeblich versuchten wir telefonisch, Ute Hohn zu erreichen. Zwei Tage zuvor, von Rio aus, hatte es geklappt, als wir dringend ihrer Hilfe bedurften. Denn die Vorschrift für den Einflug nach Argentinien lautete schlicht, daß man über die Landesgrenze nur dann fliegen dürfe, wenn vorher per Fernschreiben auf Anforderung die Einfluggenehmigung erteilt worden sei. Wir hatten zunächst vom Hotel aus versucht, eine derartige Genehmigung zu bekommen. Aber die zuständige Stelle reagierte auf unser Fernschreiben nicht. In Südamerika nichts Ungewöhnliches, aber es brannte uns doch etwas unter den Nägeln, denn wir wollten ja nach Feuerland und nicht wochenlang in Rio de Janeiro herumsitzen und auf die Genehmigung warten. Also hatten wir Ute angerufen, die nun ihrerseits von Ushuaia aus acht Stunden lang, und das am Wochenende, in ganz Argentinien herumtelefonierte, bis sie den zuständigen Obergefreiten erwischte. 30 Minuten später waren wir im Besitz unserer Einfluggenehmigung.

Von Iguazu aus aber waren die Leitungen nach Argentinien wie abgeschnitten; auch nach stundenlangen Versuchen gelang es uns nicht, Telefonkontakt zu Ute herzustellen. Mit ziemlich gemischten Gefühlen schliefen wir ein.

Schon frühmorgens um sechs waren wir auf dem Flugplatz von Iguazu, denn aus unseren bisherigen Erfahrungen wußten wir, daß die Formalitäten mindestens eine Stunde Zeit erforderten – wenn alles gutging. Hier war es nicht anders. Zeitweise standen zehn Militärs um mich herum und schauten mir geduldig beim Ausfüllen meines Flugplanes zu – um mir am Ende klarzumachen, daß ich das eine oder andere falsch in das Formular eingetragen hätte.

Das war nicht etwa Schikane; vielmehr hatten die Soldaten unwahrscheinlich viel Zeit und zudem den Ehrgeiz, daß die Formulare hundertprozentig richtig ausgefüllt sein mußten. Ich war mit dem Erstellen des Flugplans viel zu sehr beschäftigt, als daß ich mir die Gesichter der Soldaten hätte einprägen können. Jedenfalls hatte ich den Eindruck, daß während meiner Schreibarbeit mehrere Schichtwechsel vorgenommen wurden. Mir lief in dem nicht klimatisierten Büro der Schweiß von der Stirn, als ich dem Kommandanten endlich einen fehlerfreien Plan überreichte.

Jetzt kam der kritische Teil. Würde er den Flugplan akzeptieren, also weiterleiten? Er las noch einmal alles aufmerksam durch und drückte schließlich seinen Stempel auf das geduldige Papier. Wir waren den Flugplan los, jetzt konnte nichts mehr schiefgehen. In 30 Minuten mußten wir in Argentinien sein.

Der Tower von Iguazu gab uns die Rollerlaubnis, und langsam setzte sich unsere vollgetankte Mooney in Bewegung. Kaum waren wir 100 Meter weit gerollt, da meldete sich der Tower erneut: „There is something wrong with your flightplan, the Argentinian people don't accept your flightplan!"

Wieso akzeptierten die Argentinier meinen Flugplan nicht? Hatten sie wegen ihrer politischen Schwierigkeiten nun doch die Grenzen dichtgemacht? Zu dumm, wenn wir jetzt, so kurz vorm Ziel, nicht mehr nach Argentinien einfliegen könnten. Dann wäre der ganze Aufwand vergeblich gewesen. Einen Tag früher – und es hätte geklappt. Das war besonders ärgerlich. Ich mußte an den Münchner Volkskomiker Karl Valentin denken, der einen Tag nach Beendigung der Olympischen Spiele 1936 auf der Tribüne des Olympiastadions gesessen, in das leere Rund geblickt und gemeint hatte: „Nur einen einzigen Tag zu spät und doch zu spät!"

Wir rollten zurück aufs Vorfeld. Zähneknirschend stellte ich die Maschine ab. Drei Uniformierte kamen zu uns heraus und sagten bedauernd, daß sie nicht wüßten, was der Grund für die Schwierigkeiten sei. „Vielleicht ist es die Revolution, die gestern begann", meinte einer der Brasilianer. Er sagte es ziemlich geringschätzig, und man konnte aus seiner Stimme heraushören, daß er es für vollkommen ausgeschlossen hielt, daß Derartiges auch in Brasilien passieren könne.

Ich kramte in meinen Papieren nach dem Fernschreiben aus Argentinien mit der Einfluggenehmigung. Als ich es endlich gefunden hatte, überreichte ich es einem der Offiziellen, der die Nummer der Genehmigung über ein Walkie-talkie zum Tower funkte. Wir warteten. Es vergingen 15 Minuten, 30 Minuten, eine Stunde. Es war rührend, wie die brasilianischen Soldaten versuchten, uns die Zeit zu verkürzen. Sie erzählten von Brasilien und davon, daß in unmittelbarer Nähe der große Urwald begänne, wo es von riesigen Tieren nur so wimmelte. Sie selbst hatten noch keines dieser Tiere gesehen, vielmehr bezogen sie ihr Wissen allein aus dem Fernsehen, wie letzten Endes auch das Wissen um ihre Heimat.

Endlich quakte es im Lautsprecher des Walkie-talkie unserer brasilianischen Freunde. Alles war in Ordnung, man hatte in Argentinien das Fernschreiben mit der Einfluggenehmigung lediglich verschlampt. Das Ganze hatte nichts, aber auch gar nichts mit irgendwelchen Revolutionen oder Staatsstreichen zu tun. Als ich versucht war, mich über die südamerikanische Bürokratie zu erregen, fiel mir ein, daß das gleiche auch schon in Deutschland passiert war. Zwei- oder dreimal war mein Flugplan, den ich zwei Stunden vor Abflug persönlich übers Telefon aufgegeben hatte, auch in München-Riem verschwunden gewesen.

20 Minuten später waren wir in der Luft, unter uns das braune Wasser des Rio Parana, der durch die Landschaft mäanderte. Nach sechs Stunden öffnete sich, aus 100 Kilometer Entfernung sichtbar, die Bucht von Buenos Aires zum Atlantik hin, und kurz darauf landeten wir in Mar del Plata. Als Carla und ich nach unserer Kap-Hoorn-Umrundung mit unserer THALASSA II nach Mar del Plata gekommen und dort am 13. März 1983 wieder ausgelaufen waren, um nonstop 72 Tage lang 14000 Kilometer bis ins Mittelmeer zu segeln, da hätte ich mir nicht träumen lassen, sechs Jahre später wieder dort zu sein: aus eigener Kraft, mit einem winzigen Flugzeug. Deshalb führte unsere Taxifahrt auch als erstes in den Yachtclub von Mar del Plata. Nichts hatte sich dort verändert. Wie damals lagen auch kaum Besucheryachten im Hafen. Nicht daß es an der Gastfreundschaft fehlte, ganz im Gegenteil. Es liegt vielmehr an dem harten Revier: Nur wer seglerisch wirklich etwas

drauf hat, wird an dieser Küste nach Süden segeln oder, umgekehrt, von Feuerland kommend nach Norden.

Ausländische Ausrüstung oder gar moderne Elektronik war auf den einheimischen Yachten nach wie vor nicht die Regel, was auf Mangel an Devisen schließen lassen konnte. Aber wir waren nicht hier, um uns Gedanken zu machen über Dinge, die uns nichts angingen. Also schlenderten wir über die lange Mole, um nachzusehen, ob an ihrem Ende noch die riesigen Seelöwen herumsitzen würden. Ganze Seelöwen-Generationen hatten hier schon herumgelungert, seit vor vielen Jahrzehnten einige Exemplare ihrer Spezies hier angeschwommen waren und sich regelrecht niedergelassen hatten. Gelegentlich holen sie sich aus dem schmutzigen Hafenwasser einen Fisch heraus, oder sie schwimmen – was natürlich bequemer ist – einem mit vollen Netzen einlaufenden Fischerboot entgegen. Schon von weitem schlug uns der bestialische Gestank dieser schönen Tiere entgegen. Sie waren noch da, alles war beim alten.

Politisch hatte sich seit unserem letzten Besuch in Argentinien dagegen viel getan. Die Militärs, die mit fragwürdigen Mitteln gegen ihre Landsleute (und Terroristen) vorgegangen waren, waren abgelöst worden durch eine demokratisch gewählte Führung. Präsident Alfonsin war hochgeachtet.

Als wir mit dem Taxi das nächste größere Hotel angesteuert hatten, zuckte der Portier mit den Schultern: „Nur noch im 29. Stock habe ich ein Zimmer frei.“ Es war Hochsommer und Ferienzeit, und da zieht es die Menschen aus dem Moloch Buenos Aires zu Tausenden an die Meeresstrände von Mar del Plata. Die Einwohnerzahl von 100 000 verzehnfacht sich, und die Hotelbetten sind so gut wie alle vergeben.

29. Stock? Kein Problem, wenn man den Lift benutzte. Dankbar trug ich mich in das Gästebuch ein. Ein freundlicher Hotelangestellter nahm sich unseren Gepäcks an. Als wir im Lift standen und er den Knopf vom 29. Stock drückte, machte er uns darauf aufmerksam, daß jeden Tag nachmittags der Strom abgeschaltet würde.

„Na ja, nachmittags können wir schon mal aufs Fernsehen oder Radio verzichten, und den Weg unter die Dusche werden wir auch ohne Licht finden", dachte ich. Als der Lift ungefähr in Höhe des 26. Stockwerks seine rasende Fahrt abbremste, ging mir ein Licht auf. „Und wie kommen wir nachmittags in den Swimmingpool hinunter?"

„Nur zu Fuß", war die nicht einmal zynische Antwort des Hotelangestellten.

Das war ja eine schöne Bescherung. Zwar hatten wir eine herrliche Aussicht über Mar del Plata und den Hafen, doch fühlten wir uns unwohl bei dem Gedanken, die zweite Hälfte des Tages entweder im Zimmer oder in der Stadt zubringen zu müssen. Noch nie in meinem Leben war ich so viele Treppen hochgestiegen, und so wollte ich auch in diesem Hotel keine mittlere Bergtour unternehmen. Ich war sauer. Daran änderte sich auch nichts, als der Hotelangestellte sagte, auch in Buenos Aires werde jeden Nachmittag der Strom abgeschaltet. Seit Monaten schon. Das habe es früher bei den Militärs nicht gegeben.

Am späten Abend hatte ich die Nase voll von diesem Hotel, und wir beschlossen, am nächsten Morgen abzureisen. Als nämlich der vermeintlich letzte Aufzug für den Nachmittag nach oben gehen sollte, trödelte ich ein paar Sekunden zu lange vor den offenen Türen herum. Unerwartet begannen die Türen des Lifts sich zu schließen. Mit den Fingern versuchte ich, eine der Türen wieder zu öffnen. Und ehe ich begriff, daß hier keine Fotozelle oder Sensor den Schließmechanismus unterbrach, hatte ich sämtliche Finger eingeklemmt. Der Druck auf meine Hand war so stark, daß ich vor Schmerzen aufschrie. Aber auch aus Angst, daß sich der Lift jetzt in Bewegung setzen würde. Ein Hüne von Argentinier neben mir begriff als erster, daß sich hier möglicherweise ein Unglück anbahnte. Ohne zu zögern, griff er ebenfalls mit spitzen Fingern in die verbliebene Ritze und versuchte keuchend, die Tür aufzureißen. Es gelang mir, meine Hand herauszuziehen. Im gleichen Moment schrie mein Helfer auf. Denn nun hatte er seine Finger drin und war in der schlimmen Lage wie ich ein paar Sekunden zuvor. Inzwischen waren weitere Helfer herbeigesprungen, die mit vereinten Kräften die widerspenstige Tür ein Stück aufziehen konnten, so daß wir schließlich alle frei waren. Der freundliche Helfer und ich hielten uns die blutenden Hände.

Das war der gefährlichste Zwischenfall auf der Reise von Deutschland nach Feuerland.

Von Mar del Plata flogen wir nach Rio Gallegos. Von dort war ein Teil der Angriffe der Argentinier auf die Falklandinseln gestartet worden. Rio Gallegos liegt nur noch eineinhalb Flugstunden von Ushuaia, der Hauptstadt von Feuerland, entfernt. Wir telefonierten nochmals mit Ute, die uns vor dem Flughafen in Ushuaia warnte. Der Platz sei ziemlich schwierig anzufliegen. Ich maß ihrer Warnung aber keine große Bedeutung bei, denn häufig wird von fliegerischen Laien eine Gefahr über- oder gewaltig unterschätzt.

Nachdem wir um neun Uhr morgens in Rio Gallegos gestartet waren, hatten wir schon bald die Magellanstraße unter uns. Für uns waren es nur fünf oder zehn Minuten, um sie zu überqueren. Aber welche Dramen hatten sich in diesen Gewässern abgespielt! Der portugiesische Seefahrer Magellan, in Diensten Spaniens, glaubte mit der Straße, die nach ihm benannt wurde, den Seeweg in den Pazifik entdeckt zu haben. Doch praktische Bedeutung für die Schiffahrt hat sie nie erlangt. Die nautischen Schwierigkeiten, sie zu durchqueren, sind nicht viel geringer, als wenn man gleich noch ein paar hundert Seemeilen weiter nach Süden segelt, um rund Kap Hoorn in den Pazifik zu gelangen. Zwar bedeutet der Weg um die Südspitze Südamerikas einen Umweg, doch läßt es sich hier viel großzügiger navigieren als in der Magellanstraße, wo die Durchfahrt wegen der zahlreichen Untiefen und der schroffen Küste oftmals auf nur wenige Kabellängen eingeschnürt wird.

Magellan ist aber nicht deshalb in die Weltgeschichte eingegangen, weil er den Durchbruch in den Pazifik entdeckt hat. Vielmehr war er der erste Seemann, der an die Kugelgestalt der Erde nicht nur glaubte, sondern ein ganzes, Jahre dauerndes Unternehmen darauf gründete. Er selbst hat es jedoch nicht geschafft, rund um die Welt zu segeln. Ihn ereilte unterwegs das Schicksal zahlreicher früherer Entdecker, als er 1521 auf den Philippinen im Kampf mit den Eingeborenen fiel. Nur ein einziges der ursprünglich aus fünf Schiffen bestehenden Flotte kehrte nach insgesamt drei Jahren Abwesenheit nach Europa zurück. Trotzdem ist Magellans Leistung so hoch einzuschätzen, daß er wohl zu Recht den Ehrentitel „erster Weltumsegler“ trägt.

Vom Flugzeug aus konnten wir dem Verlauf der Magellanstraße 30, 40 oder auch 50 Meilen weit nach Westen folgen. Wie ein riesiger Fluß sah sie aus, und aus unserer Perspektive ließ sich schon erahnen, daß dieser breite Strom sich irgendwo auf der anderen Seite des Kontinents in die Südsee ergießen würde. Doch die Männer Magellans hatte nicht diesen Überblick. Für sie endete der Horizont drei oder vier Seemeilen weit entfernt. Wie oft schon hatten sie auf ihrer Reise nach Süden ihre Langboote losgeschickt, um nach Tagen enttäuscht festzustellen, daß es keinen Durchbruch durch den Erdteil gab. Möglicherweise hatten sie an der Magellanstraße die Hoffnung bereits aufgegeben, jemals den Weg zu finden, an den Magellan glaubte. Zumindest erweckte er den Eindruck. Denn wenn er Zweifel gezeigt hätte, dann wäre die ohnehin schon angegriffene Moral seiner Mannschaft endgültig zusammengebrochen, und seine Expedition hätte womöglich bereits an dieser Stelle ein tödliches Ende genommen. Wir wissen, daß – schon in der Magellanstraße – der Führer eines seiner Schiffe heimlich umgekehrt ist, Magellan also im Stich gelassen hat. Er hatte jegliches Vertrauen in seinen Führer verloren und glaubte nicht mehr daran, daß Magellan sein Ziel erreichen würde.

Als wir am Horizont die schneebedeckten Berge Feuerlands ausmachen konnten, verabschiedete sich der Fluglotse von Rio Gallegos mit der Warnung: „In Ushuaia no speaken English."

Bis hierher waren wir nun schon gekommen; die Sprachprobleme über Ushuaia würden wir wohl auch noch bewältigen. Schließlich näherten wir uns keinem riesigen Flughafen mit hohem Verkehrsaufkommen, sondern einer Piste am Ende der Welt, wo man täglich vielleicht fünf Maschinen erwartete. Mit einiger Geduld würden wir das schon hinbringen. Carla holte vom Rücksitz die Liste mit den spanischen Fachausdrücken und begann mit dem Finger über sie hinwegzugleiten. Welchen Begriff würden wir wohl brauchen?

Noch waren wir nicht an Ushuaia abgegeben, sondern im Bereich von Rio Grande. Dessen Fluglotse entließ uns nach Ushuaia mit den Worten: „Report field in sight."

Jetzt suchte Carla unter dem Buchstaben F nach „field in sight". „Das ist einfach", meinte sie. „Field in sight heißt: pista a la vista."

Mit dem Wetter hatten wir, wie sich das gehörte, Glück. Über den Bergen Feuerlands schrammten wir zwar ständig an der Null-Grad-Grenze entlang, doch außer ein paar Schönwetter-Cumuli sahen wir am Himmel nur ein leuchtendes Blau. Aber ich war vorsichtig, denn aus dem Studium vieler nautischer Unterlagen über die Gewässer um Kap Hoorn wußte ich, daß sich das Wetter in dieser ungastlichsten Gegend der Welt von zehn Minuten auf zehn Minuten ändern konnte. Wir hofften, daß es in den letzten 20 Minuten so bleiben würde, wie es war.

Plötzlich lag vor uns Ushuaia. Jetzt klappte auch die Funkverbindung, die wegen der dazwischenliegenden Berge bisher nicht zustandegekommen war.

„Ushuaia, delta echo foxtrott kilo sierra – guten Tag, pista a la vista!"

Die Antwort war, wie erwartet, kaum zu verstehen, doch die entscheidenden Dinge hörte ich heraus: „Qu en asche uno, cero, dos, tres" (QNH = Luftdruck: 1023).

Und dann glaubte ich noch so etwas Ähnliches zu verstehen wie „clareficado". Das mußte wohl „cleared" bedeuten, also die Landegenehmigung. Ganz sicher war, daß der Fluglotse in Ushuaia von unserer Ankunft informiert war. Er wußte auch, daß es möglicherweise Sprachschwierigkeiten geben würde, und so nahm ich an, daß er den Sprechverkehr so einfach wie möglich abwickeln und uns direkt auf die Landebahn heruntersprechen würde. Über die Landebahnrichtung hatte mich noch der Fluglotse von Rio Grande informiert, so daß ich auf die Meldung „clareficado" hin keinerlei Hemmungen hatte, in den Endanflug zu sinken. Ein paar Minuten später quietschten die Reifen des Fahrgestells auf. Wir waren in Ushuaia gelandet, nach einer Anreise von rund 15000 Kilometern.

Als ich den Flieger langsam abbremste, versuchte ich Einzelheiten meiner Umgebung wahrzunehmen. Das erste, was mir auffiel, war 100 Meter neben der Landebahn eine in häßlichem fleckigem Grau gestrichene Boeing 737, die in der Mitte auseinandergebrochen war. Mein erstes Bild in Feuerland.

Beim Ausrollen meldete sich über Lautsprecher eine Stimme, die uns in Englisch in Ushuaia willkommen hieß und uns bat, zum

Aero-Club zu rollen. Als ich dort die Maschine stoppte und der Propeller aufhörte zu drehen, blickte ich in die Linse einer Fernsehkamera. Eine Menge Menschen waren plötzlich um uns herum, und Ute stand schon an der Tür unserer braven Mooney. Ich hatte noch kaum das Cockpit verlassen, als mir bereits ein Reporter über Ute hinweg ein Mikrofon unter die Nase hielt.

„Sie sind das erste Flugzeug aus Europa, das in Ushuaia landet! Wie war der Flug?"

Ich antwortete mit einem langen Satz, denn wie sollte man eine so lange Anreise in wenigen Worten beschreiben. Kaum hatte Ute meine Antwort ins Spanische übersetzt, kam schon die nächste Frage: „Warum haben Sie diese Reise gemacht?"

Als der Reporter aus meiner Antwort den Namen Gunther Plüschow heraushörte, begannen seine Augen zu leuchten, und er unterbrach mich: „Hier in Argentinien kennt jeder Gunther Plüschow. Wir freuen uns, daß im Gedenken an Gunther Plüschow ein so außergewöhnlicher Flug unternommen wurde. Für Ushuaia hat dieser großartige Held eine besondere Bedeutung, denn er war der erste, der mit einem Flugzeug hier gelandet ist."

Feuerland

Der Flug von Europa nach Feuerland war überraschend schnell und problemlos verlaufen. Daß es während des Fluges keine größeren Schwierigkeiten gegeben hatte, führte ich allein auf die gründliche Vorbereitung zurück. Und daß die Reise nur wenige Tage gedauert hatte, das war unser Wetterglück.

Als ich den Termin für den Start mit der Ksar zur Staaten-Insel festlegte, hatte ich soviel Sicherheitsreserve einkalkuliert, daß wir auf der Anreise notfalls auch die Zeit für eine kleinere Reparatur gehabt hätten. Das verschaffte uns jetzt eine erholsame Woche in Ushuaias Beagle-Hotel, denn erst dann würden unsere Mitsegler eintreffen: Thomas aus Salzburg und Reinhard aus Augsburg, die wir noch nicht persönlich kannten. Weil die zwölf Meter lange Ksar groß genug für sechs, sieben Leute war, wollten wir sie auch auslasten. Und so hatten wir in der „Yacht" inseriert und Mitsegler für einen Törn in Feuerland gesucht. Es meldete sich eine ganze Reihe von Bewerbern, aber da man Menschen am Telefon ohnehin nicht beurteilen kann, entschieden wir uns für die ersten beiden Anrufer. Und das waren Thomas und Reinhard. Um ehrlich zu sein: Reinhards Stimme hatte Carla gefallen, und so sagte sie ihm zu, ohne mich gefragt zu haben.

Wie würden sie sich verhalten? Würden wir mit ihnen auskommen? Es ist nichts Ungewöhnliches, daß es auf einem Segeltörn Krach unter den Mitseglern gibt, ob sie sich nun vorher gekannt haben oder nicht. Ursache ist vielmehr der beengte Raum. Und was die seglerischen Fähigkeiten betrifft: Die lassen sich weder am Telefon noch nach Segelscheinen beurteilen. Wie oft schon hatten wir Mitsegler mit den höchsten Segelweihen erlebt. Häufig erwiesen sie sich an Bord als ziemlich hilflos, während andere, die frei heraus eingestanden, vom Segeln nicht viel Ahnung zu haben, richtige Volltreffer waren. Letztlich kommt es beim Segeln ausschließlich auf eine sportliche Einstellung an. Wer die nicht mitbringt, dem hilft auch kein Segelschein. Das stellt sich aber erst an Bord heraus. Und was die sogenannte Menschenkenntnis betrifft: Wie oft schon hatte sich ein Mitsegler, über den wir an Land noch gelächelt hatten, an Bord als Pfundskerl erwiesen. Es ist schon ein Unterschied, ob man jemanden in seiner vertrauten Umgebung kennenlernt oder in einer Ausnahmesituation. Der wahre Seemann zeigt sich erst im harten Bordalltag, wenn Seekrankheit und Unbequemlichkeit ihm und der übrigen Mannschaft das Leben sauermachen. Aus diesen Gründen sahen wir unseren Mitseglern keineswegs mit gemischten Gefühlen entgegen.

Wir nutzten die Zeit, um die Route festzulegen, die wir in den nächsten Wochen mit der KSAR absegeln wollten. Aber auch, um Erkundigungen über unsere Reiseziele einzuholen. Ute war es gelungen, von den argentinischen Regierungsstellen eine Genehmigung zu bekommen, die Staaten-Insel anzulaufen. Die war erforderlich, denn es handelte sich dabei um militärisches Sperrgebiet. Und Yachten waren darin aus mehreren Gründen nicht erwünscht. Die Staaten-Insel hat auch bei den Argentiniern einen schlechten Ruf als Gefahr für die Schiffahrt, und in einem Notfall oder gar bei einer Strandung würde es kaum eine Möglichkeit geben, Hilfe zu leisten. Hinzu kamen Überlegungen, die Unberührtheit der Insel zu erhalten und sie in naher Zukunft zum Naturschutzgebiet zu erklären. Versuche, auf dieser verlassenen Insel zu leben, waren schon vor vielen Jahrzehnten aufgegeben worden.

Vor der Jahrhundertwende, im Jahre 1885, hatte man auf der Staaten-Insel für einige Zeit ein Gefängnis eingerichtet. Gewiß war hierbei der Hintergedanke, ohne großen Aufwand einen ausbruchsicheren Aufenthaltsort für Schwerverbrecher zu schaffen. Denn ohne ein Schiff gab es keine Möglichkeit, von der Insel herunterzukommen. Die Le-Maire-Straße zwischen Insel und Festland ist zwar nur rund 15 Meilen breit, doch was für 15 Meilen: sicher eines der stürmischsten Gewässer der ganzen Welt, mit noch ein paar Prozent mehr Sturmhäufigkeit als am Kap Hoorn.

Warum jemals Menschen sich auf der Staaten-Insel niederlassen wollten, schien uns nicht ganz erklärlich. Von Fotos wußten wir, daß die Insel von See her nicht gerade einladend aussah, selbst an den wenigen sonnigen Tagen nicht, die der Seemann in diesen Gewässern erleben kann. Das einzige Bauwerk ist der Leuchtturm San Juan aus dem Jahre 1884, der an den Tagen, wo über den südatlantischen Gewässern kein dicker Nebelteppich liegt, den Seeleuten den Weg weist. Jules Verne hat dieses Leuchtfeuer als den „Leuchtturm am Ende der Welt" bezeichnet. Treffender kann man es nicht ausdrücken, denn hier hört die menschliche Besiedelung tatsächlich auf, wenn man von den Forschungsstationen ein paar hundert Seemeilen weiter südlich in der Antarktis absieht.

Wir wollten uns vor dem Segeltörn ein eigenes Bild von der Staaten-Insel machen. Das Wetter war schön, und der Himmel sah so aus, als würde der Sonnenschein noch für ein paar Stunden anhalten. Ein Anruf bei der Wetterstation in Rio Grande bestätigte dies. So setzten Ute, Carla und ich uns in unsere gute Mooney und hoben ab zu einem kurzen Flug. Wir drehten nach Osten und flogen in 200 Meter Höhe an der nördlichen Seite des Beagle-Kanals entlang, denn genau in der Mitte des Kanals verläuft die Grenze zwischen Argentinien und Chile. Zwischenzeitlich war diese Grenze nicht mehr umstritten wie noch vor ein paar Jahren, doch hatte sich an der Sensibilität der Chilenen für Grenzverletzungen nichts geändert, wie uns der Tower von Ushuaia noch eindringlich mit auf den Weg gegeben hatte. Schon nach einer Stunde hatten wir die Le-Maire-Straße erreicht.

Es war wohl einer jener seltenen Tage, an denen sich die Meeresenge von ihrer friedlichen Seite zeigte. Nicht vorstellbar, daß sich hier durch das Zusammentreffen von Strömungen aus Atlantik und Pazifik bis zu zehn oder 15 Meter hohe Wellenungeheuer aufbauen konnten. Das ist auch der Grund, weshalb die Le-Maire-Straße selbst bei Rund-um-die-Welt-Regatten meistens gemieden wird, wiewohl man sich dadurch einige Stunden Vorsprung vor den Konkurrenten verschaffen könnte. Als wir um die Südosthuk von Feuerland herumflogen, lag eine grüne Schönheit zu unseren Füßen: die Staaten-Insel.

Tiefe Einschnitte vermittelten fast den Eindruck, als würden sie die Insel in mehrere Inselchen teilen. Nur wenige Bäume waren zu erkennen, alles schien mit Büschen bewachsen. Die kleinen Seen auf den Bergen ließen auf häufige Regenfälle schließen. Offensichtlich schien die Sonne nicht kräftig und nicht lange genug, um diese Weiher auszutrocknen. Fast überall waren der Küste Riffe, Klippen und große Felsbrocken vorgelagert, um die sich – an der unterschiedlichen Wasserfarbe war das deutlich erkennbar – die reißende Strömung herumschlängelte. Weit und breit keine Spur einer menschlichen Ansiedlung, bis zum Horizont kein Schiff in Sicht. Aber eines war gut auszumachen: Sichere Ankerplätze würden wir auf der Staaten-Insel finden.

Das gute Wetter auf unserem Flug war zweifellos eine Ausnahme. Wenn wir erst mit dem Segelschiff dort sein würden, war mit Sturmböen und Flauten zu rechnen, die einander abwechselten, und der Himmel würde sich nur selten öffnen. Und nach der Statistik würden wir auch nicht wie heute die Insel in ihrer Gesamtheit sehen können – wegen der typischen Nebelschwaden.

Ich drehte einen großen Bogen über die Insel, um wieder nach Hause zu fliegen. Denn wohl war mir bei diesem Flug nicht. Soweit das Auge reichte, war keine einzige Stelle zu entdecken, wo wir auch nur 100 Meter flaches Land für eine Notlandung gefunden hätten. Eine Notlandung mit Bruch, denn die Mooney braucht eine Landestrecke von mindestens 300 bis 400 Meter Länge. Und auf dem Wasser hätten wir bei den arktischen Temperaturen in unserer leichten Kleidung überhaupt keine Überlebenschance gehabt. Daran hatten wir beim Abflug überhaupt nicht gedacht. Wir waren schon wieder übermütig geworden, denn wir flogen ja vorwiegend über Land und brauchten uns um eine Notwasserung keine Gedanken zu machen.

Erleichtert setzten wir wieder in Ushuaia auf. Ein merkwürdiges Gefühl war das: schnell mal in etwas mehr als zwei Stunden eine Strecke abzufliegen, die wir uns in den nächsten drei Wochen mühsam durch Wind und Seegang mit dem Segelboot erkämpfen wollten.

Museum am Ende der Welt

Keine 500 Meter von unserem Hotel entfernt, an der Straße nach Rio Grande, war auf der linken Seite ein großer, villenähnlicher Bau. Auf einer schönen Marmortafel neben dem Eingang stand in Lettern, wie sie um die Jahrhundertwende üblich waren: *El Museo Del Fin Del Mundo*. Für uns bedeutete dieses Gebäude einiges, denn hätte es das Museum nicht gegeben, wären wir sicher nie nach Ushuaia zurückgekehrt. Dort drinnen hatte ich zum ersten Mal ein Buch von Gunther Plüschow in den Händen gehabt. Das war 1983 an einem regnerischen Sonntagnachmittag gewesen, als wir mit einer Verkehrsmaschine von Mar del Plata aus (wo wir unsere Thalassa II zurückgelassen hatten) nach Ushuaia geflogen waren. Der Weg führte uns zufällig an dem Museum vorbei. Wir waren die einzigen Besucher, und so kamen wir mit dem Leiter des Museums, einem freundlichen Argentinier, ins Gespräch. Als er hörte, daß wir Deutsche waren, begannen seine Augen zu strahlen. In einem kleinen Nebenzimmer bot er uns eine Tasse Tee an und baute vor uns einen Stoß Bücher auf. Autor dieser Bücher war Gunther Plüschow.

An dieses zentrale Erlebnis dachten wir, als wir das Museum betraten. Ich war gespannt, ob ich jetzt, da ich vieles mehr über Gunther Plüschow wußte, noch fündiger werden würde.

Damit er sich an uns erinnern konnte, zeigten wir dem Museumsdirektor unsere Eintragung von 1983 ins Gästebuch. Er war sichtlich gerührt, hatte von unserem Flug auch schon aus der Presse erfahren. Vorbei an den anderen Besuchern führte er uns über eine enge Wendeltreppe nach oben in eine Art Speicherraum.

Unter dem riesigen Atelierfenster stand ein großer Tisch, auf dem ausgestopfte Seelöwen, ein rekonstruierter Schneeschuh und alte Indianerwerkzeuge herumlagen. Der Direktor schob sie beiseite und breitete eine große Mappe aus den Tiefen eines monströsen Holzschranks vor uns aus. Das war ein Schatz an Dokumenten aus dem Leben von Gunther Plüschow. Ein Foto nach dem anderen legte er vor uns hin, immer wieder die gleichen Personen zeigend: den Flieger von Tsingtau, seine Maschine und seinen Mechaniker Dreblow. Bei den Fotos vom Unglücksort, wo Gunther Plüschow und sein Freund Dreblow ums Leben gekommen waren, blätterte der Museumsdirektor etwas schneller: „Das ist wirklich nicht schön!"

Ich glaube nicht, daß es irgendwo sonst auf der Welt, schon gar nicht in Deutschland (wo es eigentlich hingehörte), soviel Material über Gunther Plüschow gibt. In Ushuaias Museum werden nicht nur Dokumente und umfangreiches Fotomaterial von und über Gunther Plüschow aufbewahrt, sondern auch persönliche Gegenstände, überwiegend solche aus der verunglückten Maschine. Der Kompaß, in einem Holzgehäuse, mit Aufschrift „Made in Germany", hatte dem deutschen Flieger sicher über die damals noch kaum vermessenen Gebiete Südargentiniens und Feuerlands hinweg den Weg gezeigt.

Zum Abschied brachte der Direktor uns zum rohgezimmerten Tor seines Museums am Ende der Welt zurück. Als wir ihm erzählten, daß wir in den nächsten Tagen zur Staaten-Insel segeln würden, begannen seine Augen zu glänzen: „Da müßt ihr unbedingt nach El Ruso, dem Russen, forschen. Sein Grab ist noch nicht entdeckt, obwohl wir genaue Anhaltspunkte haben, wo es sein müßte. Moment, wartet mal noch ein wenig..."

Wir gingen zurück in sein Büro und kamen kurze Zeit darauf mit ein paar Blättern Papier zurück, die er uns in die Hand gedrückt hatte. „Seht, dort ist die Geschichte des Russen niedergelegt und auch angegeben, wo sein Grab sein müßte. Ihr seid die ersten, die etwas Licht in die Geschichte bringen könnten, die sich um die Jahrhundertwende abgespielt hat. Es wäre doch schön, wenn Ivan Ivanowski nicht ganz in Vergessenheit geraten würde."

Damit hatten wir nun gar nicht gerechnet, daß wir sozusagen in staatlichem Auftrag zur Staaten-Insel segeln würden, um geschichtliche Studien anzustellen. Man muß Feuerland erlebt haben, um ermessen zu können, welch hohen Stellenwert in dieser dünn besiedelten Gegend, die nie Weltgeschichte gemacht hat, ein einzelnes Menschenschicksal hat. Dort, am Ende der Welt, machen Historiker sich noch Gedanken um einen fahnenflüchtigen Matrosen aus Rußland, den es irgendwann um die Jahrhundertwende auf die Staaten-Insel verschlagen hat. Es gibt wenig Menschen in Feuerland – da ist wohl mehr Platz für Menschlichkeit.

Törnplanung

Es versetzte uns jedesmal in Aufregung, wenn wir eine der vergleichsweise riesigen Boeings 737 über dem Städtchen Ushuaia in wenigen Fuß Höhe auf die Landebahn zuschweben sahen. Denn der Flugplatz war berüchtigt wegen einiger Unglücksfälle in den letzten Jahren. In Ushuaia gäbe es nur „safe crashes“, hatte man uns schon mehrfach beruhigt. Tatsächlich war bei den letzten drei Unglücksfällen – einmal war eine 737 nachts neben einer Yacht ins Meer gestürzt – niemand zu Tode gekommen. Reinhard und Thomas hatten den Flug nach Ushuaia überlebt, und wir quartierten uns alle zusammen auf der Ksar ein.

Die Ksar ist eine zwölf Meter lange Stahlyacht vom Typ Joshua. Dieser Schiffstyp ist durch die aufsehenerregenden Reisen Bernard Moitessiers um die stürmischen Kaps bekannt geworden und berühmt für seine Seetüchtigkeit. Der Riß ist sicher denen des großen Schiffskonstrukteurs Colin Archer nachempfunden worden. Es sind behäbige, bauchige Doppelender-Stahlyachten, die bestimmt nicht das Herz eines Regattafans höher schlagen lassen. Doch für die Gewässer, in denen wir nun segeln wollten, konnte es keine geeignetere Yacht geben. Ihre Ausrüstung war bestens, denn Eigner Jean-Paul ist ein Perfektionist. Natürlich gab es an Bord der Ksar Radar, Wetterkartenschreiber, Satellitenpeiler und – für das Wohlergehen der Crew besonders wichtig – einen funktionierenden Kühlschrank. Jean-Paul mußte ein großartiger Seemann sein, denn Jahre zuvor war ihm als Kapitän immerhin die Calypso des französischen Forschers Jacques Cousteau anvertraut worden.

Die Einrichtung der Ksar mit viel warmem Holz ließ vergessen, daß es sich um ein dickwandiges Stahlschiff handelte. In der Mitte des Salons stand – unverzichtbar in diesen wegen ihrer Unwirtlichkeit und Kälte berüchtigten Gewässern – ein leise vor sich hinbullernder Dieselofen. Von ihm führten zwei Heizrohre ins Vorschiff und speisten mit dem heißen Wasser einen kaum zwei Zentimeter dicken Heizkörper, der jedoch ausreichte, das winzige Dusch-, Wasch-, und Toilettenkabäuschen wohlig warm zu machen. Wir sollten es noch schätzen lernen, daß dieser kleine Heizkörper auch unsere darübergelegte Kleidung rasch trocknete. Für das leibliche Wohl von Skipper und Mannschaft sorgten Marie-Paul, eine stupsnasige Französin, und unsere Freundin Ute Hohn.

So waren wir also zu sieben Personen, die sich für die nächsten drei Wochen wenige Quadratmeter Lebensraum teilen mußten. Wir würden nicht die Möglichkeit haben, gelegentlich für ein paar Stunden auszubrechen, denn wir wollten auf Plätzen unseren Anker werfen, wo noch nie zuvor eine Yacht geankert hatte und wo die letzten Menschen vielleicht vor 50 oder 100 Jahren am Ufer gestanden waren, um nach einem Schiffbrüchigen Ausschau zu halten. Weit und breit keine Hafenkneipe oder ein nettes Restaurant, wo man sich wieder arrangieren konnte, wenn es zu Reibereien gekommen war. Denn die waren nicht auszuschließen. Man glaubt ja gar nicht, wie intolerant man werden kann (oder mit wachsendem Wohlstand geworden ist), wenn man über Tage oder Wochen auf engem Raum mit anderen zusammenleben muß. Das kommt selbst unter den allerbesten Freunden vor.

Ich musterte meine Mitsegler. Reinhard sprach mit leicht schwäbischem Dialekt, war von Beruf Landarzt (wie er nicht ohne Stolz erzählte) und ziemlich segelbesessen. So hatte er vorgeschlagen, bis zur Ankunft von Thomas, der einige Stunden später erwartet wurde, doch gleich mal ein paar Runden zu segeln. Ein Vorschlag, der nicht ernsthaft diskutiert wurde, denn – und da waren wir uns mit Ute und Jean-Paul einig – zum Segeln würden wir noch reichlich Gelegenheit haben. Zwischen Reinhard und mir gab es gleich die erste Verständigungsschwierigkeit, als wir uns gegenseitig abtasteten und ich ihn nach seinen „Scheinen“ fragte. Merkwürdig, das Gespräch dauerte schon eine ganze Weile, als wir herausfanden, daß wir zwar beide von seinen „Scheinen“ sprachen, er jedoch seine Segelscheine aufzählte, während ich ihn neugierig nach der Anzahl seiner Krankenscheine in seiner Arztpraxis gefragt hatte.

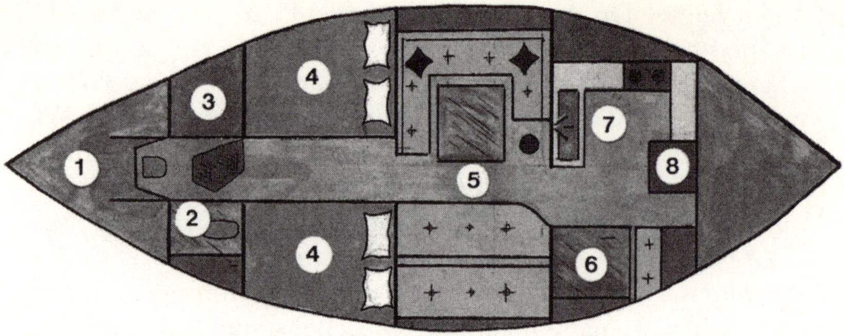

Die zwölf Meter lange Stahlketsch KSAR *vom Typ Joshua:*

1 Werkstatt
2 WC/Dusche
3 Kleiderschrank
4 Gästekabine
5 Salon
6 Kartentisch
7 Pantry
8 Maschine

Um es vorwegzunehmen: Das war zwischen Reinhard und mir das einzige größere Mißverständnis während des ganzen Törns.

Thomas aus Salzburg hatte einen für uns sehr brauchbaren Beruf. Er war als Ingenieur Leiter der Stromversorgung eines größeren Werkes. All das, was sich auf der KSAR im kleinen befand, also Diesel, Lichtmaschine, Batterie, Leitungen und Sicherungen, hatte Thomas zu Hause in größeren Dimensionen zu überwachen. Sicherlich würden wir während des Törns auf die beruflichen Fähigkeiten von Thomas noch zurückgreifen. Mit seiner zweiten Fähigkeit würden wir allerdings nicht viel anfangen können: Thomas hatte mehrere Jahre in Südamerika gelebt und sprach deshalb fließend Spanisch. Das würde allenfalls beim Abhören von Nachrichten von Nutzen sein. Im übrigen hatte Thomas schon überall auf der Welt Törns gesegelt, so daß ich ihn nach seinen Segelscheinen gar nicht erst fragen mußte. Von unseren Segelfertigkeiten her brauchten wir also keine Bedenken um das Gelingen der Expedition haben. In diesem Moment wußte ich noch nicht, wie überflüssig unsere seglerischen Fähigkeiten sein würden.

Und das lag an Jean-Paul. Bereits in dem Moment, als er uns in seine Ksar einwies, wurde mir klar, daß Jean-Paul ein leidenschaftlicher Segler war. Keiner, dem es ausreichte, ein Segelschiff handwerklich zu beherrschen; in seinem Leben war das Schiff die absolute Nummer eins. Jean-Paul würde uns nicht nach unseren menschlichen Qualitäten beurteilen, sondern allein danach, wie wir mit seinem Schiff umgingen.

Charmant lächelnd erklärte uns der Eigner mit ruhiger Stimme, wie er sich den Ablauf des Törns vorstellte. Er selbst kannte die Gegend wie seine Westentasche, einschließlich Kap Hoorn. Von Ushuaia aus war er allerdings noch nie zur Staaten-Insel gesegelt – für mich aber das wichtigste Ziel der Expedition. So kamen wir überein, daß wir zunächst die Staaten-Insel anlaufen wollten, um dann, falls es die Zeit noch zuließ, auch die Gegend um Kap Hoorn abzusegeln. Eine detaillierte Törnplanung konnten wir nicht machen, denn die große, nicht kalkulierbare Unbekannte war das Wetter.

In den letzten Tagen hatten wir Gelegenheit genug gehabt, zu beobachten, wie unzuverlässig und labil das Wettergeschehen hier am Ende der Welt war. Häufig wechselte der Himmel seine Farbe ein dutzendmal am Tag, mal hatten wir herrlichen Sonnenschein, dann wieder war es regnerisch und stürmisch. Das aber war ja einer der Reize, warum wir uns auf den Törn so freuten. Nicht gegen, sondern mit dem Wettergott wollten wir unsere Ziele, Staaten-Insel und Kap Hoorn, erreichen.

Das war ganz in meinem Sinn, denn wenn ich etwas als unseemännisch betrachtete, dann ist es eine Törnplanung ohne Rücksicht auf das Wetter. Wir waren hier in Gewässern, die nur dann erfolgreich besegelt werden konnten, wenn alles zusammenpaßte: an erster Stelle das Wetter, an zweiter Stelle die Seemannschaft und drittens Schiff und Mannschaft. Genau in dieser Reihenfolge.

Als Abfahrtstermin legten wir den nächsten Abend fest. Kurz nach unserer Lagebesprechung lief zu unserer großen Überraschung Peter mit seiner schmucken Swan ein. Wir hatten Peter zum letztenmal auf einer Yacht in der Südsee getroffen. Jetzt lag gerade Kap Hoorn hinter ihm. Seine Yacht und seinen Mannschaft waren arg gebeutelt worden. Als Carla und ich von der Hafenmauer aufs Deck hinuntersprangen, merkten wir davon allerdings nichts. Aber kaum hatten wir uns begrüßt, kramte Peter schon in seiner Backskiste und hielt mir zwei Metallstücke unter die Nase, die ursprünglich einmal, das war für einen Seemann leicht zu erkennen, ein Nirostabolzen waren. Die Bruchstellen glitzerten mir kristallin entgegen. „Weißt du, was das ist?“ fragte Peter, und in seinen Worten schwang immer noch etwas Erregung mit, obwohl dieser Vorfall ja sicher viele Stunden, wenn nicht Tage zurücklag. „In einer Sturmbö hat es uns ganz einfach diesen Bolzen abgeschert. Das darf doch wirklich nicht passieren! Ich hab schon Angst um den ganzen Mast gehabt. Siehst du mein Radar?“ Peter deutete aufs Achterschiff.

Ich sah kein Radar. „Da kannst du auch nichts sehen! Denn die Schüssel ist weg, über Bord, verloren. Dabei können wir noch von Glück sagen, daß wir nicht den ganzen Mast verloren haben. Das werde ich denen von der Werft aber mal erzählen!“

Peter war stocksauer, obwohl er doch eines seiner größten Erlebnisse hinter sich hatte: Er war mit seinem Schiff um Kap Hoorn gesegelt.

Nachdem er sich beruhigt hatte, erzählte er etwas gelassener von seinem Törn. Zum einen war die Sache mit dem Bolzen passiert. Und außer dem Radar war noch die Genua über Bord gegangen. Nur weil Peter so geistesgegenwärtig war, ohne Rücksicht auf die Kosten alles über Bord gehen zu lassen, was sein Rigg noch gefährden konnte, rettete er es. Damit war natürlich sein großes Ziel Kap Hoorn in Frage gestellt.

Doch Peter ist ein kühler Denker. Als der Sturm abgewettert und das gebrochene Vorstag durch Fallen und Schoten gesichert war, machte er seiner Mannschaft folgende Rechnung auf: „In dieser Gegend wechseln sich kurzzeitig Schön- und Schlechtwetterperioden ab. Nachdem wir gerade einen Sturm gehabt haben, müßte es eigentlich für die nächsten zehn Stunden ruhig sein. Jetzt ist also der Zeitpunkt gekommen, wo wir risikolos trotz gebrochenen Vorstags den Versuch machen könnten, ums Kap Hoorn herumzusegeln.“

Eine verblüffende Taktik! Auch bei näherer Betrachtung enthalten diese Überlegungen keinen Denkfehler. Trotzdem: Was wäre gewesen, wenn dem Sturm ein winziges Teiltief gefolgt und es wenige Stunden danach wieder zu Sturmböen gekommen wäre? Hätte das Vorstag-Provisorium dies ausgehalten? Wenn dann doch noch der Mast von oben gekommen wäre, hätte man dann nicht diese sogenannte „Taktik“ als bodenlosen Leichtsinn verurteilt?

Ich weiß darauf auch keine sichere Antwort, denn in der Hochseesegelei bewegen wir uns mit unseren Schiffen häufig in Grenzbereichen, wo es keine allgemein gültigen Regel gibt. Schon gar nicht am Schreibtisch!

In Peters schöner Swan sah es nach diesem Sturm ziemlich ungemütlich aus. Aber es war nicht das am Boden liegende Ölzeug, das mich störte. Es war ganz einfach die niedrige Temperatur. Mich fröstelte ein wenig. In der Yacht gab es keinen Ofen, und so war es gleichgültig, ob die Niedergangsluke geöffnet oder geschlossen war. Das sorgfältig lackierte Holz wirkte nicht mehr warm und gemütlich, so wie wir es von Bootsausstellungen her gewohnt waren, wenn wir in Hamburg, Düsseldorf oder in Friedrichshafen in der Kajüte einer dieser schmucken Yachten gesessen hatten. Jetzt war der Lack sichtbar von einem Salzwasser-Feuchtigkeitsfilm überzogen. Man hatte ständig das Gefühl, im Freien zu sitzen. Trotzdem: ein wunderschönes Schiff – für die Tropen!

Beagle-Kanal

Der Tag der Abfahrt war da! Ein ganzes Jahr lang hatten wir ihn herbeigesehnt, hatten viele Mühen und ein großes Risiko auf uns genommen, damit wir endlich zur Staaten-Insel auslaufen konnten. Carla und ich waren schon häufig zu großen Törns ausgesegelt, aber dies war etwas ganz anderes. Waren wir bisher unfreundlichen Gegenden, hartem Wetter und gefährlichen Küsten ausgewichen, würden wir dieses Mal Segel setzen, um in eines der stürmischsten Gewässer der Welt hineinzusegeln. Den Start hatten wir auf fünf Uhr abends festgelegt; vor dem großen Schlag über die Le-Maire-Straße wollten wir noch ein, zwei Buchten anlaufen, sozusagen zur Gewöhnung. Unser erstes Ziel, die Bucht Puerto Almanza, lag nur ein paar Motorstunden entfernt, und daß wir motoren mußten, war ziemlich sicher. Denn im Beagle-Kanal weht selten eine mittlere Brise, die es erlaubt zu segeln. Entweder herrscht dort wenig oder so stürmischer Wind, daß es am besten ist, sich zunächst einmal zu verstecken.

Den Nachmittag verbrachten wir auf einem Rodeo, wie die Argentinier die Wettkämpfe mit Pferden nennen – genauso wie im Wilden Westen. Ein malerisches Fest. Dunkelhäutige, sonnengegerbte Gauchos waren in ihren bunten Trachten ins Tal hinuntergekommen. Die Farben Schwarz, Rot und Braun überwogen bei weitem. Sicher hundert Pferde hatten sie dabei; die meisten zerrten sie an langen, rohen, am Sattel befestigten Leinen hinter sich her. An Holzpflöcken, die in eine große Wiese gerammt waren, banden sie die jungen, wilden Pferde fest, die ungeduldig und heftig an ihren Leinen zerrten. Wir mußten erleben, wie die Pferde in dem Wettkampf gebrochen wurden, einem Wettkampf, in dem die Zeit zählte, die sich ein Reiter im Sattel halten konnte. Ich bin kein

Pferdefachmann, doch es wunderte mich, daß es den wenigsten wilden Pferden gelang, ihren Reiter abzuwerfen. Nach ein paar steilen Bocksprüngen gaben sie es meistens auf, sich gegen den Willen des Menschen aufzulehnen.

Für das leibliche Wohl der paar Dutzend Zuschauer lagen Unmengen von gebratenem Fleisch auf dem Grill. So eine Fülle von Fleisch und Wurst hatte ich noch nie gesehen. Vom Geschmack gar nicht zu reden. Ich kann nur jedem empfehlen, einmal nach Argentinien zu reisen, um zu erleben, wie Fleisch wirklich schmeckt. Kein Vergleich zu dem, was bei uns zulande als argentinisches Steak angeboten wird!

Dann hieß es: „Leinen los!“ Langsam schnitt das Kettenstag der Ksar durch das tiefblaue, spiegelglatte Wasser, in dem sich die Berge spiegelten. Für den Beginn einer Reise ist es immer besser, Flaute zu haben, als gleich zu viel Wind auf die Mütze zu bekommen. Denn die Seekrankheit, gegen die auch ich nicht immun bin, kann einem schon die ersten zwei, drei Tage vermiesen. Wenn man sich dagegen langsam an die Schiffsbewegungen gewöhnt, ist man vielleicht schon resistent, wenn es hart zugeht.

Die Sonne im Rücken, wirkte der Beagle-Kanal besonders plastisch. Wir hielten uns mehr an seine linke Seite, weil wir zunächst in argentinischen Gewässern bleiben wollten.

Die Luft war frisch, aber wenig schneidend, denn jetzt im Februar war Sommer in Feuerland. Das Klappverdeck schützte uns vor dem Fahrtwind. Wie stets zu Beginn eines Törns drängte sich die Mannschaft in dem winzigen Cockpit. Man spürte schon, daß die Ksar kein Segelschiff für Sonnenbäder war, sondern eine reinrassige Fahrtenyacht, gedacht, ihre Mannschaft so sicher wie nur möglich zum Ziel zu bringen. Ein gute Schiff!

Jean-Paul hatte die Festmacheleinen zunächst selbst aufgeschossen, während er aus den Augenwinkeln die Crew beobachtete. Mir war nicht entgangen, daß es sich bei Reinhard und besonders bei Thomas um erfahrene Segler handelte, was Jean-Paul allerdings nicht davon abhielt, Thomas genau zu erklären, wie er sich das Aufschießen von Leinen vorstellte. Thomas hörte sich das geduldig an und legte dann die Leinen so in Buchten aufeinander, wie Jean-Paul ihn angewiesen hatte. Thomas’ Gesicht ließ weder einen kritischen noch einen spöttelnden Ausdruck erkennen. Das ließ mich hoffen, daß wir zumindest mit Thomas während des Törns keine Schwierigkeiten bekommen würden. Denn wenn sich ein auf vielen Weltmeeren erfahrener Mitsegler so primitive Handgriffe wie das Leinenaufschießen erklären läßt, ohne aufzumukken, so ist das ein gutes Zeichen. Nichts ist an Bord schlimmer als ein Besserwisser, doch mir war klar, daß wir Jean-Paul gewähren lassen mußten, denn schließlich kannte er sein Schiff.

Wir fuhren in die Dämmerung hinein. Langsam versank Ushuaia achteraus, und von vorn zog ein süßlicher Geruch auf. Er wurde intensiver, aufdringlicher und vertiefte sich zu einem beißenden Gestank. Gerade als wir Jean-Paul nach der Ursache fragen wollten, hörten wir von fern ein Zwitschern und Kreischen, das rasch anschwoll. Vor uns lag eine kleine Insel oder, besser gesagt, eine Felsklippe mitten im Fahrwasser. Durch das Fernglas sah ich Hunderte, nein, Zigtausende von Vögeln: Kormorane.

Jean-Paul schlich mit leerlaufender Maschine bis auf ungefähr zehn Meter an die Kormorankolonie heran. Die Vögel ließen sich von uns nicht stören; offensichtlich hatten wir ihren Distanzkreis, in dem sie keine Feinde duldeten, noch nicht erreicht. Warum nur drängten und schoben sich auf einem so kleinen Felsen so viele Tausende dieser schönen Vögel zusammen, während auf anderen Klippen in Sichtweite, die ebenso kalt und abstoßend wirkten, kein einziges Lebewesen zu entdecken war?

Die KSAR tuckerte weiter. An Segeln war immer noch nicht zu denken. Langsam wurde der Gestank von einer anderen Duftnote abgelöst, die sich ebenfalls verstärkte. Doch statt Zwitschern und Raunen vernahmen wir jetzt gelegentlich ein Brüllen und Knurren. Jean-Paul brauchte uns gar nicht erst zu erklären, auf welche Kolonie wir jetzt zuliefen, denn mit bloßem Auge konnten wir bereits Dutzende von Seehunden ausmachen, deren Fell in der untergehenden Sonne goldbraun glänzte. Die gleiche Zutraulichkeit wie bei den Kormoranen: Keines Blickes würdigten die Tiere uns, sie ließen sich nicht stören. Erst als wir uns der steil abfallenden Klippe auf fünf oder sechs Meter genähert hatten, grunzten die ersten Tiere und hoppelten zum Felsrand, wo sie über die Kante glitten und blitzschnell abtauchten.

Ein eindrucksvoller Beginn unserer Expedition! Aus der Ferne betrachtet, wirkte die Landschaft von Feuerland erhaben, aber auch kalt und unnahbar. Daß dieses Land derart von Leben durchsetzt war, hatten wir nicht erwartet.

Die KSAR motorte in die Nacht hinein, und Jean-Paul hatte das Radargerät im Besan eingeschaltet. Wenn ich mich auf die Maschine beim Niedergang setzte, konnte ich das Bild gut beobachten. Die felsigen Ufer des Beagle-Kanals zeichneten sich auf dem Radarschirm mit ungewöhnlicher Schärfe ab – gestochen wie in der Seekarte auf dem Kartentisch neben dem Gerät. Jedesmal, wenn ich auf dem Radarschirm ein so eindrucksvolles klares Bild vor mir habe, frage ich mich, warum wohl so viele Segelkameraden auf ihren Yachten, die oftmals viele hunderttausend Mark gekostet haben, auf ein so wertvolles Hilfsmittel verzichten. Trotz des ungewöhnlich guten Wetters wäre dies eine Situation gewesen, wo ich ohne Radar wohl auf eine Weiterfahrt in die Dunkelheit hinein verzichtet hätte. Mit den herkömmlichen Navigationsmethoden wäre eine ungefähre Ortsbestimmung zwar weiterhin möglich gewesen, doch wegen der wechselnden Strömung im Beagle-Kanal hätte man sich nicht unbedingt darauf verlassen können. Mit Radar dagegen war die Weiterfahrt nicht nur seemännisch vertretbar, ich fühlte mich auch genauso sicher wie am hellichten Tag. Der Radarschirm zeigte mir ja ganz deutlich, wo die KSAR sich befand, so, als ob ich ein Kreuz in die Seekarte eingezeichnet hätte.

Es war längst stockfinstere Nacht, als wir uns mit Hilfe des elektronischen Auges in die Bucht von Almanza hineintasteten. Jean-Paul hatte das Echolot, dem er offensichtlich genauso vertraute wie seinem Radargerät, auf eine Alarmtiefe von zehn Metern eingestellt, und schon bald begann der Alarmgeber gleichmäßig zu piepsen. Die Art und Weise, wie Jean-Paul auf einen bestimmten Punkt in der sich deutlich auf dem Radarschirm abbildenden Bucht zusteuerte, verriet, wie vertraut er mit diesem Gewässer war. Ich setzte mich in die Kajüte, denn in dem winzigen Cockpit hätte ich nur im Weg gestanden, und meine Augen hätten das Dunkel auch nicht durchdringen können. Da hörte ich, wie der Rückwärtsgang eingelegt und mit ein paar Stößen mit dem Gashebel die KSAR offensichtlich zum Stehen gebracht wurde. Trampeln an Deck – ich brauchte gar nicht erst hinaussehen, um zu wissen, was das bedeutete. Der Anker wurde klargemacht, und schon hörte ich das schnelle Klickern des Ankerspills. Offensichtlich hatte Jean-Paul den Anker vom Cockpit aus ausgelöst.

Es war schon immer mein Wunschtraum gewesen, ein Ankergeschirr zu besitzen, das vom Rad oder von der Pinne aus gesteuert werden konnte. Ich hatte mich schon gewundert, daß die Ksar eine hydraulische Ankerwinde fuhr – auf einem Schiff von kaum zwölf Meter Länge eher ungewöhnlich.

Mancher Segler wird jetzt einwenden, daß eine solche Winde ja den großen Nachteil hätte, nur mit der laufenden Maschine zu funktionieren. Das mag schon richtig sein, doch wer einmal erlebt hat, wie eine elektrische Ankerwinde ohne Lichtmaschinenunterstützung durch die laufende Maschine derart gierig an der Batterie saugt, daß aus dem Klicken der Kette nurmehr ein klägliches „Klack, Klack, Klack" wird, der muß einsehen, daß sie allenfalls zum Aufholen des Badeankers taugt. Wie wir noch erleben sollten, würde die Ksar sich auf diesem Törn nur mit Hilfe der hydraulischen Ankerwinde aus Böen von zwölf Windstärken retten können.

Noch etwas fiel mir auf: Die Kette rauschte nicht aus, sie wurde vielmehr – klick, klick, klick, klick – kontrolliert nachgelassen. Jean-Paul, den ich später auf sein Schmuckstück auf dem Vorschiff hin ansprach, stellte genau das als weiteren Vorteil der Hydraulik heraus. Durch das Umlegen eines Ventils war es möglich, die Kettennuß beim Auslaufen der Kette kontrolliert zu steuern. Das heißt, je nach Maschinendrehzahl ließ sich die Kette langsam oder schnell in das Wasser abspulen. „I put the anchor where I want!"

Bei den gewöhnlichen Ankerwinden wird die Bremse zur Kettennuß aufgedreht, und ab geht's in die Tiefe. Es besteht kaum Kontrolle, ob die Kette möglicherweise auf den Anker fällt und sich mit ihm vertörnt, ihn also funktionsunfähig macht – was der Skipper meistens erst dann merkt, wenn Wind aufkommt und die Yacht vor dem Anker treibt. Mit der Winde auf der Ksar konnte man den Anker nicht nur vom Cockpit aus auf den Grund legen, sondern bei langsamer Rückwärtsfahrt auch mit viel Gefühl Kette nachlassen. Auf meiner nächsten Yacht – und davon träumt jeder Segler – würde mit Sicherheit ebenfalls eine hydraulische Ankerwinde installiert sein. Auch mit Rücksicht auf die bedauernswerte Crew, die sich bei den gewöhnlichen Ankerwinden häufig als Knechte auf dem Vorschiff empfinden muß.

Nachdem das Deck aufgeklart war, stellte Jean-Paul am Echolot den Tiefenalarm ein. Die Bucht machte zwar einen friedlichen Eindruck, doch die Barographenkurve zeigte steil nach unten. Unser Ankerplatz konnte sich innerhalb weniger Stunden in eine Hölle verwandeln, und die große Öffnung nach Süden würde bei Wind aus dieser Richtung der See ziemlich ungehindert Eingang verschaffen. Was aber zunächst als Nachteil erschien, wirkte sich möglicherweise im Notfall als rettend aus. Denn lieber ist mir eine halb offene Bucht, die mir ungehindert den Weg nach draußen verschafft, als die sogenannten „Abrahams-Schloß-Ankerplätze", die bei ungünstigen Wind- und Seegangsverhältnissen leicht zur Mausefalle werden können. Das Echolot, auf eine bestimmte Tiefe eingestellt, konnte frühzeitig genug warnen, falls der Anker, ein schwerer CQR, nicht halten sollte. Denn schon bei einer geringen Veränderung der Tiefe würde der Alarm ausgelöst werden. Als nächstes schaltete Jean-Paul das UKW-Gerät ein und rief die Präfektur in Ushuaia. Wie Ute uns erklärte, war es Pflicht, sich mindestens einmal am Tag über Funk zu melden. Denn die Argentinier hatten nicht nur ein politisches Interesse daran, den Standort einer Yacht zu wissen; die Vorschrift bestand vor allem auch aus Gründen der Sicherheit. Eine Suchaktion würde sonst nämlich ziemlich hoffnungslos sein. Einige Segler empfanden diese Vorschrift als schiere Behördenschikane, statt froh zu sein, in diesen entlegenen, menschenleeren Gebieten nicht alleingelassen zu sein. Freilich, ein derartiges Kontrollsystem ist äußerst lästig für solche Fahrtensegler, die lieber ohne ordnungsgemäße Einklarierung in das fremde Land einsegeln.

Die Verbindung zur Präfektur kam auch bald zustande, doch ich konnte kaum ein Wort von dem spanisch geführten Gespräch verstehen. Herauszuhören aber war, daß zwischen den argentinischen Behörden und der Ksar eine fast freundschaftliche Beziehung bestand. Das gab uns allen ein gutes Gefühl für den weiteren Verlauf unserer Reise zur Staaten-Insel.

Marie-Paul und Ute hatten schon während des Ankermanövers

mit der Zubereitung des Abendessens begonnen. Es schien mir, als ob sie all ihren Ehrgeiz aufbrachten, bei gutem Wetter noch zu demonstrieren, was die Küche auf der Ksar alles so hergab. In einem Restaurant an Land hätte es nicht besser sein können. Einem appetitlichen bunten Salat als Vorspeise folgte ein richtiges Filet Stroganoff. Mehrere Flaschen Concha y Toro sorgten für gute Stimmung. Es wurde ein langer Abend. Der Bann des Kennenlernens war gebrochen, und auch die Sprachbarrieren wurden überwunden. Wie wohl auf den meisten Yachten mit Seglern verschiedener Nationalität an Bord wurde von jetzt an nur noch Englisch gesprochen.

Ich wußte, daß dieser Abend für Jean-Paul eine große Bedeutung hatte. Denn noch war seine Autorität als Eigner dieses Schiffes ungebrochen, noch fühlten sich seine Gäste nicht so recht heimisch auf der Yacht und ließen sich etwas sagen. Später, wenn erst jeder glaubt, Schiff und Revier zu kennen, ist es zu spät, um jemandem Vorschriften zu machen. Es muß von vornherein klargestellt sein, wer das Sagen an Bord hat. Davon, daß die Autorität während des gesamten Törns unangetastet bleibt, hängt schließlich das Gelingen der Reise ab.

Jean-Paul machte das sehr subtil, gewissermaßen auf die feine französische Art. Er berichtete von einem früheren Mitsegler, einem Deutschen, der ihn den ganzen ersten Tag an Bord mit Fragen genervt habe, warum er die Fallen so und nicht anders aufschießen würde, warum die Genua innerhalb der Wanten gefahren werde, warum die voraus liegende Klippe an Steuerbord bliebe und so weiter und so weiter. Als sein deutscher Gast zum x-ten Male wissen wollte, warum Jean-Paul die Fock bei der Wende so lange stehen ließe, obwohl dies im Lehrbuch ganz anders beschrieben sei, da reichte es dem Skipper. Ein bißchen barsch ließ er seinen Mitsegler wissen: „Ich mache das so, weil ich der Kapitän bin, und was der Kapitän macht, ist richtig!"

Damit hatte Jean-Paul auch uns klargemacht, daß wir ruhig alles vergessen konnten, was wir irgendwo in Büchern oder gar in Segelkursen gelernt hatten. An Bord der Ksar war alles nur dann richtig, wenn es auch Jean-Paul so machte.

Die Mitsegler blickten sich etwas verdutzt an, doch ich grinste in mich hinein, denn ich wußte, daß Jean-Paul – zumindest in dieser Frage – völlig recht hatte. Er, der auf seinem Schiff seit vielen Jahren gelebt hatte, der mit ihm am Rande des Untergangs war (wovon noch die Rede sein wird), der die KSAR in finsterer Nacht beherrschen mußte und jeden Handgriff allein mit seinem Tastsinn ausführen konnte, er kannte sein Schiff wie kein anderer. Es war so gut wie ausgeschlossen, daß irgendeiner seiner Gäste, die zum Teil viel weniger Segelerfahrung hatten als er, auch nur die geringste Kleinigkeit auf der KSAR besser beherrschte als er selbst.

Als wir uns in die Kojen verkrochen hatten und eine ganz leichte Welle an den Bug gluckerte, dachte ich mir beim Einschlafen noch, daß ich auf der KSAR wohl auf dem richtigen Dampfer sei ...

Am anderen Morgen war es schon zehn Uhr, als endlich Leben in die Bude kam. Als ich im Salon den brechend voll geladenen Frühstückstisch erblickte, mußte ich daran denken, was mir ein französischer Segelkamerad auf Tahiti gesagt hatte: „Man kann über die französischen Yachtleute denken, wie man will, aber eines ist sicher: Wenn du auf eine französische Yacht kommst, gegessen wird immer lange und gut!"

So war es denn auch auf der KSAR. Fast zwei Stunden zog sich das Frühstück hin, und erst gegen zwölf Uhr begann die hydraulische Ankerwinde zuverlässig ihr Werk. Das erwartete Sturmtief war ausgeblieben, und auch der Wetterkartenschreiber wies keine zu engen Isobaren-Abstände aus. Genau das richtige Wetter also, um sich zur nächsten Bucht zu schwindeln, bevor wir in der Le-Maire-Straße den Stürmen ungeschützt ausgesetzt sein würden.

Nach ein paar Stunden Motorfahrt, wobei wir zum ersten Mal das Großsegel zum Stützen einsetzten, liefen wir in die Bucht Puerto Harberton, wo wir zu unserer großen Überraschung Häuser am Ufer ausmachten. Selbst eine wackelige, roh gezimmerte Pier war da, an der wir vorsichtig mit unserem Beiboot anlegen konnten. Wir waren auf der Estanzia Harberton. Diese Farm sollte so ziemlich die letzte menschliche Ansiedlung auf unserer Expedition zur Staaten-Insel sein. Bei einem kurzen Besuch auf der Farm konnten wir uns einen Eindruck davon machen, unter welch harten Bedingungen hier Menschen seit hundert Jahren versuchten, der Natur eine Existenz abzuringen. Solche Versuche hatte es schon viele gegeben, doch alle waren gescheitert. Es ist nicht so sehr die Kälte als vielmehr die soziale Isolation, die das Leben hier so beschwerlich macht. Bevor die Estanzia Harberton an das Straßennetz angeschlossen war, brauchte man nach Ushuaia fünf Tage. Einfacher Weg, mit dem Pferd.

Ich fühlte mich an die Versuche der deutschen Siedler auf den Galapagosinseln erinnert, weitab vom Schuß, ohne Hilfe von außen, dem wilden Land ebenfalls eine Existenz abzuringen. Doch das Klima von Galapagos ließ sich nicht mit dem von Feuerland vergleichen. Empfindet man es auf Galapagos als Wohltat, wenn es sich einmal so abkühlt, daß man einen Pullover tragen kann, so steigt die Wassertemperatur in Feuerland auch im Hochsommer nicht über zehn Grad. Hinzu kommen Regenfälle und so starke Winde, daß bisweilen das Haus nicht verlassen werden kann. Trotzdem machten die Menschen auf der Estanzia Harberton einen zufriedenen Eindruck, wie alle Menschen auf der Welt, die auf eine große eigene Leistung zurückblicken können. Sie waren es gewohnt, daß sie gelegentlich von Neugierigen besucht wurden, und so hatten sie auch schon selbstgebackenen Kuchen und Kaffee vorbereitet. Ihre Haupteinnahmequelle ist die Schafzucht. Wir wurden Zeuge, wie die Schafe mit maschinenbetriebenen Scheren geschoren wurden. Die Kraft, übertragen von lärmenden Riemen und rostigen Wellen, erzeugte ein rund 50 Jahre alter, öltriefender Dieselmotor.

Nachmittags gelang es mir mit dem Amateurradio, von Bord der Ksar aus eine Verbindung zur Segelyacht Krios herzustellen, die kurze Zeit zuvor aus Ushuaia ausgelaufen war, um direkt ins Mittelmeer zu segeln. Ich freute mich, mit Jürgen Schultze-Röhl wieder einmal klönen und mich persönlich dafür bedanken zu können, daß er auf dem Flugplatz von Fernando de Noronha für mich nach Benzin gefragt hatte. Kaum zu glauben, wie lange das schon zurücklag und wie aussichtslos es uns damals noch erschienen war, überhaupt „auf eigenen Schwingen" nach Feuerland zu kommen.

Wie schon an anderer Stelle gesagt, kannte ich Jürgen und Karin von der Krios nicht nur vom Radio. Carla und ich hatten sie zwei Jahre zuvor in Gibraltar getroffen. 1982 hatte ich zum ersten Mal mit Jürgen Funkkontakt, als Carla und ich mit der Thalassa II auf unserem beschwerlichen Weg von Tahiti nach Europa waren. Jürgen lag mit der KRIOS auf einem Ankerplatz in Barbados, als wir unsere Erfahrungen austauschten und uns über die Wind- und Wetterverhältnisse hier und dort unterhielten. Jetzt war ich derjenige, der sich in relativer Geborgenheit befand, während Jürgen sich mühsam seinen Weg nach Luv erkämpfte.

Als die KRIOS noch RIK hieß, hatten wir mit ihren damaligen Eignern Claess und Welmoed schöne Tage auf vielen Ankerplätzen rund um die Welt verbracht. Unsere erste Begegnung fand 1972 auf Fidschi statt. Bei der interessantesten Schachpartie, die ich jemals gespielt habe – es war an einem Nachmittag im Mai 1974 –, stand unsere THALASSA ein paar hundert Meilen vor den Azoren, während die RIK kurz zuvor von einem Riff an der Westküste Afrikas freigekommen war, auf das sie aufgelaufen war. Wer diese Fernschachpartie über Amateurfunk gewonnen hat, Claess oder ich, weiß ich nicht mehr, aber stundenlang hatte sie mich von der Langeweile auf unserem 56-Tage-Törn ohne Landsicht abgelenkt. Davon erzählte ich Jürgen auf der KRIOS ex RIK, um ihn ein wenig aufzuheitern, denn seine Stimme klang ziemlich deprimiert, weil die KRIOS in den letzten Tagen wenig Fortschritte gemacht hatte. (Jürgen konnte damals noch nicht ahnen, was ihm tatsächlich bevorstand: Er benötigte bis ins Mittelmeer mehr als vier Monate, genau 123 Tage. Auf dieser unglaublich langen Reise ging ihr geliebter Cockerspaniel über Bord. Sie suchten einen halben Tag nach ihm – vergeblich.)

Viele andere Bekannte traf ich am Funk wieder, von denen ich jahrelang nichts gehört hatte, darunter Peter auf der Ilha Grande in Brasilien, der, über Amateurfunk mit der Yachtwelt verbunden, das Neueste wußte. Unter anderem, daß Randy von der SUNDOWNER, einem Schwesterschiff der KSAR, nach dem tragischen Tod ihres Mannes Matt, einem Freund von Jean-Paul, in Australien wieder geheiratet hatte.

Manchmal habe ich den Eindruck, daß der Tratsch auf den Amateurfunkwellen der gleiche ist wie in einem Dorf, wo die neusten Nachrichten von Haus zu Haus weitergereicht werden. Doch die Dimensionen sind natürlich ganz andere. Als ich Peter einmal ein paar Jahre zuvor am Radio hatte, kam ich – Peter ist Österreicher – auf meinen Freund Wolfgang Hausner aus Wien zu sprechen. Peter: „Ach, wenn du mit dem sprechen willst, brauch' ich das Mikrophon nur weiterzugeben. Die Taboo von Wolfgang ankert vor meiner Haustür." Daß Peter den Wolfgang kannte, in Ordnung; Hausner ist in Österreich ein berühmter Mann. Aber wie kommt es wohl, daß Peter, als die Rede jetzt auf unseren Thomas aus Salzburg kam, in Anspielung auf Thomas' frühere Beschäftigung in Brasilien in der Atomforschung zur Ksar funkte: „Ach, der Atom-Thomas!"

Das Amateurfunkgerät auf der Ksar, ein zwei Kilogramm schwerer Yaesu-Transceiver, diente aber auch anderen, wichtigeren Zwecken. Über Kurzwelle wurde der Kontakt zur Präfektur in Ushuaia weiter aufrechterhalten, nachdem die Ksar aus der Reichweite der UKW-Sender herausgesegelt war.

Trotz der vielen Zacken in der Barographenkurve hielt das schöne Wetter nun schon den dritten Tag an - recht ungewöhnlich selbst für diese Sommerzeit. Nachdem wir die Staaten-Insel nur bei Tageslicht anlaufen konnten, mußten wir nachts oder zumindest mit der ersten Dämmerung zu unserem Törn über die Le-Maire-Straße aufbrechen. Wir brauchten also eine Art Absprungbasis, die sich möglichst nahe an der Meerenge befand. Jetzt war es schon zu spät, um weiterzusegeln, denn keinesfalls durften wir irgendwo in der Le-Maire-Straße oder unmittelbar vor der Staaten-Insel beidrehen, um etwa auf besseres Wetter zu warten. Das wäre ungefähr so gewesen, als hätte ein Autofahrer mitten auf der Autobahn eine Rast eingelegt. Wir krochen in ein geschütztes Loch.

Allmählich stellte sich heraus, wie Jean-Paul es fertiggebracht hatte, jahrelang in diesen rauhen Gewässern mit ihren berüchtigten Sturmverhältnissen zu segeln, ohne jemals eine Havarie gehabt zu haben. Sein Rezept lautete schlicht und einfach: „Wait and go!"

Sturmstrategie

Am 9. Februar war es endlich soweit. Wir wollten die große Herausforderung des südlichen Atlantiks annehmen und die Le-Maire-Straße überqueren. Doch als wir den Bug aus unserer Ankerbucht herausstreckten, bekamen wir sechs bis sieben Windstärken auf die Mütze. Allerdings aus der richtigen Richtung, so daß wir zuversichtlich Richtung Osten zum Cabo Buen Suceso blickten, hinter dem sich die Le-Maire-Straße öffnete.

Eine ungewöhnlich starke Strömung, die selbst den Revierkenner Jean-Paul überraschte, ließ uns jedoch langsam zurücksacken, so daß wir Schwierigkeiten hatten, unsere Position zu halten. Die Wetterkarte vom frühen Morgen verhieß nichts Gutes. Sie zeigte fünf Tiefdruckgebiete, die vom Süden Feuerlands in rascher Folge offensichtlich nach Osten zogen und mit Sicherheit unsere Weiterfahrt beeinflussen würden. Der Strom stauchte eine kabbelige See in unser Fahrwasser, und als wir uns schon an die sechs bis sieben Windstärken als durchaus erträglich gewöhnt hatten, fegten die ersten Sturmböen von den Bergen.

Der Zeiger des Windgeschwindigkeitsmessers zeigte Stärke zehn an. Jetzt machte der Wettergott ernst, und mit der Stimmung der Mannschaft ging es bergab. Uns wurde plötzlich bewußt, daß wir nicht auf einer Vergnügungsfahrt waren. Deshalb bedauerte es auch niemand, daß wir, statt in die Le-Maire-Straße einzufahren, in eine halb offene Bucht im Schutz des Cabo Buen Suceso flüchteten. Wenn wir nicht den Motor zur Unterstützung benutzt hätten, wären wir nicht einmal hineingekommen. Es wäre ein Wahnsinn gewesen, bei diesem Wetter in die Le-Maire-Straße einzusteuern. Schlechte Seemannschaft kann man sich vielleicht noch im östlichen Mittelmeer leisten, nicht aber in einem Seerevier, das nur wenige hundert Meilen von Kap Hoorn entfernt liegt.

Jeder von uns lernte in der Nacht das gute Ankergeschirr schätzen. Nicht eine Sekunde fühlten wir uns unsicher, als die Ksar immer und immer wieder in ihre schwere, zwölf Millimeter starke Ankerkette hineintrieb und der Bug auf die andere Seite gerissen wurde. Gegen Morgen ließ das Pfeifen der Wanten zwar etwas nach, doch zeigte der Himmel nach wie vor ein böses Gesicht. Zwischen den niedrig dahinfliegenden Wolkenfetzen sah man ein fahles Gelb, das vorerst keine Wetterbesserung versprach. Die Nadel des Windmessers pendelte zwischen 30 und 40 Knoten – also immer noch rund acht Windstärken.

Wieder ein Tag vor Anker. Wie froh waren wir jetzt, daß wir für die Reise nach Feuerland genügend Zeit eingeplant hatten. Thomas fragte Jean-Paul, wie lange der starke Wind nach seiner Erfahrung noch anhalten würde. Ich wußte schon, was Jean-Paul antworten würde: „Eine Woche, zwei Wochen, drei Wochen oder einen Tag."

Der Skipper hatte keine besondere Gabe, seine Mitsegler froh zu stimmen. Aber was hätte es genutzt, wenn er uns versprochen hätte, daß wir am nächsten Tag auslaufen würden. Ich wußte aus eigener Erfahrung nur zu gut, wie Mitsegler in solchen Situationen von Tag zu Tag enttäuschter und deprimierter werden. Das Mißlingen eines Törns ist damit schon vorprogrammiert. Um wieviel besser ist es, seinen Leuten an Bord klarzumachen, daß man sich mit der Unberechenbarkeit des Wetters und damit des Törnverlaufs abfinden muß. Das gehört nun mal zum Segeln, und wer das nicht begreift, sollte lieber Motorboot fahren.

Jetzt war der Zeitpunkt gekommen, wo jeder sich insgeheim wünschte, daß ein paar hundert Meter weiter am Ufer eine lustige Hafenkneipe wäre. Doch an dem unfreundlichen Ufer unserer Bucht gab es nur schwarze Felsbrocken und steile Hänge, an deren scharfkantigen Ecken ein paar Bäume mit ihren halb ausgewaschenen Wurzeln verzweifelt Halt suchten. Wir machten es uns an Bord bequem und vertrieben uns – wie auf allen Yachten der Welt bei schlechtem Wetter vor Anker – die Zeit mit Lesen, Kochen und Kartenspielen. Und natürlich mit Fachsimpelei.

Da war zum Beispiel die Frage nach der richtigen Sturmtaktik. Jean-Paul wies auf ein Foto in dem gemütlichen Salon der Ksar. Es zeigte einen gelblichen Schiffsrumpf mit einem Drahtgestell am Bug, das nur noch mit Mühe als Bugkorb zu identifizieren war. Ein Wrack. Auf den ersten Blick war nicht einmal zu erkennen, ob es sich um eine Segelyacht oder um ein Motorboot handelte. „Kennt ihr dieses Schiff?“

Alle schüttelten den Kopf. Jean-Paul hatte mit dieser Antwort gerechnet: „Natürlich kennt ihr es, das ist die KSAR!“

Jetzt wurde auch Reinhard hellhörig, der in seiner Backbordkoje gelangweilt in einem der wenigen englischen Schmöker der Bordbibliothek herumgeblättert hatte. Er besah sich das Foto, schüttelte ungläubig den Kopf und bat Jean-Paul, mehr darüber zu erzählen.

„Wer sein halbes Leben auf Schiffen zugebracht hat, den erwischt es irgendwann, schon aus statistischen Gründen. Er erlebt einen Sturm, der unberechenbarer ist als alle anderen zuvor, und einen Seegang, den auch ein erfahrener Rudergänger nicht mehr aussteuern kann. Gleichgültig, welche der vielen empfohlenen Sturmtaktiken dem Skipper jetzt durch den Kopf jagen – so viel Tuch wie möglich, vor Topp und Takel oder, nach Moitessier, 15 Grad zum Wind –, er hat es nicht mehr in der Hand, ob es zur Katastrophe kommt oder nicht. Der Zufall, der eine See genau an dieser Stelle und nicht ein paar hundert Meter weiter brechen läßt, übernimmt das Kommando über die Yacht.

Auf jedem Weltmeer kann man ‚seinem‘ Sturm begegnen. Auf dem friedlichen Südatlantik kann es ein ausgedehntes Gewitter sein, das Winde mit Orkanstärke gebiert. Im westlichen Mittelmeer ist es der Mistral, der durch ein Tief über dem Golf von Genua und ein Hoch über der Biskaya und Spanien entsteht. Von Oktober bis April tritt er sehr viel häufiger und heftiger auf als in den übrigen Monaten und erreicht fast immer Sturmstärke. Orkan mit Böen bis zu 80 Knoten ist keine Seltenheit, wobei die größte Gefahr von den gewaltigen Böenwalzen ausgeht, die Sportbooten kaum eine Chance lassen. Wir, meine Freundin und ich, waren von Afrika kommend ins Mittelmeer gesegelt. Die Baleareninsel Formentera lag hinter uns, und wir waren noch zwei, drei Tage von unserem Ziel an der französischen Küste entfernt, als wir in einem solchen Supersturm gerieten.

Es war der 1. November 1979. Als über Funk die ersten Sturmwarnungen durchgegeben wurden, war ich noch nicht einmal besonders besorgt. Warum auch? Hatte ich nicht ein Schiff vom Typ Joshua, der unter Bernard Moitessier seine Sturmtüchtigkeit in den hohen südlichen Breiten mehr als einmal bewiesen hatte? Auf der berühmt gewordenen Reise Moitessiers von Tahiti nach Alicante und später bei seiner anderthalbfachen Weltumsegelung hatte Bernard monatelang einen Sturm nach dem anderen abgeritten. Es gab deshalb keinen Grund, der Ksar nicht zu vertrauen. Wir hatten genügend Zeit, uns auf den Sturm vorzubereiten. Alles, was nicht niet- und nagelfest war, wurde gesichert. Meine Freundin, für die dies – ausgerechnet – der erste Segeltörn war, wurde in die Koje gesteckt und mit Kissen und Steppdecken verkeilt."

Jean-Paul blickte durch uns hindurch, so als ob er sich noch nachträglich darüber Gedanken machen würde, ob er bei der Vorbereitung auf diesen Sturm nicht doch etwas falsch gemacht hätte. Dann fuhr er fort:

„Fluchthäfen waren nicht mehr erreichbar, was den Vorteil hatte, daß wir genügend Platz zum Ablaufen hatten. Ich konnte gerade noch meine Position bestimmen, als der Sturm – ach was, der Orkan – über uns hereinbrach. Mir wurde bald klar, daß ich nicht mehr lange zu überlegen brauchte, welche Sturmtaktik ich anzuwenden hatte. Nach den Handbüchern sollten die höchsten Seen im Mittelmeer sechs bis acht Meter erreichen, sie erschienen mir aber viel höher. Anfangs habe ich sie noch nicht so sehr ernst genommen. Das heißt, ich war mir nicht bewußt, daß da eine Katastrophe auf mich zukam. Die höchsten Seen habe ich noch fotografiert. Aber Fotos, das wißt ihr selbst, geben niemals das ganze Ausmaß einer Sturmsee wieder. So hoch wie Häuser wirkten die Monsterseen, die unter Getöse auf die Ksar zurollten. Die Yacht wurde zum Spielball der Elemente. Sie kenterte durch."

Jean-Paul machte eine Pause und blickte auf das von der Feuchtigkeit schon etwas mitgenommene Foto an der Wand.

„Zu diesem Zeitpunkt befand ich mich unter Deck und hatte gar nicht recht mitbekommen, wie das geschehen war. Aber es ließ sich leicht rekonstruieren. Eine besonders steile See hatte die Ksar seitwärts ins Wellental fallen lassen. Ein nachfolgender Brecher vollendete den Knock-down, indem er das Schiff überrollte und es um die Längsachse drehte. Das kostete die Ksar Besan und zwei Drittel des Großmastes. Mich hatte es übel erwischt. Von den umherfliegenden Gegenständen war ich halb ohnmächtig geschlagen und lag bewegungsunfähig am Boden. Meine Freundin hielt sich krampfhaft die Ohren zu. Das im Wasser hängende Rigg schlug gnadenlos gegen den verwundeten Stahlrumpf. Einen Kunststoff- oder Holzrumpf hätten die Masten in kürzester Zeit zertrümmert.

Aber wir hatten noch nicht genug gelitten. Der ersten Durchkenterung folgte die zweite – etwas schneller, weil der Widerstand des Riggs fehlte – und eine Stunde später die dritte. Der Mistral versuchte es sogar noch ein viertes Mal. Die Ksar hatte den Bug offensichtlich einer weiteren Monstersee zugewandt. Wir spürten, wie er hochgeschleudert und die Yacht nach hinten umgeworfen wurde – Rolle rückwärts sozusagen. Die 300 Meter lange Ankerkette flog aus dem Vorschiff nach achtern und begrub mich unter sich. Die Bodenbretter schwammen, und wahrscheinlich wäre ich jämmerlich ersoffen, wenn meine eingekeilte Freundin nicht weitgehend unverletzt geblieben wäre. Sie wälzte sich aus der Koje und konnte zumindest meinen Kopf über Wasser halten, bis ich das Bewußtsein wiedererlangte.

Tagelang trieben wir auf dem vielbefahrenen Mittelmeer herum, ohne daß uns jemand zu Hilfe kam. Und die brauchten wir dringend, denn die Ankerkette hatte mir einige Rippen, die Schulter und ein Bein gebrochen. Unter wahnsinnigen Schmerzen gelang es mir schließlich, die Maschine klarzumachen und nach neun Tagen den Hafen von Cannes zu erreichen.

Ein halbes Jahr Arbeit erforderte es, die Ksar wieder flottzumachen. Praktisch ist alles neu, was ihr hier seht. Ich bin stolz darauf, daß kaum jemand die Ksar auf dem Foto erkennt."

Carla fragte Jean-Paul, ob er in dieser schlimmen Zeit Angst gehabt hätte. Er schüttelte den Kopf.

„Stellt euch vor, 64 Knoten Windgeschwindigkeit sind Stärke zwölf. In diesem Orkan sind an Land 120 Knoten gemessen worden. Ich habe soviel Angst gehabt wie noch nie in meinem Leben. Aber nach einiger Zeit spürte ich, daß man mehr Angst nicht haben kann. Dann wird man ganz ruhig. Und wenn man durch ist, erlebt man, daß die Angst zu ganz neuen Kräften verhilft. Letztlich bin ich stärker aus der Sache hervorgegangen."

Ich kannte die Geschichte, aber da war noch eine Frage offen. Obwohl ich ja selbst auf diesem Schiff saß, sprach ich sie dennoch ungeniert aus: „Und du vertraust diesem Schiff nach wie vor in schlechtem Wetter, obgleich es dir schon bewiesen hat, daß es ohne weiteres durchkentern kann? Ich weiß nicht, ob ich zu einem solchen Schiff noch unbeschränktes Vertrauen hätte."

Die Antwort Jean-Pauls zeigte, daß es in der Seefahrt fast immer auf den Standpunkt ankommt. Denn wenn man zu ängstlich ist, wenn man mit allen Unwägbarkeiten rechnet, dann sollte man besser nicht auf ein Schiff gehen und lieber dort bleiben, wo einem auch nicht der berühmte Ziegelstein auf den Kopf fallen kann. Jean-Paul antwortete mit überzeugender Logik: „Ich weiß, die Ksar kann durchkentern. Aber jedes Schiff ist dazu in der Lage. Es muß nur alles zusammenpassen, der Winddruck auf die Segel, die Höhe und vor allem die Steilheit der Seen. Die Ksar jedenfalls hat bewiesen, daß sie auch nach dem Durchkentern noch viele Tage schwimmen kann. Sie hat mir das Leben gerettet."

Wir alle waren nachdenklich geworden. Auch in der Le-Maire-Straße würde die Möglichkeit bestehen, einem solch ungewöhnlichen Sturm mit ebenso ungewöhnlich steilen und bösartigen Wellen ausgesetzt zu werden und nicht mehr flüchten zu können. Aber jetzt wußten wir, wozu die Ksar fähig war, und so gingen wir ein klein wenig klüger in unsere Kojen. Irgendwie waren wir uns sicher, daß es am nächsten Morgen losgehen würde.

Estrecho de le Maire

Ich schreckte hoch, stieß mir über meiner Koje fast den Kopf an. Ein Blick durchs Bullauge: noch tiefschwarze Nacht. Wie lange hatte ich schon geschlafen, wie spät war es? Ich drückte auf den Beleuchtungsknopf meiner Armbanduhr und stellte fest, daß es schon drei Uhr morgens war. Jetzt wurde mir auch bewußt, was mich aufgeweckt hatte: Der Diesel der Ksar nagelte im Leerlauf. Dann hörte ich das Klick, Klick, Klick der Ankerkette. Es ging also los. Wir waren in der „Go-Phase", das Warten war vorbei. Als ich aus der Koje stieg, sah ich im Niedergang Jean-Paul, bereits dick vermummt in Ölzeug. Er schaute angestrengt nach vorn, als ob seine Augen so die Dunkelheit besser durchdringen könnten.

Leben kam ins Schiff, über jeder Koje wurde das Licht angeknipst. Bald standen Reinhard, Thomas, Carla und ich im Cockpit und schauten Jean-Paul über die Schulter. Marie-Paul und Ute hatten sich in ihrer Koje noch mal umgedreht, ließen sich durch den Lärm an Deck nicht stören. Recht hatten sie, denn mehr Leute hätten im Cockpit gar nicht Platz gehabt. Der Wind war fast eingeschlafen, als der Bug der Ksar sich langsam nach Südosten drehte, wo am Horizont bereits ein leichter Schimmer den heraufziehenden Tag ankündigte. Jean-Paul schob den Gashebel nach vorn, und mit sechs Knoten steuerten wir aus der Bucht Buen Suceso, in der sich schon so manches Segelschiff aufgehalten hatte, um nach Wetterbesserung weiterzusegeln. Noch im Schutz der Bucht wurden die Segel gesetzt. Draußen wäre es unbequemer gewesen, denn Seegang steht immer im Ausgang des Beagle-Kanals, ob es nun weht oder nicht.

Wir kamen gut voran, obgleich noch kein Wind zu spüren war. Nur der Fahrtwind verfing sich in unseren Ölzeugmützen und

Halstüchern. Ich hatte mir vorsichtshalber noch ein Handtuch um den Hals geschlungen, denn das ist das beste Mittel, überkommendes Seewasser daran zu hindern, unters Ölzeug zu laufen. Verstohlen nahm ich noch eine Tablette gegen Seekrankheit, denn ich war schon ein halbes Jahr nicht mehr in schlechtem Wetter auf See gewesen. Ich fürchte die Seekrankheit wie die Pest, obwohl sie mich noch nie erwischt hat. Am sichersten fühle ich mich, wenn ich den ersten Tag mit Hilfe einer Tablette überstanden habe. Warum sollte ich ausgerechnet diesmal auf mein bewährtes Rezept verzichten. Einen Trost hatte ich im Vergleich zu meinen früheren Langstreckentörns. Wenn das Wetter einigermaßen mitspielte, würden wir am Abend in einer sicheren Bucht vor Anker liegen. Entweder drüben auf der Staaten-Insel oder vielleicht wieder in der Bay Buen Suceso, wenn wir die Seen in der Le-Maire-Straße nicht bezwingen würden.

Marie-Paul und Ute hatten inzwischen den Kaffee fertig und reichten die heißen Tassen nach oben. Jeder war dankbar, denn in ein paar Stunden würden wir vielleicht gar nicht mehr in der Lage sein, Kaffee zu trinken.

Kaum hatten wir das Kap Buen Suceso gerundet und unseren Bug auf die Le-Maire-Straße gerichtet, konnten wir auf die Maschine verzichten. Ich wollte es noch nicht berufen, aber mir schien, als habe Jean-Paul genau den richtigen Zeitpunkt abgewartet. Der Seegang war zwar etwas steiler als bisher, schwappte aber nicht besonders hoch. Im Südosten nahm der Himmel allmählich eine goldene Färbung an, und nach einer Stunde hob sich vom Horizont deutlich ein Bergrücken ab. Täuschte ich mich, oder war das tatsächlich schon die Staaten-Insel? Ich blickte auf die Seekarte und machte in Gedanken einen Bleistiftstrich quer über die Le-Maire-Staße bis hin zur Westspitze der Staaten-Insel. Die Richtung stimmte überein mit der geschätzten Peilung von Capo San Bartolome. Ich müßte also jetzt auf dem Echolot ungefähr 50, 60 Faden ablesen können. Und tatsächlich, das Echolot zeigte 95, 96, 94 Meter.

Hochstimmung machte sich an Bord breit. Wir hatten ein Superwetter erwischt, und selbst wenn man davon ausging, daß das Wetter in dieser Gegend niemals zuverlässig ist, so schien es uns doch eher unwahrscheinlich, daß es sich in den nächsten fünf, sechs Stunden ernsthaft ändern würde. Mit Sicherheit würden wir in wenigen Stunden auf der anderen Seite der Le-Maire-Straße angelangt sein. Wie zur Bestätigung unserer Zuversicht zog jetzt langsam die goldene Scheibe der Sonne hinter dem Bergrücken von Capo San Bartolome nach oben. Wie oft schon hatte ich mich innerlich auf die Überquerung der Le-Maire-Straße eingestellt. Und mit wie schlimmem Wetter hatten wir gerechnet. Und was war tatsächlich? Ein Wetter, wie es ähnlich auch im Frühjahr oder im Herbst an den spanischen Küsten oder auf der Ostsee sein konnte. Glück? Nein, bestimmt nicht. Zur Seemannschaft gehört es eben auch, abwarten zu können und notfalls eine Woche lang vor Anker liegend auf den richtigen Augenblick zu lauern. Die Eile ist der Feind des Seemanns!

Wie weit wir nun schon in der Le-Maire-Straße waren, ließ sich nicht so ohne weiteres abschätzen, denn wir konnten sie nicht auf kürzestem Weg durchqueren, sondern mußten diagonal laufen. Es war wichtig, Reservehöhe gegen den Nordwind herauszusegeln. Wenn der Strom kentern würde, könnten wir allzu leicht wieder nach Süden zurückversetzt werden. Und das hätte bedeutet, in der Le-Maire-Straße später bei möglicherweise schlechter werdendem Wetter aufkreuzen zu müssen. Diesen Anfängerfehler wollten wir nicht begehen, wollten lieber unser Ziel später so sicher wie möglich anliegen können.

Isla de los Estados

All unsere Vorsicht erwies sich als nicht erforderlich, denn als die gelbe Scheibe der Sonne hinter Kap San Bartolome ganz aufgetaucht war, hatten wir schon die ersten Klippen querab, die der Staaten-Insel vorgelagert sind. Viel konnte uns jetzt nicht mehr passieren. Tatsächlich hielt sich das Wetter noch die nächsten Stunden, während wir an der Nordseite der Insel mit sechs Knoten Fahrt dahinliefen, mit Ziel Puerto Hoppner, unserem ersten Ankerplatz an der umbrandeten Felsküste.

Die Einfahrt war leicht zu finden, nicht jedoch die Fahrrinne. Wieder erwies sich das Radar als unschätzbar wertvolles Navigationsinstrument. So wie die Bucht in unserer Detailkarte von der Staaten-Insel abgebildet war, so zeigte sie sich auch auf dem Radarschirm. Ich erinnerte mich an die Zeiten, als man sich beim Ansteuern von engen Ankerplätzen auf Kreuzpeilungen verlassen mußte. Was gab es da nicht alles zu berücksichtigen! Peilfehler, Deviation, Mißweisung, und dann noch jede Menge Rechnerei, bevor man seinen Peilstrich in die Karte zeichnen konnte. Auf solche nautischen Hilfsmittel allein hätte ich mich in diesen Gewässern nicht verlassen mögen.

Freilich, das Radarbild zeigte nur die Bucht; das Fahrwasser mußten wir selbst suchen. Langsam tasteten wir uns vor, während einer der Mannschaft im Besan als Ausguck postiert war. Dort befand sich oberhalb der Radarantenne ein richtiges Krähennest (aus Nirosta natürlich). Stromschnellen in wenigen Metern Entfernung, mal an Backbord, mal an Steuerbord, ließen keinen Zweifel daran, wie gefährlich dieses Gewässer sein würde, wenn viel Wind und Seegang gewaltige Wassermassen gegen die Staaten-Insel drückten. Hier und da ragten die Spitzen von Unterwasserfelsen nur wenig über die Wasseroberfläche hinaus. Wir motorten bis ans Ende einer großen Bucht, erneut um eine Huk herum in die nächste und dann in die übernächste Bucht: Puerto Hoppner, welch ein Ankerplatz! Die offene See war schon eine ganze Weile nicht mehr zu sehen.

Graugrün bemooste und gelbgrün bewachsene steile Berge säumten das spiegelglatte, kristallklare Wasser. Wir mußten den Kopf weit in den Nacken legen, um die Gipfel, an denen Wolkenfetzen dahinflogen, sehen zu können. Langsam tuckerte die Ksar in die äußerste Südwestecke der Bucht. Jean-Paul hatte eine Stelle erspäht, wo es möglich erschien, Leinen zum Land auszubringen. Denn das gewaltige Schweigen, das wußte jeder an Bord, trog. Die steilen Wände rings um die Bucht, die so viel Schutz versprachen, waren wie geschaffen, stürmische Winde zu verstärken und sie als gewaltige Fallböen auf das Schiff herabheulen zu lassen. Der Ankergrund war nicht ideal, wegen des Kelps, jener für diese Gewässer typischen 30 bis 40 Meter langen, armdicken Schlingpflanzen, die den sicheren Halt des Ankers oft verhindern.

Jean-Paul hatte den Gang herausgenommen, und die Ksar glitt die letzten Meter ohne Antrieb dahin. Als sie endlich zum Stillstand gekommen war, nahmen wir den Grund in Augenschein. Das Wasser war so ruhig, daß wir unser Spiegelbild nicht durchdringen konnten. Das Echolot zeigte zehn Meter an, eine annehmbare Wassertiefe, wenn wir die Ksar nicht nur am Anker, sondern auch mit einer Heckleine zum Land hin fixieren würden. Jean-Paul legte das Ventil der Hydraulik um, und kontrolliert ging der Anker langsam auf Tiefe. Wir konnten ihn fast bis auf den Grund verfolgen. Dann wurde das Schlauchboot klargemacht. Thomas ruderte, während Reinhard ihn kommandierte und die Achterleine nachzog, deren Tampen ich ihm hinuntergereicht hatte.

Wieder einmal bewunderte ich die sinnvolle Ausrüstung der Ksar. Die Achtertrossen waren nicht irgendwo in der Backskiste vergraben – im Notfall hätte es viel zuviel Zeit gekostet, um sie zum Auslaufen klarzumachen –, sie befanden sich vielmehr sauber aufgerollt auf einer Nirostarolle gleich neben dem Mast. So brauchte ich die Leine nur kräftig von der Rolle zu ziehen, so daß sie vom Beiboot ohne Kinken mitgenommen werden konnte. Jean-Paul stand unterdessen am Achterschiff und wies Reinhard mit dem ausgestreckten Arm die Richtung, bis das Beiboot einen Felsen im Wasser erreicht hatte. Es war gerade noch soviel Trosse auf der Rolle, daß Reinhard und Thomas den Tampen einmal um den Felsen herumlegen konnten, worauf der Kreis mit zwei halben Schlägen geschlossen wurde. Dann brachten sie eine zweite Trosse vom Heck nach Steuerbord achtern zu einer Felsnase aus. Mit Hilfe der großen Schotwinde wurde die KSAR von Trossen und Kette fest in den Griff genommen. Jetzt konnte nach menschlichem Ermessen nichts mehr passieren.

Stille umgab uns. Nur langsam tasteten unsere Augen die Umgebung ab. Unmittelbar hinter der KSAR plätscherte ein kleiner Wasserfall von einem Vorsprung keine zehn Meter über dem Ufer. Dort, wo die Steuerbordtrosse an der Felsnase befestigt war, zeichnete sich einen Meter über der Wasseroberfläche die Hochwasserlinie ab. Darunter, frei in der Luft und jedem Handgriff zugänglich, befanden sich Hunderte, nein, Tausende von Muscheln. Jean-Paul war mit dem Beiboot schon unterwegs. Auf den Bodenbrettern stand zwischen seinen Beinen ein großer Kochtopf mit ein paar Zitronen und einem großen Messer drin. Noch bevor er anfing, die Muscheln einzusammeln, hatte er einige mit der Messerspitze geöffnet, mit Zitrone beträufelt und bis zu uns hin vernehmbar genüßlich ausgeschlürft. Die Emsigkeit, mit der er die Muscheln in den Topf sammelte, verhieß ein delikates Abendessen. Auch ohne Hafenkneipe am Ufer.

Nachdem Jean-Paul zurück war, setzte sich Thomas ins Beiboot. Der Skipper ermahnte ihn, das Dingi ja ausreichend zu sichern, wenn er es verließe. Mit Recht, denn das Dingi war lebensnotwendig für uns. Es wäre auf einen Versuch angekommen, ob jemand aus unserer Mannschaft in der Lage gewesen wäre, in dem sechs, sieben Grad kalten Wasser vom Ufer aus bis zum Schiff zu schwimmen – und dann auch noch an Bord zu kommen! Denn das mußte uns immer wieder ins Bewußtsein gerufen werden: Auf dieser Insel waren wir sicher die einzigen Menschen. Und daß von den Häftlingen, die um die Jahrhundertwende hier eingesperrt waren, irgendwo noch ein paar Bretter herumliegen würden, gar ein intaktes Ruderboot, damit war wohl kaum zu rechnen.

Der Österreicher Thomas erwies sich als guter Kletterer. Wenige Minuten nachdem er das Gummidingi gelandet und an ein paar knorrigen Ästen festgebunden hatte, befand er sich schon auf einer Plattform vielleicht 20 Meter über dem Wasser. Wo er sie hergenommen hatte, wußte ich nicht: Es war mir aber fast ein wenig peinlich, als plötzlich im dichten Kraut der Staaten-Insel eine bayrische Rautenflagge flatterte. Gleichwohl mußte ich lachen. Solche Späße ziehen offensichtlich überall auf der Welt.

Als Thomas zurückkam, erzählte er uns aufgeregt, daß er von seiner Plattform aus gewissermaßen die Quelle des Wasserfalls gesehen habe: einen kleinen Weiher in etwa 20 Meter Höhe. Welch eine Landschaft!

Jean-Paul wies plötzlich mit dem Finger nach oben. Über der Bahia Hoppner kreisten riesige Vögel, ohne auch nur im geringsten ihre breiten Schwingen zu bewegen: Kondore über Feuerland!

Nach dem Essen wollten wir der Präfektur in Ushuaia unseren Standort durchgeben, doch unser Kurzwellenradio blieb stumm. Offensichtlich verhinderten die steil aufragenden Felswände um uns herum die Kommunikation, sogar über Kurzwelle. Selten hatte ich mich an einem Ort der Welt oder auf einem Punkt auf hoher See so von der Außenwelt abgeschnitten gefühlt wie hier in der Hoppner-Bucht.

Kletterpartie

El Ruso, der Russe, kam uns wieder in den Sinn. Wir blätterten in den Unterlagen, die uns der Museumsdirektor in Ushuaia mitgegeben hatte. Das Grab sollte sich im nächsten tiefen Einschnitt der Insel, in Puerto Parry, befinden.

Die Landschaft von Puerto Hoppner lud zu einer Bergtour ein, für die sogar ich zu haben war. Denn obgleich aus dem Bergsteigerland Bayern stammend, fühle ich mich auf dem Wasser erheblich wohler als in den Bergen. Am nächsten Morgen saßen Jean-Paul, Ute, Reinhard, Thomas und ich gleich nach dem Frühstück im Dingi. Wir hatten alle Ölzeug angezogen und auf dringendes Anraten von Jean-Paul auch die Gummistiefel. Später sollten wir ihm für diesen Tip noch dankbar sein, denn mit normalen Bergsteigerstiefeln hätten wir sicher nicht allzu viel ausgerichtet. Wir merkten es schon, als wir an Land kamen. Mit jedem Schritt versanken wir bis zu den Knöcheln in dem feuchten, morastigen Boden. Bald ging es jäh bergan, wobei mir nicht nur die Steigung Schwierigkeiten bereitete, sondern vor allem die Tatsache, daß es keinen halbwegs begehbaren Pfad gab. Mühsam mußten wir mit den Händen immer wieder Zweige und knorrige Äste auseinanderspreizen, um ein paar Meter weiterzukommen. Häufig versperrte uns das hohe Gestrüpp den Blick nach oben wie nach unten.

Endlich lichtete sich das Dickicht etwas, und in hüfthohen Sträuchern stapften wir weiter bergan. Nach rund drei Stunden waren wir oben auf einem Bergrücken angelangt, der sich aber bei weitem noch nicht als der höchste Punkt am Rand unserer Bucht erwies. Dennoch hatten wir einen wundervollen Blick auf unseren Ankerplatz, wo die Ksar wie eine Spinne inmitten ihrer Trossen und Ketten lag. Wie ein funkelnder Diamant der kleine Weiher, der unseren Wasserfall speiste. 50 Meter weiter öffnete sich der Blick zur anderen Seite des Hügels, dessen Flanke steil in die Nachbarbucht abfiel. Direkt über uns, an einer hochaufragenden Felswand, saß ein riesiger, mannshoher Vogel, so nah, daß wir das Gefühl hatten, wir könnten in seine Augen blicken. Aus der grauen Halskrause des Kondors ragte ein scharfnasiger Kopf, der aufmerksam den ungewohnten Eindringlingen zugewandt war.

Weiter ging's bergauf, leichtfüßig an der Spitze Jean-Paul und Thomas, Reinhard sowie – in größerem Abstand – Ute und ich hinterherhinkend. Weit würde ich nicht mehr kommen, denn mein Knie begann zu schmerzen. Aber noch biß ich die Zähne zusammen. Bei der nächsten Rast gestand ich, daß ich nicht mehr weiterkönne. Jeder Schritt schmerzte mich, und ich war mir sicher, daß ich beim Abstieg erst recht größte Schwierigkeiten haben würde. Seeleute sollten sich eben doch nicht in eine für sie fremde Welt begeben. Unter dem Ölzeug waren wir alle ins Schwitzen geraten, doch noch spürten wir die Kälte des Bodens nicht, als wir lang ausgestreckt im hohen Moosgras entschieden, daß Ute, Thomas und ich auf dem kürzesten Weg zum Schiff zurückkehren sollten, in gerader Linie den Berg hinunter. Jean-Paul und Reinhard wollten noch etwas weitersteigen, um dann auf demselben Weg zurückzukehren, den wir gekommen waren. Die Ksar war inzwischen längst hinter Hügeln verschwunden, doch schätzte ich, daß sie keinen Kilometer Luftlinie von uns entfernt lag. Wir würden sicher in kurzer Zeit wieder im Salon der Ksar sitzen, wo Marie-Paul und Carla schon mit dem Essen auf uns warteten.

Unter zunehmenden Schmerzen rutschte ich die Berghänge hinunter. Aber jedesmal wenn ich glaubte, die Ksar müsse nun bald auftauchen, war vor uns ein neuer Hügel oder eine zehn Meter steil abfallende Felswand, die einfach nicht überwunden werden konnte. Das Zähnezusammenbeißen half nun nichts mehr. Bei jedem Schritt spürte ich ein heftiges Stechen in meinem Knie, und so machte ich mir ernsthaft Sorgen, wie dieser harmlose Ausflug wohl enden würde. Wir waren ganz allein auf dieser Insel, und wir mußten mit allen Schwierigkeiten selbst fertig werden. Was würde sein, wenn ich mein Bein überhaupt nicht mehr bewegen konnte? Ich hatte schon Bedenken, mich allzu lange auf den Boden zu setzen, denn jetzt drang die Kälte schmerzhaft durch das Ölzeug. Thomas lief wie ein Wiesel das Dreifache des Weges, um die Begehbarkeit zu erkunden. Denn zu großen Umwegen, das war sowohl Ute als auch Thomas klar, war ich nicht mehr imstande. Aber häufig wiederholte sich das böse Spiel: Thomas kam frohen Mutes zurück und erklärte, daß es geradeaus direkt zur KSAR gehen würde. Nachdem wir dann zehn Minuten weitergeklettert waren, mußten wir einsehen, daß es kein Vorwärts mehr in dieser Richtung geben würde. Bergauf, bergab, nach links, nach rechts – wenn wir doch nur endlich am Dingi anlangen würden!

Thomas' Autorität als offensichtlich geübter österreichischer Bergsteiger schwand immer mehr. Waren Ute und ich bisher ohne die geringsten Zweifel seinen Wegweisungen gefolgt, so häuften sich jetzt die Rück- und Gegenfragen, wenn er wieder einmal mit optimistischem Gesicht hinter einem Gebüsch hervorkam und uns einen Baum oder einen Felsvorsprung als die richtige Richtung angab. Trotzdem, wir mußten uns auf Thomas verlassen.

Ute versuchte mich aufzuheitern: „Wenn du jetzt Rollo Gebhard wärst, dann wäre das Dingi sicher auch noch verschwunden!"

Ich fand die Situation zwar noch nicht ernst, aber auch nicht mehr zum Lachen. Ärgerlich war sie. Ute meinte, daß wir nur einem der Bäche oder kleinen Flüsse folgen müßten, denn dann könnte, durch Zuruf alarmiert, Reinhard oder Jean-Paul mit dem Dingi flußaufwärts fahren. Aber die Sache hatte einen Haken: Was wäre gewesen, wenn der Flußlauf in einem der zahlreichen kleinen Seen auf den Felsplateaus gemündet hätte, die wir von oben ausgemacht hatten? Erst der Wasserfall über 40 oder 50 Meter Felswand stellte schließlich die Verbindung zur Bucht her.

Es begann zu regnen. Wir trafen auf einen Wasserlauf, der wesentlich breiter war als die bisherigen. Meine Hoffnung auf das Dingi wuchs wieder. Doch das Wasser in dem schätzungsweise 15 Meter breiten Flüßchen reichte kaum mehr als zehn, 20 Zentimeter hoch. Ein Traum, daß unser Schlauchboot an der nächsten Biegung auftauchen würde. Mündete dieser Fluß wohl im Meer oder in einem See? Von der KSAR aus hatten wir keine Flußmündung gesehen, doch hörten wir, selbst wenn wir noch so angestrengt in den Regen horchten, auch kein Prasseln, das auf einen Wasserfall hätte schließen lassen. Thomas machte schließlich den Vorschlag, daß wir versuchen sollten, flußabwärts die Bucht zu erreichen. So schleppte ich mich durch das Flußbett stapfend weiter voran, wobei ich schon gar nicht mehr darauf achtete, daß mir gelegentlich das Wasser bis über die Stiefelschäfte stieg. Es war immer noch bequemer, als sich durch das Dickicht am Ufer zu kämpfen, wo wir für 20 Meter rund eine halbe Stunde gebraucht hätten.

Schließlich verbreiterte sich das Flußbett, und als wir um die nächste Biegung kamen, leuchtete schon von weit her das Rot des Helly-Hansen-Kombis von Jean-Paul. Die Festmacheleine über der Schulter, zog er das Dingi hinter sich her und zerrte es über die Kieselsteine. Was war ich froh, daß meine Bergtour endlich zu Ende war!

Im Logbuch des „Bergsteigers" Thomas liest sich unser Bergabenteuer eher prosaisch: „Aufstieg auf den Bergrücken zwischen Puerto Hoppner und Puerto Parry. Wunderbarer Ausblick auf beide Buchten. Leider keine Sonne. Mehrere Kondore fliegen knapp über uns. Entlang des Höhenrückens Richtung Mte. Fitton. Abstieg auf anderem Weg erweist sich als nicht ganz glücklich. Um etwa fünf Uhr zurück zum Mittagessen: Quiche lorraine, Gemüse, Obstsalat. Dann schlafen, schlafen, schlafen!"

Abends überlegten wir uns, wie es nun weitergehen sollte. Unseren „Gipfel", die Staaten-Insel, hatten wir erreicht. Sollen wir nicht lieber die weiteren Buchten auslassen zugunsten einer größeren Zeitreserve für Kap Hoorn? Wenn wir jetzt über die Le-Maire-Straße zurücklaufen würden, hätten wir für den südlichsten Punkt Südamerikas einige Tage gewonnen. Einmütig beschlossen wir, am nächsten Tag zurückzusegeln.

Bevor wir starteten, ließ es sich Thomas nicht nehmen, unter dem Wasserfall noch eine Süßwasserdusche zu nehmen. Wir bewunderten ihn, wie lange er es in dem fünf Grad kalten Wasser aushielt. Dann sprang er ins Dingi und fuhr der Ksar voraus, um sie um die Gefahrenstellen herum aus der Bucht zu lotsen. Nachdem wir um die beiden Huks herumgefahren waren, wurde des Dingi an Bord genommen und festgezurrt.

Wir hatten jetzt deutlich härteres Wetter als bei unserer Ankunft.

Der Wind war zwar nicht so stark, wie wir erhofft hatten, doch der Seegang erwies sich als so lebhaft, daß nicht einmal vier Windstärken ausreichten, um die Segel richtig zu füllen. Wir mußten die Maschine zu Hilfe nehmen. Trotzdem machten wir zunächst gute Fahrt. Doch dann dauerte es immer länger, bis die Klippen und Felsen an Backbord querab peilten. Jean-Paul schob den Gashebel noch ein wenig mehr nach vorn und schließlich ganz bis zum Anschlag. Die See war rauh geworden; die Ksar tanzte und torkelte, legte sich einmal nach Steuerbord, dann wieder nach Backbord über, so daß das Wasser die Fußreling erreichte. Immer enttäuschender wurde der Blick zur Küste, wir gewannen keinen Weg mehr. Die Ksar stampfte sich fest, und außer Jean-Paul hatte keiner mehr eine gesunde Gesichtsfarbe. Da hatten wir nun gutes Wetter, schönen Segelwind, eine starke Maschine und blieben dennnoch auf der Stelle. Das vermittelte uns einen kleinen Eindruck davon, was in der Le-Maire-Straße (die wir bis dahin noch gar nicht erreicht hatten) los sein konnte, wenn dort wirklich schlechtes Wetter herrschte. Dann hatte eine Yacht, ob nun eine schnelle Swan oder ein behäbiges, tüchtiges Fahrtenschiff wie die Ksar, keine Chance, die Meerenge zu bezwingen.
Nach einstündigem Stampfen kehrten wir um. Den Weg, den wir uns stundenlang erkämpft hatten, gaben wir nun in einer halben Stunde preis, passierten die Einfahrt zum Puerto Hoppner und drehten in die nächste Bucht, Puerto Parry, ein. Kaum lagen die ersten schützenden Felsklippen hinter uns, da beruhigte sich das kochende Wasser. Langsam, mit 1000 Umdrehungen, wurde die Ksar in die Bucht geschoben. Sieben Augenpaare versuchten das dunkle Wasser zu durchdringen, um Hindernisse auszumachen.

Fast hätten wir dabei die große Tafel an einer schwarzen Felswand übersehen, auf der in frisch gestrichenen Lettern geschrieben stand: „Achtung, militärisches Sperrgebiet – Betreten der Bucht strengstens untersagt!“

Ivan Ivanowski

Das war eine Enttäuschung! Alle hatten wir geglaubt, auf einem vollkommen unberührten, menschenleeren Eiland zu sein, und jetzt befanden wir uns vor einem militärischen Sperrgebiet. Jean-Paul nahm den Gang heraus und ließ die Ksar auf unverändertem Kurs auslaufen. Flüsternd überlegten wir, was wir tun sollten. Ob Jean-Paul trotz dieser unmißverständlichen Warnung weiterfahren würde? Er hatte sich schon entschlossen. Mit einem Blick zur Saling vergewisserte er sich, ob die argentinische Gastflagge auch gut zu sehen war, und dann schob er den Gashebel wieder ein wenig nach vorn. Wie schon in Puerto Hoppner glaubten wir mehrfach, bereits am Ende der Bucht angelangt zu sein, als es hinter dem nächsten Felsvorsprung erneut silbern glänzte. Die Karte zeigte Puerto Parry als tiefen Einschnitt, der die Staaten-Insel fast in zwei Teile trennte. Auf der Suche nach einem geeigneten Ankerplatz liefen wir immer weiter hinein. Noch einmal warnte uns eine große Tafel, daß das Betreten der Bucht verboten sei, doch Jean-Paul ließ sich dadurch nicht beirren. Als Reinhard mit seiner Videokamera aufs Vorschiff laufen wollte, zischte der Skipper ihn an: „Fotoapparate weg!“

Endlich hatte die Ksar nach einer erneuten Drehung nach Steuerbord die innerste Bucht erreicht. Wir waren in Puerto Parry. Vom Meer konnte wir schon lange nichts mehr sehen, aber voraus, keine 100 Meter von uns entfernt, lag an Land die Militärbasis. Sie sah nicht besonders gefährlich aus und bestand aus vier oder fünf Hütten, die sich um ein Betonfundament mit Sockel und Fahnenstange gruppierten. Kein Windhauch regte sich, und so konnte die argentinische Flagge nicht auswehen. Jean-Paul hatte den Gang herausgenommen, so daß zumindest auf dem Vorschiff die

Maschine nicht mehr zu hören war. Nichts regte sich in der Bucht, von den Militärs war weder etwas zu sehen noch zu hören.

Doch wir fühlten uns beobachtet. Unmöglich konnten wir den Anker werfen, wenn wir in dieser Bucht nicht einmal hätten schlafen dürfen. Andererseits behagte uns auch der Gedanke nicht, uns einfach wieder davonzustehlen. Durch das Fernglas sah ich, daß zwischen den einzelnen Hütten, die so an dem Berghang klebten, daß sie aus unserer Perspektive wie übereinander gebaut erschienen, Wege angelegt waren. Als Geländer für die steilen Treppen diente dickes Tauwerk, das offensichtlich leuchtend weiß angestrichen war. Der Weg, der bergauf führte, endete genau dort, wo der dichte Wald begann. War diese Basis gar verlassen? Die gehißte argentinische Flagge sprach dagegen.

Jean-Paul hatte sich inzwischen das UKW-Handfunkgerät aus dem Niedergang heraufgeangelt und meldete die KSAR in fließendem Spanisch. Keine Antwort. Immer und immer wieder gab er den Namen der Yacht durch und lauschte angestrengt in den Lautsprecher hinein. Dann versuchte er es noch auf anderen Kanälen, kam aber, so wie es wohl überall auf der Welt mit einem UKW-Gerät auf einem Schiff gehandhabt wird, auf Kanal 16 zurück. Endlich begann es im Lautsprecher zu rauschen, und kurze Zeit darauf meldete sich eine hastige, helle Männerstimme.

Höflich fragte Jean-Paul, ob es wohl gestattet sei, hier zu ankern. Barsch erhielt er die Anweisung, zunächst einmal zu warten, bis er wieder angerufen würde.

Dann kam Leben in die Bucht. Ein Mann lief aus der einen Hütte über die steilen Treppen nach oben zur anderen Hütte, während er sich eine Uniformjacke überzog. Dann hörten wir lautes Hundegebell. Zwei nicht gerade reinrassige Köter hetzten aus dem Wald über die Treppen, die von uns aus gesehen im Zickzack angelegt schienen, nach unten. Kaum hatten sie das Ufer erreicht, kläfften sie hysterisch zu uns herüber. Wenige Sekunden später lief ein weiterer Soldat in Zivil hastig die Treppen hinunter, gefolgt von einem Kameraden, ebenfalls in Zivil, der aus dem Wald kam.

Wieder fünf Minuten Stille! Dann quäkte der Lautsprecher unseres Funkgeräts erneut. Wir sollten den Anker fallen lassen, das Dingi klarmachen und sofort ans Ufer kommen. 20 Minuten später streckten sich uns kräftige Hände entgegen, um uns beim Aussteigen aus dem Gummidingi zu helfen. Nach dem Vorstellungszeremoniell – der Soldat mit dem runden Gesicht erwies sich als der Kommandant des Lagers – herrschte plötzlich eine Stimmung, als seien wir schon lange erwartet worden. Der Kommandant bat uns, ihm ins Casino zu folgen. Die beiden anderen Soldaten waren damit beschäftigt, die knurrenden Hunde kurzzuhalten. Als sie jedoch merkten, daß wir offensichtlich gern gesehene Gäste waren, folgten sie uns schwanzwedelnd über die schmalen Treppen.

Die Einrichtung des Casinos bestand aus einem groben Tisch mit wackligen Stühlen drumherum und einer kleinen Sitzgruppe aus Nierentisch und zerschlissenen Polsterstühlen links hinten in der Ecke. Sogar ein Radio gab es. Der Kommandant drehte vergegblich an einem der Knöpfe. Daraufhin schnarrte er einen seiner Soldaten an, der wieder nach draußen ging. Kurz darauf hörten wir einen Dieselgenerator in einer der Hütten anspringen, worauf die elektrischen Lampen zu glimmen begannen und die Skalenbeleuchtung des Radios aufleuchtete. Eine Kassette wurde in den Recorder geschoben, und dann jaulte Diskomusik auf. Die Kassetten schienen schon viele hundertmal abgespielt worden zu sein.

Ohne lange nach unserer Reise zu fragen, boten uns die Soldaten ihre Duschen an. Das ließen wir uns nicht zweimal sagen. Eilends holte einer mit dem Dingi Handtücher von Bord. Das hätten wir uns nun doch nicht träumen lassen, daß uns hier eine warme Süßwasserdusche erwartete. Der Kommandant erzählte, daß sie am See oben auf dem Berg beim Fischen gewesen seien; nur durch die Hunde seien sie auf uns aufmerksam geworden. Ich bewunderte seine Ehrlichkeit, denn welcher Wachposten irgendwo auf der Welt gibt schon ohne Umschweife zu, daß er statt auf Wache beim Fischen gewesen ist.

Liebenswürdig bestimmten die Soldaten, daß wir abends zu einem Asado eingeladen seien. Auf unsere verwunderte Frage, woher sie denn in dieser kurzen Zeit das Fleisch beschaffen könnten, öffnete der Kommandant lachend eine riesige Tiefkühltruhe. Das seien die gerade angekommenen Vorräte für das nächste halbe Jahr, erklärte er, sie seien noch nicht angetastet worden und würden sicher ausreichen. Welche Überraschung! Statt der erwarteten

Probleme wegen unseres Eindringens in ein militärisches Sperrgebiet gab es eine Einladung zu einem argentinischen Asado.

Es war noch hell, und so vertrieben wir uns die Zeit bis zum Abendessen mit Duschen und der Erkundung der nächsten Umgebung. Thomas kam nach einer Stunde aufgeregt an Bord zurück: „Ich hab den Russen entdeckt!"

Ungläubig fragte ich zurück: „Den Russen?"

Thomas nickte. Ich kramte aus meinem Schapp die Unterlagen über El Ruso heraus. Danach war 1883 ein Handelsschiff namens ROMANCHE in Puerto Parry gelandet. Die Seeleute bauten in einer benachbarten Bucht ein Holzhaus für Schiffbrüchige. Während des Schiffbruchs der ANY MANNERING hielten sich dort neun Seeleute von der Präfektur auf, um die Überlebenden zu retten. Sie deponierten Lebensmittel, die ausreichten, um zwölf Personen ein Jahr lang zu ernähren.

Davon machte offensichtlich ein Deserteur Gebrauch, der sich auf die Staaten-Insel durchgeschlagen hatte. Er war etwas älter als 20 Jahre, Flüchtling aus dem finnischen Rußland und, so erzählte man sich, Medizinstudent. Er selbst hatte behauptet, deshalb nach Argentinien geflüchtet zu sein, weil er einer geheimen politischen Vereinigung angehört habe und von der Polizei verfolgt werde. Sein Name war Ivan Ivanowski. Er hatte die Statur eines Herkules, und viele Argentinier bewunderten seine Willens- und Entscheidungskraft.

Ivan Ivanowski war mit einem argentinischen Marineschiff, der PARANA, auf die Staaten-Insel gekommen. Es wird behauptet, daß er aufgrund seiner fehlenden Spanischkenntnisse bei seiner Arbeit auf dem Schiff viele Fehler machte und deshalb bei seinen Vorgesetzten in Ungnade fiel. Er wurde von einem Gefreiten aus Disziplingründen gezüchtigt und anschließend wegen seiner vermeintlichen Unbotmäßigkeit zur Strafe gefesselt und ausgesetzt. Als man ihm später die Fesseln abgenommen hatte, flüchtete er, wobei er zwei Decken und eine halbe Tüte Kekse mitnehmen konnte. Damit lebte er 15 Tage lang, ohne daß seine Vorgesetzten herausfanden, wo er sich befand.

Er kam freiwillig zurück, flüchtete aber erneut, als man ihn wiederum festgenommen hatte. Dem Russen hatte sich der Gefangene Castellano angeschlossen, der sich aber später selbst stellte und angab, er hätte den Russen in einem Flüßchen verletzt. Zwei Monate später fand man ihn, immer noch lebend, auf der Insel. Alle bewunderten ihn, wie er die Entbehrungen überstanden hatte. Trotzdem nahm man ihn fest.

Aber der Russe wollte sich mit seiner Unfreiheit nicht abfinden. 1885, er befand sich gerade an Bord des Kutters BAHIA BLANCA, der mit der Rettung der Bark ANA DE GENOVA beschäftigt war, flüchtete er ein drittes Mal mit einem kleinen schweren Beiboot, mit dem er die Küste der Staaten-Insel erreichte. Vier Monate später hörte man wieder von dem Russen. Der Lotse Macias hatte seine Leiche am Ufer von Puerto Parry gefunden. Dort hatte er ihn auch begraben, und zwar, so die schriftlichen Aufzeichnungen, ungefähr 300 Meter von dem Wasserfall entfernt, „außerhalb der Reichweite der Flut".

Thomas und ich standen am Deck der KSAR. Tatsächlich konnten wir ganz deutlich, vielleicht 100 Meter rechts von der Militärbasis, einen Wasserfall hören und bei angestrengtem Starren durch die Zweige auch sehen.

„Wenn die Beschreibung stimmt, dann müßte das Grab rechts oder links vom Wasserfall sein", sagte ich zu Thomas. „Links ist eher unwahrscheinlich, dann läge es so nahe an der Militärbasis, daß es in den letzten Jahren bei Bauarbeiten sicherlich entdeckt worden wäre."

Thomas nickte. „Komm mit ans Ufer, dann zeige ich dir die Stelle. Sie liegt 250 bis 300 Meter rechts vom Wasserfall. Ich bin mir ziemlich sicher."

Hastig fuhren Carla, Thomas und ich mit dem Beiboot hinüber, und kurz darauf standen wir an einer Stelle etwa 50 Meter landeinwärts, die – man konnte es an der Färbung des Grases erkennen – von der Flut gerade noch erreicht wurde. Zunächst fiel mir nichts Besonderes auf; als Thomas dann aber die Zweige auseinanderhielt, sah ich vor mir eine geometrische Steinformation. Nur Menschenhand konnte aus den großen, gleichmäßigen Steinen ein Quadrat gebildet haben. Ein sonstiger Hinweis, daß es sich dabei um eine Grabstätte handelte, fand sich nicht. Das verwunderte auch nicht, denn der Lotse Macias hatte sich ja nur einer Christenpflicht entledigt und dem Toten ein schlichtes Grab bereitet, dort, wo keine Gefahr mehr bestand, daß die Flut ihn erreichte. Den Leichnam weiter landeinwärts zu beerdigen, wäre nicht so einfach gewesen. Macias hätte ihn nämlich zuerst den Berg hochschleifen müssen, was er bei der mächtigen Figur von El Ruso (er soll 1,85 Meter groß gewesen sein) allein wohl kaum geschafft hätte. Schon aufgrund dieser Überlegungen gab es kaum noch einen Zweifel, daß wir tatsächlich das Grab des Russen gefunden hatten. Welch ein Schicksal: Vor der Jahrhundertwende, als selbst Reisen von Stadt zu Stadt noch recht ungewöhnlich waren, hatte es Ivan Ivanowski vom nördlichsten Europa bis in das südlichste Land, nach Feuerland, verschlagen. Doch damit nicht genug: Sein Leben endete am einsamsten und verlassensten Platz von Feuerland, auf der Staaten-Insel. Das Ende am Ende der Welt!

Der Anblick dieser paar Steine, unter denen wir Ivan Ivanowski vermuteten, berührte uns sonderbar. Carla schnitt mit dem großen Tauchermesser ein paar Zweige von den Bäumen und bildete daraus ein Kreuz, das sie neben den Steinen in den Boden steckte. Dazu suchte sie ein paar Moosblüten und legte sie unter das Kreuz.

Das Asado begann erst spät. Denn einen Mikrowellenherd, mit dem man das tiefgefrorene Fleisch schnell hätte auftauen können, gab es hier, fernab jeder Zivilisation, nicht. Wir mußten geduldig warten, bis das Fleisch gebraten werden konnte. Lachend erzählten uns die Soldaten nach den ersten Gläsern Wein, daß sie vor allem deshalb so aufgeregt vom Fischen zurückgekommen waren, weil sie schon beim ersten Anblick der Yacht an ein Asado gedacht hatten und sich nicht sicher waren, ob die Zeit bis zum Auftauen noch reichen würde.

Gegen zehn Uhr abends war es dann soweit. Alles, was die Tiefkühltruhe hergegeben hatte, landete auf dem riesigen Rost, unter dem helle Flammen hervorschlugen. Als erstes Blutwürste, dann Filets und Lenden vom Rind und schließlich noch ein paar halbe Hühner. Unglaublich, welche Mengen Fleisch wir vertilgten. Die Stimmung war so, als ob sich alte Freunde wiedergetroffen hätten. Die Soldaten waren erst ein paar Tage hier; sie hatten sich eigens um diesen Platz beworben und würden ungefähr zwei Monate bleiben. Denn sie liebten es, eine Zeitlang in vollkommener Einsamkeit nur mit der Natur zu leben. Das größte Problem für jede neue Besatzung auf der Insel seien die Hunde. Die hätten ihre Launen und ließen nicht jeden an sich heran. Doch schon nach den ersten zwei Tagen seien sie mit den Hunden gut Freund gewesen – das läge wohl an den vielen Ausflügen, die sie mit ihnen machten. Die Hunde seien begeisterte Bergsteiger.

Von ihren militärischen Aufgaben erzählten die Soldaten nichts; da war sicher nichts zu verschweigen, denn ihre Präsenz hatte zweifellos nur symbolischen Charakter. Auch diese jungen Männer teilten offensichtlich das Vorurteil vieler Argentinier, daß die Chilenen nichts anderes im Sinn hätten, als sich irgendeine nicht ständig von Argentiniern bewohnte Insel unter den Nagel zu reißen. Oder, noch schlimmer: Eines Tages kämen die Soldaten von Maggie Thatcher und würden erklären, die Staaten-Insel sei schon seit vielen Jahren britisch!

Zu vorgerückter Stunde kam die Rede auf Ivan Ivanowski, und wir berichteten von unserer Entdeckung. Die Soldaten widersprachen unserer Vermutung nicht, daß es sich um das Grab von El Ruso handeln müsse. Also war ihnen nichts anderes über dieses auffällige Steinquadrat bekannt. Ohne zu zögern, erklärten sie sich bereit, am nächsten Tag das Grab freizulegen. Nur der jüngste von ihnen, José, war nicht davon begeistert, und er erzählte, daß er häufig in der Nacht ganz deutlich schwere Schritte hören würde. Jetzt wisse er es: Das sei sicher El Ruso. Die anderen beiden Soldaten lächelten, doch José war nicht zum Lachen zumute. Sein ängstlicher Blick zeigte, daß er die Geschichte um Ivan Ivanowski sehr ernst nahm.

Gegen zwei Uhr morgens, die Glut der Feuerstelle leuchtete schon nicht mehr, flog plötzlich, wie von Geisterhand geöffnet, die Tür zum Casino auf. Die Servietten auf den Tischen wurden aufgewirbelt, und wir wurden gewahr, daß sich während des lustigen Abends das Wetter vollkommen verändert hatte. Über die Bucht pfiff ein kreischender Sturm, der auch die Tür aufgerissen hatte. Jean-Paul sprang als erster auf, denn er hatte den Anker der Ksar am Nachmittag eigentlich nur zu einem kurzen Landgang auf Grund geworfen. Gemeinsam mit den Soldaten schleppten wir das Gummiboot im Laufschritt über die Steine am Ufer. Jean-Paul,

Thomas, Reinhard und ich sprangen hinein, und die Soldaten versuchten, uns mit einem Schubs ins tiefe Wasser zu bringen, damit Jean-Paul die Schraube des Außenborders absenken konnte. Beim zweiten Versuch wurden wir nicht wieder vom Wind zurückgedrückt, und bald kämpften wir uns ins tiefe Wasser.

Mindestens zehn Minuten benötigten wir für die etwa 50 Meter bis zur KSAR, denn mehrmals hatte der Wind den Bug des Dingis weggedreht. Wir waren klitschnaß, als wir die Yacht erreichten. Jean-Paul startete sofort die Maschine, und ohne unsere Hilfe zu benötigen – die hydraulische Ankerwinde ersetzte eine ganze Mannschaft – verlegte er die KSAR in tieferes Wasser und fuhr mit voller Kraft zurück den Anker in den Grund. Dann holten wir die restliche Mannschaft von Land. Ärgerlich war, daß wir alle so schön geduscht hatten und jetzt wieder jede Menge Salz an Bord schleppten.

Die KSAR lag jetzt besser vor Anker. Wegen der langen Ankerkette ruckte sie nicht allzu fest ein. Der Windmesser pendelte zwischen 30 und 40 Knoten, also knapp acht Windstärken, aber aufgrund der Abschirmung durch die hohen Felswände rundherum bekamen wir davon nicht viel mit. Als wir uns in die Koje legten, hörten wir vom Vorschiff nichts als ein leichtes Plätschern gegen den Stahlrumpf. Mit dieser Musik in den Ohren schlief ich ein.

Es war mir, als ob ich gerade für eine Minute die Augen zugemacht hätte, als ich aus tiefem Schlaf emporschrak. Aus dem leisen Plätschern war ein ständiges, lautes und dumpfes Knallen geworden, und die Ankerkette ratterte am Wasserstag wie ein Maschinengewehr. Im Salon brannte Licht. Jean-Paul, als Eigner der KSAR besonders sensibel, war längst schon auf den Beinen. Thomas war aus seiner Koje gesprungen und lief an mir vorbei, wobei er das Ölzeug hochzog. Draußen kochte Puerto Parry. Ich blickte durch das runde Bullauge neben meiner Koje, aber ich konnte nichts sehen, denn entweder war das Fenster voll unter Wasser, oder aber es wurde fortwährend von weißer Gischt verdeckt.

Aus der untertags so friedlich wirkenden Bucht war die Hölle geworden. Die aufgewirbelte Gischt ließ die steilen Felswände geisterhaft erscheinen. Massives Wasser flog durch die Luft, was nur bei Böen mit Orkanstärke geschieht. Ich griff nach der Taschenlampe und beleuchtete den Windgeschwindigkeitsmesser. Die Nadel zitterte um die 70 bis 80 Knoten herum: zwölf Windstärken! Alles über 64 Knoten Windgeschwindigkeit entspricht Beaufort zwölf und ist Orkan.

Ich habe in meinem Leben schon viele Stürme und dabei die eindrucksvollsten Phänomene erlebt. In einem der stärksten Hurrikane des Jahrhunderts, der die Südsee heimgesucht hat, wurde ich Zeuge, als ein Beiboot durch die Luft flog. Was war mit dem Beiboot der Ksar? Es hing noch achtern, war aber längst umgeschlagen, was einer kleinen Katastrophe gleichkam, denn die Paddel waren verschwunden. Der Außenborder war unter Wasser.

Aber das war jetzt nicht so wichtig. Achtern näherten wir uns bedrohlich der riesigen Plattform, die als Hubschrauberlandeplatz für Notfälle gedacht war. Die Ksar driftete, der Anker hielt nicht mehr. Längst hatte Jean-Paul die Maschine gestartet und versuchte, den Anker zu entlasten. Was er jetzt tat, war ziemlich riskant, doch blieb ihm nichts anders übrig. Die Plattform war schon so nahe, daß es nicht mehr möglich war, noch mehr Kette zu stecken. Also gab es nur noch eine letzte Möglichkeit, um eine Katastrophe zu verhindern, nämlich den Anker aufzuholen. Jean-Paul motorte Richtung Anker und legte gleichzeitig das Ventil für die Hydraulikpumpe um. Er wußte, daß es wichtig war, den Bug nach Möglichkeit genau im Wind zu halten, denn wenn der Sturm den Bug der Ksar von der Seite erwischte, dann würde er das Schiff mit Sicherheit krängen und den Bug vom Anker wieder abtreiben. Einen zweiten Anlauf würde es dann nicht mehr geben, dafür reichte ganz einfach nicht der Platz.

Wie gut Jean-Paul seine Ksar doch kannte! Offensichtlich wußte er, daß er das Schiff auch bei hartem Wind durchaus noch nach Luv motoren konnte, und er kannte auch genau die Geschwindigkeit der hydraulischen Ankerwinde. Beides mußte zusammenpassen. Würde die Ksar zu schnell werden, dann stünde sie über dem Anker, mangels Fahrt ohne Ruderwirkung, um sich gegen den Sturm in einer Richtung halten zu können. Wäre die Hydraulik zu schnell, so könnte der Anker im unrechten Moment zu früh aus dem Grund gerissen werden.

Boots- und Kettengeschwindigkeit paßten zusammen. Die KSAR machte noch ausreichend Fahrt voraus, als der Anker vom Grund ausgebrochen war, und sie gewann ein paar Dutzend Meter Luv. Aber dann war es vorbei. Der Sturm war inzwischen so stark geworden, daß nicht einmal die freie KSAR noch in den Wind motort werden konnte. Es ließ sich in der Nacht nicht abschätzen, wieviel Luv die Yacht gewonnen hatte. Als ein kreischender Windstoß, der noch stärker war als die vorangegangenen, den Bug wegblies, blieb Jean-Paul nichts anders übrig, als genau in diesem Moment den Anker wieder fallen zu lassen. Zu groß wäre das Risiko gewesen, weiter auf die Küste zugetrieben zu werden. In jedem Fall zu weit, um nochmals den Anker ausbringen zu können. Wir warteten nervös, bis der Anker gefaßt hatte, und gaben so viel Kette, wie die drohende Küste hinter uns es gerade noch zuließ. Im Schein eines aufzuckenden Blitzes sahen wir es: Allzu weit hatte das riskante Ankerauf-Manöver den Anker von der Küste nicht wegbringen können.

Die KSAR befand sich mehr unter als über dem Wasser. Jedesmal wenn der Bug an der fesselnden Ankerkette ins Wasser gezogen wurde, schleuderte der Sturm gewaltige Gischtmassen auf das Vorschiff, die Sekundenbruchteile später vor dem Cockpit anlangten und vom Wind wieder weggerissen wurden. Noch nie in meinem Leben hatte ich ein derartiges Schauspiel erlebt. Das verblüffendste Phänomen aber war der Wasserfall, der nahe bei der Buchtausfahrt vor der schwarzen Felswand deutlich auszumachen war. Die gewaltigen Wassermassen, die jetzt den Berg herunterkamen, erreichten das Meer nicht mehr. Mitten im Fall, vielleicht auf der Hälfte der Felswand, riß der Sturm den Wasserstrom weg und nahm ihn waagerecht mit durch die Luft.

Wir brauchten nicht lange zu warten, bis der Anker wieder anfing, auf Drift zu gehen. Wir hatten schon lange damit gerechnet, denn wenn ein Ankergrund einmal nicht gehalten hat, dann ist die Gefahr sehr groß, daß auch beim zweiten Mal keine große Sicherheit für das Schiff gegeben ist. Jean-Paul legte wieder das Ventil seiner Hydraulik um, und die Kettennuß auf dem Vorschiff begann ihr Werk. Sie war in dem Heulen des Sturms nur noch gelegentlich zu hören, und das auch nur sehr leise. Jede andere Ankerwinde, eine handbetriebene sowieso, hätte in dieser Situation das Ende für die Ksar bedeutet. Auf das Dingi achteten wir schon nicht mehr. Es bestand zwar die Gefahr, daß die Festmacheleine in die Schraube gelangte, doch jetzt konnten wir dagegen nichts tun. Es galt zunächst einmal, mit dem Anker wegzukommen, um einen sicheren Platz zu erreichen. Das war die einzige Chance, die Ksar unbeschädigt aus dieser Situation zu retten. Wieder waren Geschwindigkeit von Hydraulik und Motor exakt aufeinander abgestimmt, und der Anker kam genau in dem Moment frei, als die Ksar über ihm stand. Dieses Mal hatten wir mehr Glück, für einen Moment schien der Sturm nach Atem zu ringen. Der Anker hing jetzt unmittelbar unter dem Bug. Aber was war denn nun passiert? Der Anker war unter einer Wolke von Kelp verborgen. Unmöglich, ihn so wieder einzusetzen.

So blieb uns nichts anders übrig, als uns auf das Vorschiff zu legen und mit der Machete (so ein Ding gehört zur Grundausstattung einer Weltreiseyacht) das zähe Unkraut herunterzuhacken. Dann heulten die nächsten Böen von den Felsen herunter. Es war wegen der Unberechenbarkeit der Sturmstöße – und wegen der Finsternis – jetzt einfach zu riskant, den Anker aufs Geratewohl irgendwo einzugraben. Die Entfernung zum Ufer konnten wir nur ganz grob abschätzen, indem wir die Felswände mit den Augen nach oben verfolgten. Gelegentlich zeichneten sich gegen den dunklen Himmel Wolkenfetzen ab, die über die Gipfel hinwegflogen. Es gab keine andere Wahl, wir mußten Fliegender Holländer spielen und Kreise ziehen, bis es dämmerte.

Nach zwei Stunden Motoren im Kreis ging das abweisende Schwarz um uns herum in ein bedrückendes Grau über, und kurz darauf schon konnten wir die einzelnen Felsen rings um uns auseinanderhalten. Jetzt gelang es, den Anker an die 50 Meter weiter auszubringen als zuvor. Entscheidende 50 Meter! Denn als der Sturm die Ksar zurückgetrieben hatte und sie wieder in die Kette einruckte, war die gischtübersprühte gefährliche Hubschrauberplattform achteraus und blieb auch dort. Noch eine Stunde lang dauerte das Toben, bis Jean-Paul endlich die Maschine abstellen und seinen Wachposten im Cockpit aufgeben konnte. Todmüde krochen wir in die Kojen.

Thomas wurde als erster wach. Lautes Prusten am Schiff hatte ihn aufgeweckt. Er rüttelte mich in meiner Koje. „Wale", flüsterte er mir zu. Auf Zehenspitzen schlichen wir uns zum Cockpit. Tatsächlich, auf der anderen Seite der Bucht sahen wir drei riesige, schwarz glänzende Leiber gemächlich am Ufer entlangschwimmen. Gelegentlich stießen sie gewaltige Wasserfontänen in die Luft, und mehrfach hallte das Echo von den Felswänden zurück. Dann änderten sie ihren Kurs, schwammen zum Ausgang der Bucht, und ohne erkennbare Eile waren sie bald hinter dem Felsvorsprung verschwunden, der die Dünung daran hinderte, in die Bucht zu laufen. Der Besuch der Wale war so selbstverständlich, als ob ein Wachmann nur mal kurz in die Felsbucht gekommen wäre, um nach dem rechten zu sehen. Nachdem wir die Tiere mit dem Feldstecher bis zum Schluß verfolgt hatten, entdeckte Reinhard am felsigen Ufer die Beibootriemen.

Die Bucht lag nun wieder so da wie bei unserer Ankunft. Die steilen, dichtbewachsenen Berge spiegelten sich im Wasser. Nichts erinnerte mehr daran, daß ein paar Stunden zuvor Erde und Himmel Krieg geführt hatten. Um seinen Außenborder zu retten, hatte Jean-Paul ihn mit Süßwasser gewaschen; jetzt war er dabei, ihn zu zerlegen. Ein Geduldsspiel, das jeder Segler kennt, der ständig vor Anker lebt. Reinhard hatte sich mit dem Dingi und einem Paar Ersatzriemen auf den Weg gemacht, um die Paddel zu bergen. Nur am Eingang zur Bucht rauschte und grollte es noch von draußen her. Auch ohne einen Blick auf den Barographen zu werfen, war uns klar, daß wir an diesem Tag nicht mehr über die Le-Maire-Straße zurücksegeln konnten.

Wir ruderten an Land, und ich erinnerte die Soldaten daran, daß wir nach El Ruso sehen wollten. Sie hatten schon mit uns gerechnet, hatten über ihre 20 Meter hohe Antenne von Ushuaia einen aktuellen Wetterbericht angefordert. Der bestätigte, was wir uns angesichts des Grollens und Rauschens von draußen her schon denken konnten: sieben Windstärken in der Le-Maire-Straße. Sieben Windstärken können in jedem Stromgewässer unangenehm sein, die Le-Maire-Straße machen sie unter Umständen für eine Yacht unpassierbar.

Pickel und Spaten standen schon bereit, um das Grab von Ivan

Ivanowski zu untersuchen. Die Soldaten hatten hohe Schaftstiefel angezogen, denn es war damit zu rechnen, daß wir, so wenige Meter über der Hochwasserlinie, auf feuchtes Erdreich treffen würden. Wir stapften los, allen voran der 18jährige stattliche José mit dem Pickel über der Schulter. Er konnte es offensichtlich gar nicht erwarten, das Grab zu öffnen, was mich nach seinem Verhalten in der vergangenen Nacht doch recht wunderte. Kurz vor der Stelle, die Thomas als Russengrab identifiziert hatte, machte der Pfad eine kleine Biegung. Kaum war José unseren Blicken entschwunden, hörten wir einen Schrei, und Sekundenbruchteile später kam José zurückgerannt, seinen Pickel in großem Bogen wegwerfend. Das fröhliche Jungengesicht war plötzlich aschfahl geworden. Er deutete mit dem Zeigefinger über die Schulter und murmelte nur noch: „El Ruso, El Ruso, El Ruso!"

Thomas war José um die Ecke gefolgt und kam nun ebenfalls zurück, allerdings mit einem breiten Grinsen. So schlimm konnte es also nicht sein! Die Erklärung für das merkwürdige Verhalten von José: Er hatte diese Stelle schon häufiger gesehen, aber nie irgend etwas Auffälliges entdecken können. Jetzt aber war sie seiner Meinung nach geheimnisvoll verändert. Dort, wo sonst nur sechs Steine am Boden eingegraben waren, lagen, wie von Geisterhand, frische Blumen, und daneben stand ein aus Ästen geformtes Kreuz. Wir fingen alle an, lauthals zu lachen, und nur mit Mühe konnten wir José damit beruhigen, daß Carla es gewesen sei, die das Grab geschmückt habe. Gleichwohl, José fühlte sich nicht mehr so gut wie vorher.

Wir begannen zu graben. Doch was ursprünglich nach einer leichten Arbeit ausgesehen hatte, erwies sich dann doch als wahre Schinderei. Denn quer durch den Boden waren im Laufe der Zeit dicke Baumwurzeln gewachsen, die alle erst mühsam abgehackt werden mußten. Wir kamen tiefer und tiefer, und unsere Anspannung wurde immer größer. Ein Knochen, den José mit spitzen Fingern aus dem Erdreich holte, stellte sich bei näherem Hinsehen als Tierknochen heraus, möglicherweise von einem Guanako, einer Art Lama, die, ziemlich scheu, auf der Staaten-Insel leben sollte.

Das Erdreich wurde immer feuchter, und immer häufiger mußte

mit dem Spaten erst das Wasser in hohem Bogen aus der Grube geschleudert werden. Bis zur Hüfte standen die Soldaten in dem Erdloch, doch je weiter sie gruben, um so weniger war zu sehen. Allmählich hatten wir beim Graben nämlich das Niveau des Hochwassers erreicht. Schließlich brachen wir die Aktion ab, denn wir hielten es für so gut wie ausgeschlossen, irgendeine Spur von Ivan Ivanowski zu finden. Waren nach fast einem Jahrhundert in einer derart salzwasserreichen Erde überhaupt noch Spuren eines Menschen zu finden? Wir schütteten das Grab zu und legten die Steine auf die alte Stelle. José, sichtlich erleichtert, steckte Carlas Kreuz als letzte Handlung in das Erdreich.

Stromschnellen

Unsere erste Überquerung der Le-Maire-Straße war ereignislos verlaufen, das verführte uns jedoch nicht zu Leichtsinn. Erfahrene Segler machen so einen Fehler nicht, sie verlassen sich statt auf ihre einzige Erfahrung lieber auf die Angaben in den Seehandbüchern, die auf Hunderten von Beobachtungen basieren. Für die Le-Maire-Straße war in dem abgegriffenen Exemplar auf der Ksar folgendes nachzulesen:

„Zwischen Staaten-Insel und Kap Hoorn setzt sehr starker Strom, stellenweise bis zu zehn Knoten. Auf der Staaten-Insel sind Buchten schwerer anzulaufen, weil meistens Tidenströme quer zu den Einfahrten setzen. Es muß mit plötzlich drehenden Fallböen gerechnet werden. Um die Staaten-Insel herrschen normalerweise starke Tidenströme, die brechende Seen verursachen, welche wiederum von Booten nicht passiert werden können, ja sogar gefährlich für große Schiffe sind. Dies gilt besonders bei Sturm, der gegen den Strom bläst. Hierdurch wird eine sehr konfuse See verursacht, die durch die Ostströmung von Kap Hoorn und die Ströme aus den Kanälen von Feuerland verstärkt wird. An der Staaten-Insel trifft West- auf Oststrom, so daß sich selbst in gutem Wetter eine schwere See entwickeln kann. In der Mitte der Le-Maire-Straße, wo die Tiefen irregulär sind, setzen Gezeitenströme bis zu zehn Knoten. Man achte darauf, daß Tidenstrom und Wind in gleicher Richtung verlaufen, sonst ist immer mit schwerer See zu rechnen. Gelegentlich werden so starke Kabbelwasser gemeldet, daß beispielsweise das deutsche Motorschiff Marie nicht mehr zu handhaben war. Kabbelwasser und brechende Seen sind nur bei ruhigem und gutem Wetter auszumachen. Der Wind hat im Sommer zu 50 Prozent mehr als Stärke sieben, davon wiederum zwei Drittel acht und mehr. Böen sind heftig und nicht vorherzusagen. Häufig kommen sie aus entgegengesetzten Richtungen. Wenn Böen auf hohe Berge treffen, können sich Windstöße bis zu 100 Knoten Geschwindigkeit entwickeln."

Wir mußten also bei den günstigsten Wetterbedingungen über die Le-Maire-Straße und weiter nach Puerto Williams auf der chilenischen Seite des Beagle-Kanals segeln. Merkwürdigerweise sind die meisten Segelschiffe (es sollen weit über hundert gewesen sein) nicht in der Nähe der Le-Maire-Straße gestrandet, sondern mehr an der Nordostecke der Staaten-Insel. Wiewohl man von dem größten Schiffsfriedhof der Welt spricht, sind die Reste dieser einst stolzen, hölzernen Pracht der Weltmeere (ähnlich wie Ivan Ivanowski) längst verschwunden. Denn auch in diesen kalten Gewässern, deren Temperatur selten mehr als acht oder neun Grad erreicht, ist der Teredowurm zu Hause, dem man nachsagt, er würde sich nur in tropischen Gewässern aufhalten. Seine Lieblingsspeise ist Holz, scheinbar vorzugsweise das von Schiffen. Diese winzigen Lebewesen und starke Unterwasserströmungen haben im Laufe der Jahrzehnte die Wracks verschwinden lassen, so daß es auch nur wenige Taucher versucht haben, durch das Heben von versunkenen Schätzen zu Reichtum zu gelangen. Höchstwahrscheinlich wäre auf zahlreichen Schiffen, die vor rund hundert Jahren an den schroffen Felsküsten der Staaten-Insel zerschellt sind, auch nicht mehr viel zu finden gewesen.

Denn es ist kein Geheimnis, daß nicht nur das schlechte Wetter und die rauhen Gewässer für zahlreiche Schiffsuntergänge verantwortlich waren. Man stelle sich einmal die wirtschaftliche Situation zahlreicher Reedereien in der zweiten Hälfte des letzten Jahrhunderts vor, als die Segelschiffe allmählich durch Dampfschiffe ersetzt wurden. Die konnten pünktlich ihren Fahrplan einhalten, und zu ihrer Bedienung bedurfte es keiner so großen Mannschaft. Hinzu kam, daß das Risiko einer Havarie durch die bessere Manövrierbarkeit der Dampfer in allen Wetterlagen geringer geworden war. Auch wenn man die ersten Dampferkapitäne geringschätzig als Tölpel auf der Brücke bezeichnete, konnte nichts darüber hinwegtäuschen, daß die Zeit der Segelschiffe sich dem Ende zuneigte. Was lag da näher, als die nunmehr unverkäuflich und unrentabel gewordenen Segelschiffe an entfernten Küsten auf Felsen auflaufen zu lassen – selbstredend hoch versichert.

Hierfür eignete sich die Staaten-Insel wie kein anderes Revier der Welt, zumal sie wegen ihrer Gefährlichkeit schon berüchtigt war. Wenn an windarmen Tagen vor dem Bug eines Klippers, der nach den Papieren in Chile Guano laden sollte, plötzlich aus dem Nebel Felsklippen auftauchten und der Rumpf des hölzernen Riesen sich mit erbärmlichem Kreischen auf das Unterwasserhindernis aufschob, wer wollte in diesem Moment schon wissen, ob der Kapitän tatsächlich tagelang keinen vernünftigen Schiffsort mehr bekommen oder ganz bewußt diesen Crash-Kurs steuern lassen hatte. Die Mannschaft rettete sich mit den Beibooten an Land, wo Nahrung und Unterkunft in den von den argentinischen Behörden errichteten Schutzhütten schon bereitstanden. An dieses Ende der Welt kam auch keine Kommission der Versicherung, um nach den Ursachen des Versicherungsfalles zu forschen.

Wir jedenfalls wollten die Ksar sicher über die Meerenge bringen. Außer unserer eigenen Wetterkarte hatten wir auch noch die Wettermeldungen aus Ushuaia, die uns die Soldaten zum Frühstück herübergefunkt hatten. Leichter Wind aus Ost, keine Sturmwarnung. Das war unser Wetter! Jean-Paul ging zum Startknopf der Maschine und murmelte sein inzwischen zum geflügelten Wort gewordenes „Tough navigation!“. Im Klartext: keine Probleme!

Schon bald nachdem die kabbelige See in der Einfahrt von Puerto Parry achteraus lag, füllte ein leichter Nordost unsere Segel und stützte die Ksar. Die Maschine wurde nicht abgestellt, denn bei dem leichten Wind hätten wir wahrscheinlich nur zwei, drei Knoten Fahrt gemacht. Wir mußten diese Wetterphase nutzen und die Meerenge möglichst schnell hinter uns bringen.

Mit Erleichterung stellten wir fest, daß die Huk, an der wir beim ersten Versuch aufgegeben hatten, an Backbord achteraus peilte. Wir tauchten in die Le-Maire-Straße ein – im wahrsten Sinne des Wortes. Denn plötzlich wurde aus der kabbeligen See eine hügelige Wasserlandschaft. Häufig deckten Dünungsbuckel unsere Segel ab und nahmen ihnen den Wind. Die Ksar begann heftig zu rollen, und wenn sie wieder einmal so einen Wellenrücken hinunterrauschte, hatte man das Gefühl, man müsse sich an den Relingsdurchzügen festhalten, um nicht aus dem Schiff zu fallen. Um es einmal ganz ehrlich zu sagen: Trotz der rund 100 000 Seemeilen, die ich auf dem Buckel habe – an Lage habe ich mich mein ganzes Seglerleben nicht so richtig gewöhnen können. Erst recht dann nicht, wenn mangels Sicht auf den Horizont die Lage im Raum gar nicht mehr so richtig festzustellen war. Tatsächlich konnten wir den Horizont nur noch gelegentlich und das auch nur als Schaumstreifen ein paar hundert Meter weit entfernt wahrnehmen; die Seen um uns herum waren so steil, daß sie die hohe Küste abdeckten. Obwohl wir zeitweise mit sechs Knoten dahinrauschten, lief die Maschine mit. Ich wunderte mich, daß offensichtlich der Ölkreislauf nicht unterbrochen wurde, wenn wir für Augenblicke 40 Grad und mehr Lage schoben. Nach Meinung von Motorfachleuten kann das auf Dauer nicht gutgehen, doch Jean-Paul versicherte, daß er seinem Volvo so eine Tortur immer zumuten würde, der habe schon viele tausend Stunden so arbeiten müssen.

Frei von Seekrankheitssymptomen war, Jean-Paul vielleicht ausgenommen, niemand mehr an Bord. Nachdem der Skipper sich am Ruder ohnehin nicht ablösen ließ, ging ich nach unten, um mich für kurze Zeit in die Koje zu legen. Aber von Ausruhen konnte nicht die Rede sein, denn es kostete mich einige Anstrengung, um überhaupt in der Koje liegenzubleiben. Ich hatte immer eine Hand am Handläufer griffbereit, um mich wieder in die Koje zurückzuziehen, wenn mein schwerer Körper über die Polster zu Boden rutschen wollte. Die Farben am Bullauge wechselten im Sekundenrhythmus von Grau auf Blau und dann wieder Gischtweiß; vom Himmel war nichts zu sehen. Als es unten nicht mehr auszuhalten war und ich mein sicherlich fahles Gesicht zum Niedergang hinaus in den Fahrtwind hielt, bekam ich unter höhnischen Kommentaren eine eiskalte Ladung Wasser ab. Reumütig verkroch ich mich hinter dem Klappverdeck und krümmte mich zusammen.

Stunde um Stunde kämpften wir, mehr unter als über Wasser, um die Küste Feuerlands zu erreichen. Albatrosse umkreisten uns. Aus unserer Perspektive, meistens tief im Wellental, war Navigation nach Landsicht unmöglich. Erst das Radargerät zeigte uns mit seinem Auge hoch oben im Besan, daß schon mehr als die Hälfte der Le-Maire-Straße hinter uns lag. Die Wettervorhersage war so optimistisch gewesen, daß wir mit einer Verschlechterung nicht rechnen mußten. Gott sei Dank! Denn wir konnten uns kaum ausmalen, was in dieser Meerenge bei Sturm los sein würde, wenn es schon jetzt so zuging. Wie richtig war es doch gewesen, daß wir auf unserem 6000-Meilen-Weg von Tahiti nach Mar del Plata mit der THALASSA II nach der Rundung von Kap Hoorn einen weiten Bogen um die Le-Maire-Straße und die Staaten-Insel gemacht hatten.

Endlich näherten wir uns der anderen Seite, und die Stimmung an Bord hob sich wieder. Zeitweise war sogar der Horizont zu sehen, denn die Wellenhöhe hatte ein wenig abgenommen. Doch auf den letzten Seemeilen schlich die Zeit nur so dahin. Der Strom war gekentert und versuchte uns in die Straße zurückzutreiben. Jean-Paul stellte den Motor auf Vollgas und gestand, daß auch er ganz froh sei, wenn wir es endlich hinter uns hätten. Erst als Cabo Buen Suceso querab lag, nahm er den Gashebel etwas zurück. Der Himmel hing voll tiefer Wolken, und so brach die Nacht schneller herein, als es sonst in den hohen südlichen Breiten der Fall ist.

Mit dem Feldstecher suchten wir die dunkelgraue Küste nach Leuchtfeuern ab. Ganz in der Ferne konnten wir die Blitze von Isla Nueva ausmachen und hielten zunächst darauf zu. In vergleichsweise glattem Wasser liefen wir mit Segelunterstützung ungefähr sieben Knoten. Aber die grauen Umrisse der Küste an Steuerbord wollten und wollten nicht nach achtern auswandern. Offensichtlich hatten wir vier bis fünf Knoten Strom gegenan, wie uns die Radarpositionen erkennen ließen. Schulmäßig trug Jean-Paul jeweils die Postition mit Zeitangabe in die Seekarte ein, was sich noch als wertvoll erweisen sollte.

Es war schon lange nach Mitternacht und stockfinster, als mit einem kleinen Zucken auf dem Bildschirm sich das Radar plötzlich verabschiedete. Und nachdem in der Seefahrt die Navigationsteufel immer zusammenarbeiten, war es uns trotz sorgfältigen Absuchens des Horizonts ausgerechnet jetzt nicht mehr möglich, die Leuchtfeuer von Isla Nueva auszumachen. Zusätzlich gab auch der Autopilot seinen Geist auf, was nicht tragisch gewesen wäre, wenn es im Cockpit einen Kompaß gegeben hätte. Aber es gab keinen. Thomas versuchte es mit seinem Handpeilkompaß. Der drehte sich jedoch wegen der riesigen Stahlmassen rundherum nur dann einigermaßen frei, wenn man ihn vollkommen waagerecht hielt – fast unmöglich in der Dunkelheit. Ich war ohnehin entschieden dagegen, ihn überhaupt zu benutzen, denn was half eine Anzeige, die möglicherweise mit einer Deviation von bis zu 40 Grad verfälscht war.

Noch standen wir weit genug von der Küste entfernt, trotzdem waren wir in einer schwierigen Situation. Jetzt erst kam uns so recht zu Bewußtsein, wie sehr doch das Radarauge die Seefahrt vereinfacht. Wir befanden uns in Küstennähe, jederzeit konnten Wolkenbrüche die Sicht bis auf Null herabsetzen, der Strom setzte gegen uns, kein Leuchtfeuer war zu sehen und die kaum zu erahnende Küstenformation nicht zu identifizieren. Aus den letzten Berechnungen wußten wir zwar, daß der Strom mit vier Knoten aus Westen genau gegenan setzte; doch wie lange er noch aus dieser Richtung kam, ob er seine Stärke beibehielt und wohin er uns treiben würde, wenn er kenterte, das alles ließ sich nicht einmal schätzen. Denn laut Gezeitentafel hätte dieser starke Strom gar nicht setzen dürfen.

So eine Nacht mußte es wohl gewesen sein, als die LOGOS mitten im Beagle-Kanal auf eine Felsklippe lief. Offensichtlich hatte ihr auch Gott nicht beigestanden. Ihre Fracht war nämlich bemerkenswert, sie bestand aus ein paar hunderttausend Bibeln, die eine Gruppe von Missionaren in den Pazifik bringen wollte. Sie nahmen den Schiffbruch nicht tragisch, denn – wie konnte es anders sein – sie redeten sich ein, daß die Strandung gottgewollt war. Als wir bei der Herfahrt dieses Wrack friedlich auf einem Felsen sitzen sahen, umgeben von einer spiegelglatten See, da hatten wir die Einfalt des Skippers noch belächelt, in einem so breiten Fahrwasser aufs Riff zu gehen. Doch jetzt wußten wir, wie leicht das jedem passieren kann, wenn die Elektronik versagt und auch die selten gewarteten Leuchtfeuer plötzlich ihren Dienst einstellen. Dies war das einzige Mal während des gesamten Törns, wo ich auch bei Jean-Paul äußere Anzeichen einer beginnenden Nervosität registrierte.

Glücklicherweise war die Strömung so stark, daß sie uns die ganze Nacht auf dem Beagle-Kanal festhielt, ohne daß wir uns allzu sehr dem Land genähert hätten. Erst mit der frühen Dämmerung

21

22

24

25

21 Jean-Paul Bassaget vor dem Kap Hoorn.

22 Militärische Wachstation der Chilenen auf der Insel Hoorn. Dienstzeit in der totalen Einsamkeit: drei Monate.

25 Seelöwen- und Albatros-Idylle, zehn Meilen von Kap Hoorn entfernt.

23 Außer drei chilenischen Soldaten gibt es auf dem Hoorn noch zwei Hunde. Sie sind es gewohnt, bei zehn Windstärken herumzulaufen, was ihnen eine Art "Kap-Hoorn-Blick" eingebracht hat.

24 Kormorane im Beagle-Kanal.

26

27

28

26 Frauen in Puerto Williams. Ihre Ähnlichkeit mit den Indianerinnen auf den vergilbten Fotos ist unverkennbar.

27/28 Yahgan-Indianerinnen. In den Kanus führten sie ständig ein Feuer mit sich, daher der Name Feuerland. Der Stamm der Yahgans soll in den dreißiger Jahren ausgestorben sein. Sie wanderten mit ihren Kanus in den rauhesten Gewässern der Welt. (Mit freundlicher Genehmigung des Museums in Ushuaia)

29/30 Der 20jährige Jörn aus Hamburg trifft bei seiner Beagle-Kanal-Expedition im Kajak in der wohl einsamsten Gegend der Welt den Amerikaner Howard, der gerade von seiner Kap-Hoorn-Umrundung im Faltboot zurückkommt.

31 Trotz sechs Grad Wassertemperatur konnte Thomas nicht widerstehen, nach Kelp zum Abendessen zu tauchen.

32 Nach der Kap-Hoorn-Umrundung freut sich die salzwasserverkrustete Mannschaft der KSAR über eine Süßwasserdusche.

29/30

31

32

33

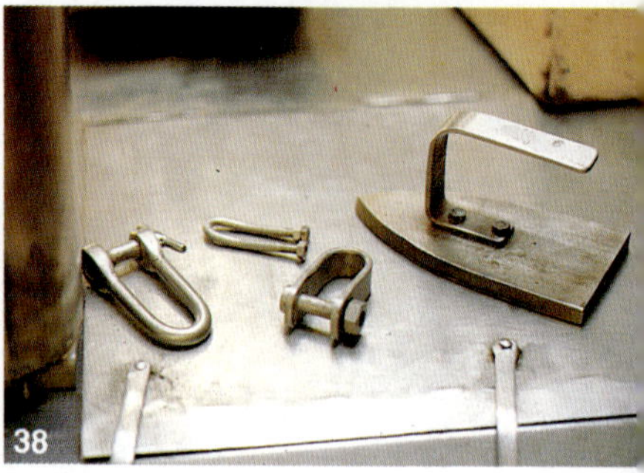

36

33/34 Im Kajak war Marcel Bardiaux Europameister, jetzt benutzt er es als Beiboot. Bobby Schenk mit dem erfahrensten Fahrtensegler der Welt.

35 Die 14 Meter lange Nirosta-Yacht Inox.

36 Der 80jährige Bardiaux hat nicht nur das ganze Schiff aus Nirosta selbst gebaut …

37 … sondern auch die Masten …

38 … ja, sogar die Schäkel und das Bügeleisen.

42

43

44

Der Klimawechsel macht uns zu schaffen: zuerst Feuerland, dann der Amazonas-Dschungel bei 45 Grad.

Unser Dschungel-Führer lebt mit seiner Familie auf einer 50 Meter langen Insel im Amazonas.

Der große Dschungel-Kenner...

42 ...rudert mit uns, vorbei an der "Königin der Seerosen" mit bis zu zwei Meter großen Blättern,...

43 ...in das fast undurchdringliche Grün des Dschungels...

44 ...und holt aus der Baumkrone ein Faultier zum Fotografieren (und Streicheln) herunter. Danach klettert er mit dem grauen Bündel zurück in den Wipfel und hängt es an seinen Platz.

45

46

47

48

49

45 Turks Islands, ein Traum in Türkis. Vorn zwischen den Riffen der Ankerplatz von Kolumbus. Deutlich ist auf "San Salvador" der von Kolumbus erwähnte See zu sehen.

46 Polizist auf Grand Turk.

47 Früher waren die 4000 Bewohner Turks Islands englisch, heute sind sie unabhängig. Kanonen kamen nie zum Einsatz.

48 Postbeamtin auf Grand Turk – in ihr Haar hat sie Goldmünzen geflochten.

49 Dokumentation einer Reise (fast) von Pol zu Pol.

50

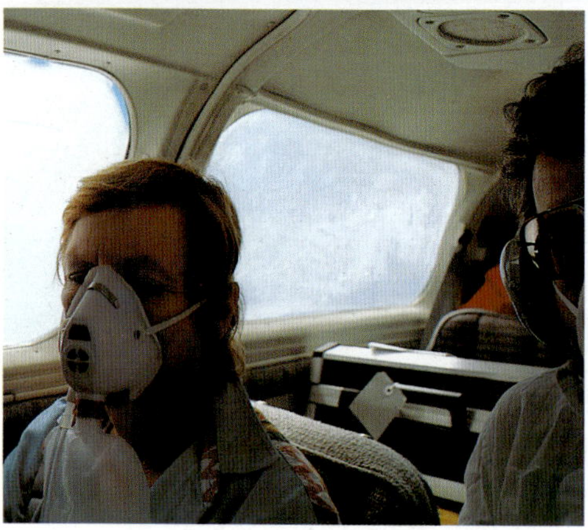

51

50 Cockpit der Mooney 252 auf dem Flug über Nordamerika in 25 000 Fuß Höhe bei minus 35 Grad und bei einer Geschwindigkeit von über 200 Knoten.

51 25 000 Fuß Höhe über Nordamerika: Das waren fast sieben Stunden Flug mit Sauerstoffmaske und bei zugefrorenen Fensterscheiben.

52 Bei minus 25 Grad in Grönland. Donald (links) hatte die lebensrettende Idee, auf diese größte Insel der Erde auszuweichen.

52

konnten wir erschöpft, aber zufrieden in eine Bucht auf der argentinischen Seite des Kanals einlaufen. Als die Sonne über die Berge geklettert war, leuchtete auf der chilenischen Seite Puerto Williams zu uns herüber.

Kap-Hoorn-Rekorde

Vor einigen Jahren hatte ich für die Zeitschrift „Yacht" in einer Serie mit dem Titel „Yachtclubs der Welt" eine Reihe von Segelclubs rund um den Erdball beschrieben. Der Yachtclub von Puerto Williams hätte, wäre er mir damals nur bekannt gewesen, eine ganz besondere Stellung eingenommen. Nicht nur, daß es der am südlichsten gelegene Yachtclub der Welt ist; er ist gewiß auch der romantischste und der mit den sportlichsten Besucheryachten. Denn wer nach Puerto Williams kommt, der hat auch Kap Hoorn im Hinterkopf. Nicht zuletzt die jungen Kajakfahrer und Kanuten, die Kap Hoorn für sich erobern wollen und für die Puerto Williams der Ausgangsort schlechthin für ihre abenteuerlichen Unternehmungen ist.

Wenn Besucher oben an der Reling des Yachtclubs stehen und mit den Gästen des Clubs ins Gespräch kommen, so lautet ihre Frage nicht: „Wollen Sie zum Kap Hoorn?", sondern stets: „Wann starten Sie denn Richtung Kap Hoorn?"

Im Yachtclub von Puerto Williams steht man tatsächlich nicht oben an der Pier, sondern oben an der Reling. Das „Clubhaus" ist nämlich nichts anderes als ein auf Grund gesetzter Ausflugsdampfer, der hier einen sinnvollen Lebensabend verbringt. Das Schicksal dieses Ausflugsdampfers wäre allein ein ganzes Buch wert, hat er doch die meiste seiner aktiven Zeit nicht irgendwo auf dem Meer in Südamerika verbracht, sondern ausgerechnet auf dem Rhein. Ein Teil der früheren Passagierräume steht unter Wasser, aber auf dem Oberdeck ist fast noch alles so wie früher. Und wenn man über den Bug blickt und es etwas diesig ist, kann man sich ganz gut vorstellen, man wäre auf dem Rhein. Bei schönem Wetter allerdings sieht man die andere Seite des Beagle-Kanals mit den schneebedeckten Bergen Feuerlands.

Auf der Brücke hängen immer noch die deutschen Vorschriftstafeln an der Wand, doch daneben sind im Laufe der Jahre von den Gästen des Yachtclubs zahlreiche Wimpel angepinnt worden. Sie sind zum Teil beschriftet, und da kann man Abenteuerliches nachlesen. Auf mindestens drei Exemplaren, darunter einem mit Beschriftung in deutscher Sprache, heißt es sinngemäß: Die erste Umrundung des berüchtigten Kap Hoorns in einem Kajak geschafft! (Im Museum von Puerto Williams befindet sich ein Wimpel von einem Engländer, der das Kap schon im Jahre 1959 als erster in einem Kajak umrundet haben will.)

Wer auch immer der erste war: Die Umrundung von Kap Hoorn in einem Kajak oder Faltboot ist schon eine erstaunliche sportliche Leistung. Wiewohl man da differenzieren muß: Viele dieser Kap-Hoorn-Rekordler lassen sich von Puerto Williams aus von einem Motorboot oder auch einer Segelyacht huckepack zu einer Bucht vor der eigentlichen Südhuk Kap Hoorns mitnehmen, um dann „auf eigenem Kiel" eine vergleichsweise kurze Strecke von etwa zehn Meilen Länge um das berüchtigte Kap zurückzulegen.

Das ist natürlich gar nichts, wenn man bedenkt, daß der Kajakfahrer, der aus eigener Kraft von Puerto Williams zum Kap Hoorn fährt, die Bahia Nassau überqueren muß, eine ähnlich gefährliche Meeresstraße wie die Le-Maire-Straße.

Am meisten aber bewundere ich jene jungen Leute, die hierherkommen, um sich mit der Natur zu messen, sportliche Herausforderungen anzunehmen und dabei so ganz nebenbei geradezu unglaubliche Rekorde aufstellen, ohne daß dies etwa das Motiv für ihre Unternehmungen gewesen wäre. Der 23jährige Howard Rice war einer von denen. Howard war mit einem Klepper-Faltboot mit Minibesegelung (Klepper Passat) nach Puerto Williams gekommen, nicht, um das Kap Hoorn „zu machen", sondern um die Landschaft kennenzulernen und die Gewässer mit dem Faltboot zu erkunden. Wie viele junge Amerikaner war er von seinem Hobby so begeistert, daß es eigentlich nur ein einziges Gesprächsthema für ihn gab, und das war sein Klepper-Faltboot. Er rühmte es als das beste Segelboot schlechthin, das es auf der ganzen Welt gebe, und er meinte, er würde es mit jeder Yacht aufnehmen. Das war zwar ganz schön übertrieben, aber angesichts dessen, was Howard geleistet hatte, war jedermann ihm so freundlich gesinnt, daß niemand ihm widersprach. Denn Howard war nicht nur die Kanäle auf und ab gesegelt (oder gepaddelt), wo das rettende Ufer jederzeit in greifbarer Nähe war, er hatte auch die gefürchtete Bahia Nassau überquert. Auf dem Rückweg nach Puerto Williams war er am Kap Hoorn vorbeigekommen, hatte es gewissermaßen ganz nebenbei gerundet. Als Howard uns im Yachtclub von Puerto Williams seine Story erzählte, saß neben ihm schweigend und gelegentlich in sich hineinlächelnd der 20jährige Jörn Vorwerk. Offensichtlich wußte dieser junge Hamburger genau, daß er seinen neuen Freund Howard nur reden zu lassen brauchte, denn er würde seine, Jörns, Rolle schon noch erwähnen. Und tatsächlich war die Geschichte der Bekanntschaft dieser beiden des Erzählens wert.

So wie früher die Indianer mit ihren Langbooten in den Kanälen herumgepaddelt sein müssen, so war auch Howard mit seinem Klepper-Faltboot unterwegs. Plötzlich öffnete der Himmel seine Schleusen, und Howard suchte das nächste Ufer auf, um seine Reise für diesen Tag zu unterbrechen. Er baute das mitgebrachte Ein-Mann-Zelt auf und legte sich schlafen. Daß er in dieser gottverlassenen Gegend nicht allein sein könnte, kam ihm beim Einschlafen gar nicht in den Sinn. Wie lange er geschlafen hatte, wußte er nicht, jedenfalls wurde er vom Rütteln an der Schulter wach. Zu seinem größten Erstaunen blickte er in das Gesicht eines jungen Mannes. Das war der Beginn seiner Freundschaft mit Jörn.

Diese Geschichte wäre nicht weiter erwähnenswert, wenn nicht Jörn ebenfalls mit einem Kajak unterwegs gewesen wäre. Und wie der Zufall es so wollte, waren sie an diesem Tag im selben Kanal unterwegs. Jörn hatte erst Howards Faltboot am Ufer gesehen und wenige Meter dahinter im Dickicht das kleine Zelt ausgemacht.

Von da an unternahmen sie ihre Reisen meist zu zweit. Bemerkenswert, wie die beiden ihre Mahlzeiten einnahmen. Sie gingen aneinander längsseits und verbanden ihre wackligen Boote mit einer Leine zu einem Gefährt, das einem kleinen Katamaran ähnelte. Dann wurde gekocht – auf einem Spirituskocher, wie ihn üblicherweise Bergsteiger benutzen. Mit Stolz erzählte Howard, daß er Jörn sogar einmal zu Irish Coffee eingeladen hätte.

Vom Kochen kam Howard auf eine andere Geschichte zu sprechen, darauf, wie er seine Ein-Mann-Feuerland-Expedition im Hinblick auf seinen Kräfteverbrauch geplant hatte. Mit wissenschaftlicher Akribie hatte er noch zu Hause exakt seinen Kalorienbedarf berechnet und, beraten von einem Arzt, einen Speisezettel zusammengestellt. Jede einzelne Mahlzeit wurde vakuumverpackt; ein Aufkleber gab Aufschluß über die enthaltenen Kalorien, den Gehalt an Fett, Kohlehydraten, Proteinen etc. Trotz der großen körperlichen Anstrengung habe er auf seiner Expedition kein Gramm Gewicht verloren und sich genauso gesund gefühlt wie immer, sagte Howard nicht ohne Stolz.

Thomas hatte Howard aufmerksam zugehört und wandte sich dann an Jörn: „Und wie hast du deine Nahrungsprobleme gelöst?“

Ich sah, daß Howard über diese Frage nicht gerade erfreut war. Jörn antwortete bescheiden: „Mit einem Sack Kartoffeln und einem Sack Zwiebeln.“

Böse war es nicht gemeint, auch nicht abfällig, als Howard daraufhin sagte: „He is an eating-machine.“ Es paßte offensichtlich nicht so sehr in sein Konzept, daß das Problem der Nahrungsaufnahme auch so einfach gelöst werden konnte.

Ich nahm mir vor, Jörn am nächsten Tag nach seinen eigenen Erlebnissen zu fragen, aber da war das kleine Zelt, das auf dem Stückchen Wiese vor dem Yachtclub gestanden hatte, verschwunden und auch das Kajak von Jörn. Wir haben ihn nicht wiedergetroffen.

Abends waren wir im Offiziersclub von Puerto Williams eingeladen. Das gesellige Beisammensein der Offiziere mit ihren Frauen am Samstagabend war offensichtlich das einzige gesellschaftliche Ereignis in dem kleinen Garnisonsstädtchen. In unserer Segelkleidung kamen wir uns etwas fremd vor angesichts der schmucken, makellos weißen Uniformen. Dabei ging es keineswegs formell zu; jeder der Offiziere strahlte eine ungewöhnliche Herzlichkeit aus. Formvollendet wurden von den Ordonnanzen Getränke und Essen gereicht, und der Kommandant kümmerte sich um jeden einzelnen von uns, als seien wir Staatsgäste. Ute sagte, daß Einladungen wie diese nicht ungewöhnlich seien, das sei eben chilenische Gastfreundschaft.

Nach dem Essen nahmen wir in einer großen Runde Platz, und

einer der Offiziere holte eine Gitarre. Nach jedem Lied, das alle begeistert mitsangen, wurde die Gitarre zum Nachbarn weitergereicht, und ich dachte schon mit Schrecken an den Moment, wo das Instrument bei uns landen würde. Denn soweit ich mich erinnerte, hatte bis jetzt noch keiner unserer Mannschaft Musikalität bewiesen.

Dann war es soweit: Als einer der Offiziere die Gitarre in unsere Gruppe hielt, schaute jeder verlegen zur Seite. Thomas konnte dem psychischen Druck der dunklen Augen des Offiziers schließlich nicht länger widerstehen und griff zögernd nach dem Instrument. Ich suchte schon nach einem Vorwand, den Saal zu verlassen, als Thomas in die Saiten griff, ihnen zu unserem größten Erstaunen wohlklingende Akkorde entlockte und dann einen Countrysong anstimmte. Die Melodie war den meisten geläufig, und so summten alle mit. Großer Beifall brauste auf, als er die Gitarre absetzte.

Ein Mordskerl, dieser Thomas! Daß er segeln konnte, das war schon einiges, daß er aber mit Gitarre und Gesang eine Runde chilenischer Offiziere samt Frauen zu unterhalten vermochte, das war das Größte. Jedenfalls hatte die Besatzung der Ksar sich achtbar geschlagen. Thomas setzte noch eins drauf, indem er ein österreichisches Lied vortrug. Dessen Text war aber von so unverfälschtem Wienerisch, daß nicht einmal ich als Bayer alles verstand.

In einer der Gesangspausen kam der Kommandant zu Carla und mir herüber: „Aus dem Fernsehen habe ich erfahren, daß Sie von Deutschland aus mit einem kleinen Flugzeug 10 000 Kilometer über den Atlantik nach Ushuaia geflogen sind. Ich hoffe, Sie landen auch hier in Puerto Williams."

Wie gern hätte ich das gemacht, denn für die knapp 30 Meilen von Ushuaia nach Puerto Williams hätten wir nur einige Minuten gebraucht. Nicht der Rede wert also. Aber ich wußte, daß zwischen Ushuaia auf argentinischem und Puerto Williams auf chilenischem Boden politische Welten lagen. Da konnte man nicht einfach mal eben zu einem Hopser auf die andere Seite des Beagle-Kanals starten, da mußte erst ein größerer Flughafen angesteuert werden, von dem aus man ordnungsgemäß ausklarieren konnte. Der nächste war in Rio Grande, was einen Umweg von mehreren hundert Kilometern bedeutet hätte, zudem noch mit der Gefahr von Vereisung über den hohen Bergen Feuerlands. Das sah auch der Kommandant ein.

Im großen und ganzen aber war das Verhältnis zwischen Chile und Argentinien in den letzten Jahren erheblich besser geworden, nachdem man sich 1981/82 fast die Köpfe eingeschlagen hatte. In Puerto Williams sprach man sogar mit höflicher Freundlichkeit von den Berufskollegen, den argentinischen Soldaten, auf der anderen Seite des Beagle-Kanals.

Nach unserem mitteleuropäischen Verständnis ist beim besten Willen nicht einzusehen, weshalb das chilenische und das argentinische Volk wegen ein paar Felsklippen und Inseln im Beagle-Kanal um ein Haar einen Vernichtungskrieg riskiert hätten. Um das nachvollziehen zu können, muß man wissen, daß vom Besitz solcher Felsklippen auch die Größe des dem jeweiligen Land zustehenden Antarktisgebietes abhängt. Und da geht es um Bodenschätze! Hinzu kommt, daß beide Völker ihre Heimat leidenschaftlich lieben und nicht bereit sind, davon auch nur ein Sandkorn freiwillig aufzugeben.

Wegen der Streitigkeiten um die paar Inseln im Beagle-Kanal hatten die zum Teil streng katholischen Argentinier und Chilenen den Papst als Schiedsrichter angerufen. Dieser hat – aus welchen Gründen auch immer – zugunsten von Chile entschieden. Das war hart für die Argentinier und hat so manchen in seinem Glauben erschüttert. Doch letztlich hat diese Entscheidung dazu beigetragen, einen Krieg zu verhindern.

Um ihre Gebietsansprüche zu dokumentieren, hatten die Chilenen auf zahlreichen Inseln Leuchtbaken aufgestellt. Jetzt steht eine davon auf dem Marktplatz von Puerto Williams, gewissermaßen als Denkmal des guten Willens der Chilenen, wie es die Inschrift besagt: „Dieses Leuchtfeuer wurde von der chilenischen Marine als Geste ihres Friedenswillens von der Isla Barnevelt entfernt."

Thomas fragte den Kommandanten, ob es nicht eine Möglichkeit gäbe, mit unserer Mooney zum Kap Hoorn zu fliegen. Nachdem Kap Hoorn nach dem Schiedsspruch des Papstes nunmehr unbestritten chilenisch ist, lautete die Antwort wie erwartet: Technisch sei es von Ushuaia aus möglich, politisch von Puerto Williams aus. Also sei ein Flug zum Kap Hoorn derzeit unmöglich.

Ich erzählte dem Kommandanten, wie ich 1982 nach langem Zögern der argentinischen Offiziellen mit einem argentinischen Flugzeug von Ushuaia zum Kap Hoorn und zurück geflogen sei. Als ich sah, wie sich die Augenbrauen des Chilenen leicht zusammenzogen, fügte ich hastig hinzu: „Damals waren die Grenzen zwischen Argentinien und Chile noch nicht so eindeutig."

Das hätte ich lieber nicht sagen sollen, denn jetzt reagierte der Kommandant ausgesprochen ärgerlich: „Die Grenzen waren schon immer ganz klar!"

Allerdings war es nicht schwierig, im Verlaufe des Gespräches den freundlichen Kommandanten davon zu überzeugen, daß meine Bemerkung nur meinem Unverständnis und meiner Unkenntnis zuzuschreiben war. Kurze Zeit darauf lachte er schon wieder herzlich, und meine Ungeschicklichkeit war vergessen.

Pünktlich um Mitternacht standen alle Gäste wie auf Kommando auf und verabschiedeten sich. Wir schlenderten zur KSAR zurück, die, vom Vollmond hell beleuchtet, längsseits am Rheindampfer lag. Ab morgen würden unsere Ankerplätze nicht mehr so ruhig sein. Morgen sollte es in Richtung Kap Hoorn gehen.

Der leicht grün bewachsene Felsen von Kap Hoorn hat in der Seefahrtsliteratur schon immer eine zentrale Rolle gespielt, weil er wegen der gelegentlich brutalen Wind- und Wetterverhältnisse früher als unbezwingbar erschien (die statistische Sturmhäufigkeit in dieser Gegend liegt um das Dreifache höher als in der berüchtigten Biskaya). Die Beispiele sind zahlreich, wo stolze Segelschiffe am Kap Hoorn geprügelt und geschlagen wurden. Wochenlang hatte zum Beispiel die BOUNTY versucht, vom Südatlantik um das Kap der Stürme herum in den Südpazifik zu gelangen. Doch immer wieder wurde sie von den vorherrschenden Weststürmen zurückgeworfen. Schließlich gab Kommandant Bligh den Kampf auf und segelte auf dem erheblich leichteren, aber ungleich längeren Weg nach Osten um das Kap der Guten Hoffnung herum und durch den ganzen Indischen Ozean, um sein Ziel Tahiti zu erreichen. Fast das gleiche Schicksal ereilte die BEAGLE mit Charles Darwin an Bord, die vier Wochen lang gegen Sturm ankämpfen mußte. Darwin berichtete später, daß er Brandungswellen von bis zu 60 Meter Höhe beobachtet habe.

Probleme gab es für die früheren Seefahrer mit ihren zerbrechlichen Segelschiffen eigentlich immer nur auf den Passagen von Ost nach West. Das lag einmal daran, daß sie, meist schon zwei, drei Monate auf See, das Wetter am Kap so nehmen mußten, wie es war. Sie konnten nicht etwa die Zeiten geringerer Sturmhäufigkeit abwarten. Hinzu aber kam, daß Weststürme gegenüber Oststürmen bei weitem überwiegen. Bei Sturm und Strom aus West ist es jedoch ein hoffnungsloses Unterfangen, Weg nach Luv gutzumachen. Dann ist Kap Hoorn unbezwingbar, auch heute noch.

Als Carla und ich mit der THALASSA II von Tahiti nach Mar del Plata gesegelt waren, da hatte uns wenige Tage vor Kap Hoorn ein Sturm aus West weit nach Süden bis zur Inselgruppe Diego Ramirez versetzt. Für uns war es nur eine kleine Abweichung von unserem Generalkurs zur Südspitze Südamerikas gewesen, die uns 100 Seemeilen gekostet hatte. Nie und nimmer aber wäre es möglich gewesen, in der Gegenrichtung gegen diesen Sturm in den Pazifik vorzustoßen. Daß die Umrundung von Kap Hoorn von West nach Ost leichter sei als umgekehrt, wie immer wieder behauptet wird, ist damit jedoch nicht gesagt. Denn wenn dort wenig Wind oder Flaute herrscht, ist es ziemlich egal, aus welcher Richtung man kommt. Allein entscheidend ist der richtige Zeitpunkt für die „Bezwingung“ von Kap Hoorn. So wie beim Bergsteigen nicht die letzten paar Meter bis zum Gipfel entscheidend sind, sondern der lange Anmarschweg, so besteht die „Kunst“ einer Kap-Hoorn-Umrundung nicht in den letzten fünf oder zehn Seemeilen ums Kap herum, sondern darin, den rechten Moment abzupassen: die Zeit zwischen zwei Stürmen.

Doch obgleich wir den richtigen Zeitpunkt abgewartet hatten, war die Besatzung der KSAR doch ziemlich nervös, als es von Puerto Williams aus wieder losging in den Beagle-Kanal hinein und es hieß: Kurs Kap Hoorn!

Indianer

Es war später Nachmittag, als wir mit der Maschine an Puerto Williams mit seinen leuchtend roten Dächern vorbeiliefen. Unser „Schlachtplan“ sah vor, uns Kap Hoorn so weit zu nähern, daß wir von einem sicheren Ankerplatz aus bei bestem Wetter nur noch die letzten Meilen bis zum „Gipfel“ zu segeln brauchten. Die untergehende Sonne begleitete uns auf der Fahrt aus dem Beagle-Kanal heraus; wir mußten die Maschine weiter mitlaufen lassen, denn die drei bis vier Windstärken reichten wegen der Strömung nicht aus. Bei der Insel Snipe empfing uns das Gebrüll einer Kolonie Seelöwen, die sich auf einer Klippe pelzten und deren Fell in der tiefstehenden Sonne goldgelb glänzte.

Es war schon dunkel, als wir an der Ostküste der Isla Navarino, bei Puerto Toro am Paso Picton, den Anker warfen. Wir konnten an Land keine Lichter erkennen, doch wußten wir, daß dort drüben, ein paar hundert Meter von der an der Ankerkette reißenden Ksar entfernt, eine Ansiedlung war. Die letzte auf unserem Weg zum Kap Hoorn. Puerto Toro gilt als die südlichste Siedlung der Welt. Menschen hat es hier schon immer gegeben. Zu Magellans Zeiten waren es Indianer, die Magellans Soldaten „Feuerländer“ nannten, weil sie meistens nur ihre Lagerfeuer an den Küsten sahen.

Das Schicksal der „Feuerländer“ ist einmal mehr ein Beweis dafür, wie verherrend sich die Berührung mit dem weißen Mann, seiner Kultur und vor allem dem Christentum auf eine viele Jahrtausende alte Rasse ausgewirkt hat. Heute gibt es in Feuerland keine Indianer mehr, die letzten sind in den dreißiger oder vierziger Jahren verstorben. Das einzige, was von ihnen übriggeblieben ist, sind ein paar vergilbte Fotos in den Museen von Puerto Williams und Ushuaia. Von den Grausamkeiten des weißen Mannes zeugt ein Foto in Ushuaias Museum. Es zeigt einen frühen Siedler Feuerlands stolz mit der Waffe. Sein Fuß ruht auf seiner „Beute“, dem Kopf eines Indianers.

In seinen Reisebeschreibungen charakterisiert Magellan die Indianer Patagoniens als harmlose, unkriegerische und gutartige Menschen; „kindlich“ nennt sie der Chronist. Von schlimmen Übergriffen, abgesehen von einzelnen Unglücksfällen, ist nicht die Rede. Einen dieser Indianer, einen gutmütigen, tölpelhaften Riesen, wollte Magellan quasi als Souvenir mit nach Hause nehmen. Man hat diesen fröhlichen Gesellen, dessen primitive Unbekümmertheit die Spanier immer wieder zum Lachen brachte, ganz einfach in Fesseln gelegt und im Laderaum verstaut. Das war noch am Anfang der Weltumsegelung, und so verwundert es nicht, daß der einfache Mann eines der ersten Todesopfer war, als kurze Zeit später im Pazifik auf den Schiffen Magellans Krankheiten ausbrachen.

So hat man in Europa über viele hundert Jahre hinweg nur sehr wenig von den Feuerländern erfahren. Tatsächlich gab es drei Indianerstämme, die Feuerland bewohnten, als die zivilisierten Weißen kamen. Rae Natalie Prosser Goodall schreibt in ihrem bemerkenswerten Buch „Tierra del Fuego“: „Menschen versuchen Rassen und Pflanzen zu schützen, die vom Aussterben gefährdet sind, aber niemand war in der Lage, diese einzigartigen Indianerstämme vor dem Aussterben zu bewahren.“

Der älteste Indianerstamm auf Feuerland waren die Haush, Guanakos jagende Nomaden, die von den zahlreicheren Onas und Yahgans auf die östliche Spitze Feuerlands zurückgedrängt worden waren. Ähnlich wie die Onas jagten sie die Guanakos mit Pfeil und Bogen, trugen auch deren Felle. Merkwürdigerweise besaßen sie keine Kanus, sondern lebten fest in Hütten an Land. Den Yahgans ähnelten sie darin, daß sie zum Fischfang Harpunen und Speere benutzten. Muscheln vom Strand während der Ebbe brachten Abwechslung in ihre Ernährung. Die Onas lebten ebenfalls vom Guanakofang und beherrschten den größten Teil der Isla Grande. Das ganze Jahr über trugen sie nichts anderes als warme Guanakofelle, sogar die Schuhe waren aus dem Leder dieser lamaähnlichen Tiere gemacht. Viele von den Onas wurden durch die Weißen getötet, doch den größten Teil zu ihrer Ausrottung trugen Krankheiten bei, wie Masern, die ebenfalls die Christen eingeschleppt hatten.

Am meisten waren die Europäer von den Alacalufs und vor allem von deren Verwandten, den Yahgans, beeindruckt. Die Yahgans lebten am Ufer des Beagle-Kanals und auf den sich südlich anschließenden Inseln bis zum Kap Hoorn, also auch in Puerto Toro. Die Bräuche dieses Stammes wichen am meisten von den Lebensgewohnheiten der Weißen ab. Die Yahgans waren Kanu-Nomaden und lebten selten länger als ein paar Tage am gleichen Ort. Mit Speer und Harpune jagten sie Otter, Fische und Seehunde und benutzten Schlingen, um Vögel zu fangen. Den Wald betraten sie nur, um zu bestimmten Jahreszeiten die Rinde von alten Bäumen zu schälen; damit reparierten sie ihre Boote. Auf dem Boden der Kanus befanden sich dicke Steine, auf denen fortwährend ein Feuer glimmte.

Gerudert wurden die Kanus von den Frauen, während der Mann lediglich die Aufgabe hatte, im Bug nach jagbarem Wild oder nach Fischen Ausschau zu halten. Es wird behauptet, daß die Männer der Yahgans nicht einmal schwimmen konnten. Das brauchten sie auch nicht, denn selbst das war Aufgabe der Frauen: den Anker des Kanus zwischen dem Kelp auszubringen, anschließend an Land zu schwimmen, Holz einzusammeln und Feuer zu machen. Erst wenn für den Landgang des Gemahls alles vorbereitet war, zogen sie das Kanu in Landnähe, so daß dieser mitsamt den Kindern bequem überspringen und sich an das fertige Lagerfeuer setzen konnte. Die Yahgans trugen gewöhnlich nur Seehundfelle, und nur im Winter zogen sie sich auch ein Fell über die Füße. Sie lebten immer in der Nähe des Feuers, meistens in ihren Kanus, selten in Hütten, die, primitiv aus Stöcken und Gras gebaut, nur vorübergehend benutzt wurden. Sie hatten wenig Kontakt mit dem weißen Mann, was ihren Stamm aber auch nicht vor dem Untergang rettete. Denn Tuberkulose und Masern, diese für sie tödlich verlaufenden Krankheiten, erreichten auch sie. Von Augustin Clemente Manasoila behauptete man, in ihm wären die Stämme der Yahgans, der Onas und der Haush vereinigt. Er starb als letzter „Vorzeigeindianer“ im August 1974.

Wir waren voller Bewunderung für die Indianer Feuerlands, denn ihre Überlebensleistungen schienen uns unvorstellbar. Selbst in der entsprechenden Kleidung kam uns die Gegend bereits kalt und unnahbar vor. Dabei verfügten wir über eine moderne Yacht mit einem Dieselheizofen statt wie sie über ein wackeliges Einbaumkanu mit Steinen auf dem Boden, auf denen ein Feuer glimmte. Ohne die Leistung von Howard und anderen Faltbootfahrern schmälern zu wollen: Für die Frauen der Yahgans war es etwas Alltägliches, auf den Wasserwegen vor Kap Hoorn auf der Suche nach Nahrung herumzufahren. Und zwar ohne Überlebensanzüge, vakuumverpackte Nahrungsmittel, Bootsmaterial aus Kunststoff und elektronische Navigationshilfen. Offensichtlich mußten sie einen hervorragenden Riecher für die Wetterverhältnisse gehabt haben.

Gipfelsturm

Innerhalb von zwei Stunden war das Barometer von 995 auf 985 Hektopascal gefallen, und mit gemischten Gefühlen gingen wir um Mitternacht in die Koje, denn der Wetterbericht von Ushuaia hatte zudem 40 Knoten Wind vorhergesagt. Aber frühmorgens (acht Uhr war für uns früh am Morgen) gingen wir schon ankerauf. An Segeln war nicht zu denken, von 40 Knoten Wind keine Spur. Zehn Stunden später hatten wir bei bleierner Wasseroberfläche die Bahia Nassau überquert und gingen bei Wollaston vor Anker. Das sollte unser letztes Lager vor Kap Hoorn sein. Die Stimmung an Bord war gut, zum Abendessen gab es argentinisches Steak mit gegrillten Tomaten und der vielgerühmten Sauce béarnaise von Carla (Zubereitungszeit etwa eine Stunde). In der Nacht heulten Böen über uns hinweg, und Thomas, der sich die Doppelkoje mit Reinhard teilen mußte, notierte in seinem Logbuch: „Reinhard schläft beneidenswert!"

Das Wetter in dieser Gegend ist insofern zuverlässig, als man sich darauf verlassen kann, daß man sich auf die Wettervorhersage mehr als zwölf Stunden eben nicht verlassen kann. Wieder machte es uns einen Strich durch die Rechnung. Frühmorgens brüllte der Wind derart, daß an ein Auslaufen nicht zu denken war. Erst gegen zwölf Uhr konnten wir den Anker lichten, zu spät, um bis zum Kap Hoorn vorzustoßen. Wir nutzten jedoch die verbleibende zweite Tageshälfte, um in die Caleta Martial, eine Bucht der Isla Herschel, zu segeln. So waren wir Kap Hoorn noch etwas näher. Wohl dem, der einen Jean-Paul an Bord hat, der offensichtlich jeden auch noch so kleinen Winkel in diesem Inselgewirr kennt.

Noch in der Nacht versuchte Ute über UKW und über Kurzwelle, die Marinestation der Chilenen auf Kap Hoorn zu erreichen, um einen Seebericht von dort zu bekommen. Fehlanzeige. Das Radio knatterte und krachte zwar, und manchmal glaubten wir im Hintergrund sogar Stimmen zu hören, verstehen konnten wir jedoch nichts. Am anderen Morgen, es war der 22. Februar, kamen wir endlich durch, und die Chilenen, offensichtlich alte Bekannte von Jean-Paul, gaben nach der ersten herzlichen Begrüßung durch, daß es vor ihrer Haustür zwar im Moment noch mit sieben oder acht Windstärken blase, daß sie aber am Nachmittag mit dem Abflauen des Windes rechneten. Um 15.30 Uhr, Barometerstand 998, lief die Ksar zu ihrem „Gipfelsturm" aus.

Der Wind war abgeflaut, die Luft schneidend kalt, und wenn nicht vor unserem Bug Hunderte von Albatrossen herumgeflogen wären, hätten wir kaum den Eindruck gehabt, am Ende Südamerikas zu sein. Nochmals kamen wir an einem Felsen im Wasser vorbei, auf dem sich eine Horde von Seehunden aalte und zu uns herübergrunzte. Gestank stach in die Nase, verflüchtigte sich aber bald wieder. Endlich ließ ein tiefer Felseinschnitt an Steuerbord für kurze Zeit den Blick aufs Kap Hoorn frei. Der Himmel war grau in grau, doch hingen die Wolken nicht so tief, als daß die Insel Hoorn nicht bis zum Gipfel zu sehen gewesen wäre. An Bord herrschte nun große Aufregung. Ob das Wetter auch noch die letzten paar Stunden halten würde?

Von vorn rollte eine flache, aber sicher mehrere hundert Meter lange Dünung auf die Ksar zu und hob und senkte unsere Stahlyacht wie im Rhythmus tiefer Atemzüge. Nachdem das Wetter am Vormittag und in der Nacht noch schlecht gewesen war, standen unsere Chancen jetzt gut. Denn schließlich wollten wir alle Kap Hoorn umrunden, das war ja der Hauptgrund, weshalb wir uns hier in einem Segelschiff herumtrieben. Besonders wichtig war es für Reinhard und Thomas, den einzigen unserer siebenköpfigen Mannschaft, die noch nie am Kap Hoorn gewesen waren. Jean-Paul hatte nicht den geringsten Zweifel daran gelassen, daß er bei den leisesten Anzeichen von schlechtem Wetter sofort umdrehen und wieder einen sicheren Ankerplatz aufsuchen würde. So warf denn jeder von uns in Minutenabständen einen ängstlichen Blick nach Westen zum Himmel, aber das Wetter wurde eher besser denn schlechter.

Die Dünung war schon etwas höher geworden, doch immer noch machte die KSAR mit Maschinenunterstützung gute Fahrt in Richtung Kap Hoorn. Die Sonne stand tief, was den berüchtigten Felsen besonders plastisch erscheinen ließ. Langsam rückte der Leuchtturm auf Kap Hoorn näher, und wir holten unsere Kameras heraus, um Erinnerungsfotos zu schießen. In dem Moment, als das Kap querab war, knallte im Niedergang ein Sektkorken, und Ute reichte den überschäumenden Champagner nach oben. Gläser wurden verteilt und gefüllt, und wir stießen an. Niemandem war besonders feierlich zumute, denn dank dem hervorragenden Seemann Jean-Paul waren wir nicht aufgeregt, hatten auch nicht das Gefühl, irgend etwas Tollkühnes vollbracht zu haben. Dieses „Unternehmen Kap Hoorn“ war bestens und mit höchster Seemannschaft vorbereitet worden; der Erfolg folgte nunmehr fast automatisch. Trotzdem löste sich jetzt sogar die Strenge im Gesicht von Jean-Paul, und zum ersten Mal sah ich ihn breit lachen. Auch für ihn war das noch nicht Routine, obwohl man ihn ohne Übertreibung den Kap-Hoorn-Weltmeister nennen konnte. Es war Jean-Pauls zweiundzwanzigste Kap-Hoorn-Umrundung.

Als erster hatte Jean-Paul wahrgenommen, daß die Dünung noch etwas steiler, der Wind noch etwas steifer geworden war. Die KSAR stampfte sich langsam fest, und Kap Hoorn lag zwar achteraus, blieb jedoch in ein und derselben Seitenpeilung. Wir machten keinen Weg mehr gut, und der Gegenwind rüttelte bald mit stürmischer Stärke an unseren Wanten. Wir hatten uns im Ölzeug hinter dem kleinen Klappverdeck verkrochen, um gegen die immer häufiger vom Bug nach achtern gewehte Gischt geschützt zu sein. Nachdem Jean-Paul die KSAR dann aber auf Gegenkurs gelegt hatte, war sie wie umgewandelt. Die Dünung, die die schwere Stahlyacht kurz vorher noch zum Stampfen gebracht hatte, ließ sie sich jetzt nur noch milde auf und absenken. Die KSAR rauschte unter Vollzeug bei achterlichem Wind so trocken dahin, als sei sie froh, auch dieses Mal wieder ungeschoren vom Gott der Westwinde davongekommen zu sein.

Aber unser Kap-Hoorn-Abenteuer war damit noch nicht zu Ende. An der nächsten Huk drehten wir die Ketsch nach Backbord und liefen im Schutz der vorgelagerten Klippen auf glattes Wasser, das nur von riesigen Kelpfeldern unterbrochen war. Klirrend ging der Anker rund 100 Meter vor der Küste auf Grund. Ute hatte unsere Ankunft bei der Wachstation längst angekündigt, und so stand bereits einer der Soldaten winkend am Strand, von wo eine schmale Treppe die Steilwand hochführte. Das Wasser schien zwar spiegelglatt zu sein, doch die lange Pazifikdünung stand auch in die Bucht. Es war abenteuerlich, in das Dingi zu steigen (oder zu springen), denn einmal befand es sich fast auf Deckshöhe, dann wieder zwei Meter unterhalb der Reling. Jean-Paul fuhr auf eine Stelle am Ufer zu, wo sich die Brandung am friedlichsten zeigte. Er wartete genau die paar Sekunden ab, wo die nächste Brandungswelle noch im Anrollen war, um das Dingi in Strandnähe zu bringen. Wir sprangen heraus, während Jean-Paul bereits den Rückwärtsgang einlegte, um vor der nächsten Brandungswelle wieder tiefes Wasser zu erreichen. Der Skipper und Marie-Paul blieben zum Schutz der Ksar an Bord, und wir verabredeten ständige Funkverbindung, um bei einem Wetterumschwung innerhalb weniger Minuten zurück sein zu können.

Als wir über die steile Treppe eine mit Gras bewachsene Plattform erreicht hatten, liefen uns zwei Hunde entgegen und begrüßten uns mit freundlichem Gebell. Der Soldat, ein etwa 20jähriger Chilene, ging voraus. Wir mußten uns schon dem Wind entgegenstemmen, der inzwischen mit Sturmstärke über Kap Hoorn hinwegjagte. Nach einem Fußweg von ein paar hundert Metern hatten wir die Militärstation erreicht. Lautes Geknatter durchdrang die Luft. Es wurde durch eine große chilenische Flagge verursacht. Erstaunlich genug, daß sie sich bei dieser enormen mechanischen Belastung nicht schon längst in ihre Bestandteile aufgelöst hatte. Die Farben waren jedoch leuchtend frisch, und so nahm ich an, daß die Flagge erst unmittelbar vor unserer Ankunft gesetzt worden war. Das hüfthohe Gras wurde von dem Sturm fast auf den Boden gepreßt, und sogar die Hunde legten sich flach auf den Bauch, die Pfoten von sich gestreckt, um möglichst wenig Windwiderstand zu bieten. Sie waren das gewohnt, und nachdem wir die Tür zu dem kleinen, kapellenartigen Bauwerk hinter uns geschlossen hatten, konnten wir durch die Fenster sehen, wie die Hunde fast auf dem Bauch kriechend um die Ecke verschwanden, wohl um einem Platz im Windschatten aufzusuchen.

Drinnen war es wohlig warm, ein gemütlicher Ofen bullerte vor sich hin. Herzlich begrüßten uns drei Chilenen und boten uns Limonade an. Sie waren aufgeregt, denn ausgerechnet an diesem Tag hatten sie nicht nur von uns Besuch; kurz vor uns war die Besatzung eines kleinen Kriegsschiffes hiergewesen, das in diesen rauhen Gewässern seinen Dienst versah. Zwar Militärs, kamen die Seeleute in erster Linie friedlichen Pflichten nach. Diesmal waren sie unterwegs, um Soldaten hundert Meilen südlich von Kap Hoorn auf der Inselgruppe Diego Ramirez abzusetzen, damit sie dort ein Leuchtfeuer installieren konnten. Eine Woche zuvor hatten sie einen gekenterten Riesenkatamaran gerettet. Das war der zweite Versuch seines Skippers gewesen, einen Weltumsegelungsrekord aufzustellen, mit dem Geld einer Bank, nach der der Katamaran benannt war. Die Soldaten hatten den Skipper schon einmal, damals mit einem anderen Schiff, bei Kap Hoorn aus dem Wasser gefischt. Kaum zu glauben, daß große Unternehmen sich immer wieder vor den Karren solcher Selbstdarsteller spannen lassen. Ihr Firmenname steht jedenfalls nicht für besondere Cleverness.

Ich fragte einen der Soldaten nach den Pinguinen, die auf der Insel Hoorn leben sollten. Er lachte und meinte, ich solle nur einem der Hunde folgen, er würde mir die schon zeigen. Allein würde ich sie nie finden, obwohl sie nur ein paar Minuten von hier leben würden. Als ich die Tür öffnete, drückte mir der Wind fast die Klinke aus der Hand. Kaum war ich wieder im Freien, schossen die Hunde schon auf mich zu und liefen voran, so als ob sie wüßten, was ich suchte. Von der Marinestation ging es ein paar hundert Meter abwärts durch brusthohes Gras, in Richtung auf den Leuchtturm zu. Dieser Spaziergang war nicht ganz ungefährlich, denn mehrfach fiel ich in grasüberdeckte tiefe Löcher, die Ähnlichkeit mit einem Schützenloch hatten. Die Hunde schienen das schon gewöhnt zu sein, denn geduldig blieben sie stehen, bis ich mich wieder herausgerappelt hatte. Endlich waren wir bei den Pinguinen, die sich selbst dann nicht von der Stelle rührten, als ich mich ihnen bis auf einen Meter genähert hatte. Leicht drohend aber hoben sie den Schnabel, als ich noch weiter auf sie zugehen wollte.

Plötzlich hörte ich meinen Namen rufen. Es war Thomas, der mir heftig zuwinkte. Ich ahnte, was das zu bedeuten hatte: Wir mußten auf die Ksar zurück, das Wetter schlug um. Ich schoß ein letztes Bild vom Leuchtturm im Sonnenuntergang und versuchte, so schnell wie möglich zur Station zurückzukommen. Die Chilenen halfen uns in das Beiboot, und fünf Minuten später hatte die Ksar bereits ihre Anker gelichtet. Das Unternehmen Kap Hoorn lag hinter uns.

Rückblick

Am 24. Februar überquerten wir die Bahia Nassau, die einzige Hürde, die unseren Zeitplan noch hätte durcheinanderbringen können. Doch zum ersten Mal in dieser Gegend hatten wir, ausgerechnet auf der gefürchteten Meeresstraße, idealen Segelwind von drei bis fünf Beaufort. Zeitweise konnten wir sogar den farbenprächtigen Spinnaker setzen: Auf gelbem Grund, der eine Wüstenlandschaft andeuten sollte, war eine Art Schloß abgebildet. „Schloß mitten in der Wüste“ bedeutet im Arabischen „ksar“.

Die 150 Quadratmeter Tuch zogen die Ksar mit sieben Knoten über die Bahia Nassau, und um das Segelvergnügen komplett zu machen, schwamm eine Schule Delphine eine Weile vor unserem Bug her. Wir knieten auf dem Vorschiff, um sie besser sehen zu können. Gelegentlich legten die Delphine sich auf die Seite und äugten zu uns herauf.

Der Wettergott hatte sich unserem Rhythmus angepaßt. Nachts, wenn wir uns in ein sicheres Felsversteck verkrochen hatten, blies und pfiff es, daß es jedem Seemann im Innersten weh tat, tagsüber wurde die Ksar auf ihrem Heimweg von der hochsommerlichen Sonne begleitet. Als wir die Hately-Bucht der Insel Wollaston querab gehabt hatten, da hatten wir der Versuchung nicht widerstehen können, in den schmalen Felseinschnitt einzulaufen. Am Ufer entdeckten wir eine große Muschelkolonie. Wir hatten noch große Vorräte an Zitronen, und so sammelten wir trockene Äste für ein Feuer zwischen dem schwarzen Lavagestein am Ufer, auf das wir die in Alufolie gepackten Muscheln legten. Mit diesem Picknick nahmen wir Abschied von den „rauhen“ Gewässern am Kap Hoorn.

In Puerto Williams angekommen, gingen wir noch einmal beim

„Yachtclub" längsseits und genossen zum Abschied von unserem Segeltörn das hochsommerliche Wetter. Das bedeutet auch in Feuerland Lufttemperaturen bis 20 Grad. Ja, es wurde so heiß, daß wir unsere Badeanzüge anziehen konnten. Das Wasser war kristallklar und lud zum Baden ein, doch niemand traute sich so recht. Als Carla mutig in die sieben Grad kalten Fluten hüpfte, verloren auch wir die Scheu. Es waren buchstäblich atemberaubende Zwei-Sekunden-Bäder, doch fühlten wir uns danach wie neugeboren.

Untertags kamen immer wieder Besucher an die Ksar, um sich nach unserem Törn zum Kap Hoorn zu erkundigen. Meistens waren es Chilenen, denen die Segelei ohnehin etwas suspekt ist. Hinter uns an dem Rheindampferwrack lag noch eine zweite Yacht, eine riesige, luxuriöse amerikanische Ketsch. Am Nachmittag trampelte eine beleibte ältere Lady, der man ihre 70 Jahre trotz der dicken Schminke ansah, zu uns herüber und erzählte, daß sie die Yacht gechartert habe, um zum Kap Hoorn zu segeln. Aber daraus sei nichts geworden, sie wären jetzt schon wieder auf dem Heimweg. Sie jammerte, daß sie damit eines der ganz großen Ziele in ihrem Leben nicht erreicht habe. Immerhin habe sie auch schon auf dem Nordpol gestanden. Das interessierte mich, und ich fragte nach. Tatsächlich hatte ein amerikanisches Reiseunternehmen für abenteuerlustige Touristen den Nordpol im Programm. Sie wurden nach Thule geflogen, von wo aus sie, je nach Wetterlage, mit einer zweimotorigen Twin-Otter Ausflüge zum Nordpol machten. Die Lady, nach ihren Eindrücken befragt, begann zu strahlen: „Wissen Sie, der Nordpol ist ja nichts anderes als eine landschaftslose Eisfläche, bei der man am Horizont eben nichts anderes als den Horizont sieht. Aber allein das Gefühl, auf einem Punkt zu stehen, an dem alle Meridiane der riesigen Weltkugel unter einem zusammenlaufen, ist unglaublich!"

Ich überlegte mir, in welch phantastischer Zeit wir leben. Einer Zeit, in der eine alte, unsportliche (zumindest körperlich) amerikanische Lady zum Nordpol fliegen kann, für den früher Expeditionen ausgerüstet werden mußten, um ihn überhaupt zu erreichen. Wir segelten auf der anderen Seite der Erdkugel auf einer komfortablen Segelyacht um Kap Hoorn, dort, wo einst Seemänner – und das nicht zum Vergnügen – ihr karges Dasein auf einem Seelenverkäufer gefristet haben. Es hat wohl wenig Sinn, darüber nachzudenken, ob das eine positive oder eine negative Entwicklung ist. Heute heißen die Abenteuerziele Kap Hoorn oder Nordpol, in ein paar Jahrzehnten ist es sicher der Mond. Dann aber wird der Mensch längst nach den nächsten Sternen gegriffen haben, und das Spiel beginnt von neuem, immer wieder.

Das schöne Wetter hielt an, und bei Sonnenschein motorten wir über den Beagle-Kanal nach Ushuaia. Ich war in das Nirosta-Krähennest über der Besan-Saling gekrochen und filmte die vorbeiziehenden Kelpfelder, die manchem Anker schon zum Verhängnis geworden waren. Doch dank der hervorragenden Ortskenntnisse Jean-Pauls hatten wir keine nennenswerten Schwierigkeiten mit ihnen gehabt. Zehn Meilen vor dem Ende unseres Törns setzten wir uns noch einmal im Salon der KSAR zusammen, auf der wir jetzt drei Wochen auf engstem Raum zusammengesperrt gewesen waren. Ohne viel darüber zu reden, wußten wir, daß wir, untereinander nahezu fremd, Glück miteinander gehabt hatten. Nicht ein einziges Mal auf der gesamten Reise war ein böses Wort gefallen. Jeder hatte den Törn auf seine Art empfunden. Für Thomas und Reinhard war Kap Hoorn sicher ein einzigartiges Erlebnis. Mindestens so eindrucksvoll wie für Carla und mich die Staaten-Insel und die Le-Maire-Straße. Für Jean-Paul und Ute war es eine Fahrt mehr zum Kap Hoorn gewesen, doch nicht eine Sekunde hatten wir den Eindruck gehabt, als würden sie sich langweilen. Beim Rückblick sagte Jean-Paul an mich gewandt: „Verstehst du jetzt, warum ich diese Gegend so liebe, warum ich am liebsten immer hier segeln möchte?“

Ute wollte auch für immer in Feuerland bleiben. Gemeinsam mit ihrem Freund, einem argentinischen Architekten, war sie dabei, Land zu kaufen, um in Ushuaia ein paar Appartements für Touristen zu bauen. Marie-Paul wollte wieder nach Frankreich zurück, aber nur für ein halbes Jahr. Anschließend war sie schon wieder auf der KSAR fest eingeplant. Thomas und Reinhard würden in einer Woche wieder in Europa sein, der Urlaub war zu Ende. Auch Carla und ich mußten wieder nach Hause. Arbeiten und Geld verdienen für den nächsten großen Törn. Wir hatten uns damit abgefunden, daß die Zeit für uns vorbei war, ständig auf einem Schiff zu leben.

Denn die große Freiheit, überall auf der Welt segeln zu können, hat der Normalverdiener nur dann, wenn er zehn Monate im Jahr arbeitet. Nur wenigen Lebenskünstlern ist es gelungen, ihr ganzes Leben auf dem Wasser zuzubringen. Eric Hiscock ist sicher der seriöseste unter ihnen gewesen, der genialste war Bernard Moitessier. Läßt sich Seemannschaft mit Draufgängertum überhaupt vereinbaren, dann nenne ich auch noch den Österreicher Wolfgang Hausner, einen – fast – perfekten Seemann. Der bemerkenswerteste von allen Blauwasserseglern aber ist der Franzose Marcel Bardiaux.

Der Segelveteran

Es war der krönende Abschluß dieses Feuerlandtörns: Als die Ksar auf die Reede von Ushuaia lief, sahen wir in ein paar hundert Meter Entfernung ein leuchtend blaues Schiff liegen. Am Heck schwojte ein Beiboot, wie ich es noch nicht gesehen hatte. Keines der üblichen Gummi- oder Plastikboote, sondern ein altersschwaches, braunes Einmannfaltboot. Der Name am Heck der Yacht, Inox, hätte mir nichts gesagt, wenn nicht Jean-Paul den Namen des Skippers erwähnt hätte: Marcel Bardiaux. So viele Meilen war ich jetzt schon gesegelt, aber Marcel Bardiaux, einen der großen Pioniere unter den Fahrtenseglern, hatte ich noch nie getroffen. Das war sicher nicht weiter verwunderlich, denn Marcel Bardiaux gehört zu den wenigen Seglern, die von Beginn an ihre eigenen (See-)Wege gegangen sind.

Noch bevor wir nach Ushuaia zurückgekehrt waren, hatten wir schon von der Präfektur über Funk erfahren, daß es mit einem französischen Segler namens Bardiaux Schwierigkeiten geben würde. Den Offiziellen in Ushuaia sagte der Name Marcel Bardiaux nichts – um so mehr aber uns, wie allen Seglern, die nicht vergessen haben, welche Erfahrungswerte die Pioniere der Fahrtensegelei in die Entwicklung guter Fahrtenschiffe eingebracht haben. Worüber die Offiziellen in Ushuaia sich ärgerten, war, daß der 80jährige Querkopf Marcel Bardiaux sich weigerte, einzuklarieren. Seine Begründung war einfach, jedoch nicht ganz stichhaltig: „Zu einem Marcel Bardiaux kommen die Offiziellen an Bord und nicht Marcel Bardiaux zu ihnen!"

Kurz vor unserem Abflug ruderten Carla und ich gemeinsam mit Jean-Paul zur Inox hinüber, um Marcel Bardiaux zu begrüßen. Der alte Mann stand schon an der Reling, hieß uns herzlich willkommen und nahm die Festmacheleine für das Dingi an. Kurze Zeit darauf saßen wir in der riesigen, geräumigen Kajüte dem ehrwürdigen Segler gegenüber und überhäuften ihn mit Fragen. So einen Mann trifft man schließlich nicht alle Tage.

Am meisten verdutzte mich, wie aufgeweckt und schlagfertig Marcel Bardiaux war, wiewohl Jean-Paul mir alles übersetzen mußte. Der Franzose Bardiaux sprach kein Englisch, was allein schon auf eine gewisse Eigenwilligkeit schließen ließ, denn in der Welt der Yachties gibt es eigentlich nur eine gemeinsame Sprache, und das ist nun einmal Englisch. Aber ein Marcel Bardiaux hat es eben nicht nötig, sich anzupassen. 330 000 Seemeilen hatte er in den vergangenen 40 Jahren auf den Weltmeeren zurückgelegt. Das entspricht 15 Erdumrundungen, womit Marcel Bardiaux derjenige Segler sein dürfte, der die größte Seemeilenerfahrung angesammelt hat.

Der Segelveteran stellte zwei angeschimmelte Aktenkoffer auf den riesigen Tisch in der Mitte der Kajüte. Er öffnete den einen, holte einen dicken Stoß vergilbter Zeitungsausschnitte heraus und begann zu erzählen:

„Eigentlich bin ich Kajakfahrer. Als junger Mann, ich arbeitete als Elektriker, hatte ich nach einem Sport gesucht, wo ich meine damaligen Bärenkräfte richtig ausarbeiten konnte. Und dabei kam ich auf die Paddelei mit Kajaks und Faltbooten. Hier, seht her, das sind Zeitungsausschnitte aus dieser Zeit. 1931 bin ich sogar bei Regatten in Deutschland gerudert. Schaut mal auf diese Ergebnislisten: Bis zu zwölf Minuten Vorsprung hatte ich vor dem zweiten, ich war insgesamt sogar noch schneller als der Doppelsitzer. 1931 bin ich Europameister geworden. Da ich die Wettkämpfe über so kurze Strecken doch etwas langweilig fand, habe ich mir zum Paddelboot ein kleines Wägelchen gebaut und bin dann mit diesem Gefährt zu entfernteren Revieren gewandert. Zu Fuß, wohlgemerkt, denn für Bus oder Bahn hatte ich kein Geld. Einmal bin ich 145 Kilometer auf der Straße gewesen, bis ich ein Ruderrevier nach meinem Geschmack gefunden hatte.

Zum Meer bin ich zunächst ebenfalls mit dem Ruderboot gekommen. Zu einer Zeit, wo sich noch kaum jemand getraute, im Mittelmeer mit einer großen Yacht zu segeln, bin ich bis in die

Türkei gepaddelt, um dann quer durchs Mittelmeer, also über die offene See, weiterzuwandern. Ich war immer nur mit Eigenbauten unterwegs. Schon immer habe ich mir meine Spielzeuge selber gebaut, so auch die Kajaks. Beim Selbermachen bin ich mein Leben lang geblieben. Seht, dieser Zeitungsausschnitt zeigt mein Auto aus der damaligen Zeit, Marke Eigenbau!

1952 bin ich dann mit der 4 VENTS um die Welt gesegelt. Ich habe nicht etwa den bequemen, recht langweiligen Weg durch den Panamakanal genommen, sondern bin gleich ums Kap Hoorn gefahren, was damals großes Aufsehen erregt hat. Sogar der Gouverneur hier in Ushuaia hat mich empfangen. Und selbst der französische Botschafter ist an Bord gekommen; nach der Reise sollte ich sogar in die Ehrenlegion aufgenommen werden. Das habe ich natürlich abgelehnt, denn ich segle in erster Linie für mich selber und habe etwas dagegen, wenn sich andere mit meinem Ruhm schmücken wollen."

Wir glaubten Marcel Bardiaux aufs Wort. Trotzdem, dachte ich mir, mit 80 Jahren müsse ja irgendwann einmal Schluß sein mit der Segelei. Immer allein auf einem Schiff – das kann ab einem bestimmten Alter gefährlich und eine harmlose Verletzung zu einer Katastrophe werden, wie zahlreiche Beispiele belegen. Vorsichtig äußerte ich diese Bedenken und fragte Marcel Bardiaux, wie lange er denn noch segeln wolle.

Eine solche Frage an ältere Fahrtensegler gerichtet, hat gewöhnlich diskrete Hinweise auf zahlreiche Wehwehchen zur Folge, die sich in letzter Zeit immer stärker bemerkbar gemacht hätten. Nicht so bei Marcel Bardiaux:

„Ich möchte der erste sein, der noch mit 100 Jahren segelt. 80 Jahre bin ich schon, so daß ich keine Zweifel habe, daß ich das schaffen werde. Mein Großvater war 107 Jahre alt, als er starb, nicht etwa im Bett, sondern bei einem Arbeitsunfall."

Marcel Bardiaux sah wohl die Zweifel auf unserer Stirn. „Ihr werdet es nicht glauben, aber ich bin noch so gesund wie vor vielen Jahren. Und meine Kraft hat auch nicht nachgelassen!"

Dabei lächelte er etwas hintergründig, und ich mußte an die Geschichte denken, die ich schon früher einmal über unseren Gesprächspartner gehört hatte. Marcel Bardiaux hatte nie einen

Hehl daraus gemacht, daß er bei aller Einhandsegelei auch eine starke Zuneigung zum anderen Geschlecht habe. Als er einmal per Zeitungsinserat eine Begleiterin gesucht hatte, erschienen bei ihm an Bord 30 attraktive Damen, die alle mitgenommen werden wollten. Daraufhin ist Marcel Bardiaux doch allein geblieben. Wer die französische Sprache beherrscht, der sollte einmal das Buch von Marcel Bardiaux „Aux 4 Vents de mes Amours" lesen. Darin beschreibt er seine Begegnungen mit Frauen der verschiedensten Rassen aus allen vier Himmelsrichtungen. Mangels französischer Sprachkenntnisse konnte ich dieses Buch nicht lesen, aber sicher habe ich einiges versäumt, denn der Querkopf Bardiaux hat privat ein kleines Beiheft als Ergänzung herausgebracht, das alle jene Stellen enthält, die vor der Drucklegung des Buches vom Verleger zensiert und gestrichen worden waren.

Marcel Bardiaux läßt sich eben nicht unterkriegen, schon gar nicht von einer Landratte wie so einem Verleger. Er scheint überhaupt schlechte Erfahrungen gemacht zu haben, denn der einzige negative Unterton während unserer Unterhaltung richtete sich gegen die Verleger: „Sie versuchen immer, dich runterzuhandeln, und schließlich vergessen sie auch noch, dich zu bezahlen!"

Ich brachte das Gespräch noch einmal auf seine Gesundheit. Er spürte wohl, daß wir seine Zuversicht nicht so ganz teilten, und ehe wir uns versahen, griff er nach den Handläufen an der Decke, ein kurzes Abstoßen mit den Beinen, und schon hing er in der Sitzwaage über dem Tisch. Um seine Kondition zu beweisen, setzte er die Unterhaltung in dieser Stellung fort. „Mein Gott", dachte ich mir, „über dir hängt jetzt ein 80jähriger Mann, der offensichtlich körperlich besser dran ist als du selbst." Als ob Marcel Bardiaux meine Gedanken hätte lesen können, setzte er noch einen drauf und brachte einen Abgang mit Überschlag. Ohne auch nur die Spur einer Anstrengung zu zeigen, setzte er sich wieder zu uns an den Tisch. Ich ließ dennoch nicht locker und bat Jean-Paul, Marcel Bardiaux doch zu fragen, was er zu tun gedenke, wenn er tatsächlich einmal aus gesundheitlichen Gründen nicht mehr segeln könne. Ich hoffte, dabei etwas über seine Altersversorgung oder ähnliches zu erfahren. So etwas bewegte schließlich einen typischen Deutschen mit Pensionsberechtigung.

Schon bei Jean-Paul traf ich mit dieser Frage auf Unverständnis. Er meinte, er würde die Antwort schon kennen; Marcel würde eben lieber sterben als aufhören zu segeln. Aber er würde mir den Gefallen tun und ihn trotzdem fragen. Die Augen des 80jährigen blitzten nur kurz auf, und dann gab er mir eine Antwort, die mich veranlaßte, dieses Thema nun endlich auf sich beruhen zu lassen: „Wenn ich einmal nicht mehr segeln kann, dann motore ich mit meinem Schiff den Lauf eines kleinen französischen Flusses hoch und setze es dort volle Fahrt voraus auf Grund, so daß es nicht so ohne weiteres wieder weggeschleppt werden kann. Dann segle ich eben nicht mehr und lebe nur noch auf dem Schiff. Ich werde an Deck Blumen pflanzen und mich über meine französische Heimat freuen!"

Wie romantisch wären doch die Ankerplätze rund um die Welt, wenn sie noch voll von Menschen wären vom Schlage eines Marcel Bardiaux. Haben sich die „Cruising people" (dafür gibt es keine Übersetzung, „Blauwassersegler" wäre zu nichtssagend) in den letzten 40 Jahren sehr verändert?

Der alte Mann nickte: „Heute segeln viele nicht mehr für sich. Sie sind nicht mit dem Herzen auf dem Schiff. Seht mich an, ich habe seit 40 Jahren nicht mehr an Land geschlafen. Die Inox, sie ist mein einziges Zuhause! Das Hauptmotiv für die Unternehmungen der heutigen Yachties ist es, zu Hause erzählen zu können, was sie alles geleistet hätten. Sie segeln für Ruhm. Und sie segeln in Regatten, um ihren Namen in der Zeitung zu lesen. Das sind in meinen Augen keine richtigen Segler mehr. Auch die Schiffe sind keine richtigen Schiffe mehr. Diese sogenannten Yachtsegler von heute wollen zwar fahrtensegeln, aber sie benutzen dafür Schiffe, die eher für Regatten gebaut sind. Und je mehr Havarien sie haben, um so stolzer sind sie, denn um so mehr können sie publizieren, haben sie zu erzählen. Da ist bei mir Fehlanzeige, ich habe in 40 Jahren nicht einmal den Mast verloren. Kurzum: Die heutigen Fahrtensegler segeln nicht mehr deshalb, weil sie das Segeln etwa glücklich machen würde."

Ich fragte Marcel Bardiaux nach seinen anderen berühmten Segelkollegen, nach Moitessier beispielsweise. Man spürte genau, daß Marcel sich selbst – zu Recht – als einen der Großen in der

Blauwasserszene sieht. Was ihn aber nicht dazu verleitete, die Leistungen anderer herabzusetzen. Nur bei Bernard Moitessier meldete er leise und dezent Zweifel an: „Moitessier hat drei Schiffe verloren, na ja, ich weiß nicht recht..."

Es gibt Fahrtensegler, die ihr halbes Seglerleben damit zubringen, nach der „idealen Fahrtenyacht" zu suchen. Stahl wäre ideal (zumindest bezüglich der Sicherheit), wenn da nicht das Problem mit dem Rost wäre. Deshalb müßte das ideale Fahrtenschiff eigentlich aus einem Stahl bestehen, der nichtrostend ist, „inoxydable", wie die Franzosen sagen. Und auf einem solchen saßen wir jetzt, der INOX. Marcel Bardiaux hatte sich also seinen Traum von der idealen Fahrtenyacht verwirklicht. Voller Stolz erzählte er, daß er dieses Schiff von fast 15 Meter Länge und vier Meter Breite selbst gebaut habe. Jean-Paul ergänzte: „Er hat nicht nur das Schiff gebaut, er hat es auch konstruiert, und er hat alles, was du hier siehst, selbstgemacht. Alles ist aus Nirosta."

Als Jean-Paul sah, wie ich daraufhin zum Test an die Decke klopfte, fuhr er fort: „Nein, nein, er hat nicht nur den Rumpf gebaut, er hat auch die Masten aus Nirosta angefertigt, die Winschen selbst gebaut, die Blöcke geschmiedet, und, ob du's glaubst oder nicht, jeder einzelne Schäkel stammt aus seiner Hand!"

Das was fast nicht zu glauben. Als mir einmal auf Galapagos der Bolzen des Vorstags gebrochen war, hatte ich mich am Ankerplatz in den Mast winschen lassen und mit einer Feile ein kleines Loch in dem rostfreien Toppbeschlag am Mast auf einen Durchmesser von zehn Millimeter vergrößert. Die Dicke der Nirostaplatte hatte nur fünf Millimeter betragen. Tage hatte ich mich gequält, Stunden über Stunden hatte ich im Mast verbracht, bis der Bolzen endlich durch das Loch paßte – und meine Hände blutig waren.

Geradezu unvorstellbar war es deshalb für mich, daß man nicht nur die großen Platten für ein Nirostaschiff verarbeiten, sondern auch jeden einzelnen Beschlag von Hand herstellen konnte. Ich schaute mich näher in der Kajüte um und bemerkte jetzt ein Niro-Kunstwerk (so muß ich es bezeichnen!) nach dem anderen. Ein Kochtopf lugte aus dem Schrank hervor, aus Niro! Das Wasserbekken für die Seewasserpumpe, ebenfalls aus nichtrostendem Stahl! Sogar die Ankerkette glänzte silbrig aus dem Vorschiff in den

Salon. Als letzten Knüller hielt Marcel Bardiaux mir triumphierend sein Bügeleisen unter die Nase – aus Nirosta.

Ich beneidete ihn, denn er besaß offensichtlich alles, was ein Mensch braucht, um Träume zu verwirklichen: handwerkliches Geschick und unvorstellbar viel Energie und Ausdauer. Mir schien die Frage überflüssig, doch ich stellte sie trotzdem: Ob ein Niro-Schiff tatsächlich so ideal sei, wie wir uns das alle vorstellten.

Von 100 Seglern hätten zweifellos 99 scheinbar begeistert eine zustimmende Antwort gegeben. Was sollte man auch anderes erwarten, wer spricht von seiner Geliebten (meistens ist die eigene Yacht die Geliebte, wenn auch nicht die einzige) schon schlecht? Doch die Antwort beeindruckte mich mehr als alles andere bei diesem denkwürdigen Besuch auf der Inox:

„Ein Schiff aus Nirosta möchte ich nie mehr haben. Ihr könnt euch gar nicht vorstellen, wieviele Probleme ich schon hatte. Zugegeben, es ist stark, aber das sollte es auch sein bei seinen 28 Tonnen Gewicht. Nein, alle Probleme rühren von der Elektrolyse her. Als ich die Inox das letzte Mal auf den Slip nahm, da mußte ich mir allein zwölf Kilogramm Schweißelektroden zu 480 Dollar kaufen, um die zahlreichen Löcher auszubessern. Viele Löcher waren bis zu acht Millimeter tief. Vor allem unten an der Kielsohle hat die Elektrolyse fürchterlichen Schaden angerichtet. Wenn die Kielsohle nicht derart dick wäre, dann hätte es leicht zu einem Unglück kommen können. Dabei habe ich die Kielsohle nur wegen der Felsen so stabil gemacht. Wenn nämlich die Inox auf Grund läuft, dann gehen die Felsen kaputt, nicht die Yacht. Vor allem um die Maschine herum hat die Elektrolyse tiefe Spuren in den Stahl gefressen. Das liegt am warmen Wasser, denn je wärmer das Wasser ist, um so aggressiver wirkt Elektrolyse. Nein, es handelt sich um kein ideales Schiff, ich würde nicht noch einmal ein Schiff aus Nirosta bauen. Nirosta ist ideal über Wasser, aber nicht unter Wasser. Ich sehe gegenüber normalem Stahl keinen Vorteil. Sogar streichen muß ich das Niro, denn sonst würde sich das Schiff innen viel zu sehr aufheizen."

Wir kauften Marcel Bardiaux ein paar Bücher ab. Möglicherweise lebte er vom gelegentlichen Buchverkauf, denn er hatte große Mengen an Bord, und die Preise waren auf ein kleines Plakat geschrieben, das an der Wand hing, gleich neben der Blue Water Medal, der höchsten Auszeichnung für Fahrtensegler. Stolz signierte er mir die Bücher und kassierte die Dollars. Er konnte eine kleine Aufbesserung seiner Bordkasse wohl ganz gut gebrauchen, denn in den nächsten Tagen wollte er nach Japan segeln. Was er denn am anderen Ende der Welt wolle?

Ach, als er vor kurzem in Nordamerika gewesen sei, da habe er festgestellt, daß er eine neue Maschine brauche. Der Vertreter eines japanischen Motorenherstellers habe ihm in Aussicht gestellt, daß seine Firma ihm einen Motor schenken würde. Nur für den Einbau müsse er selbst sorgen. Der Vertreter war natürlich davon ausgegangen, daß Marcel Bardiaux den Motor per Fracht von Japan nach Amerika kommen lassen würde. Aber dem alten Fahrensmann schien es einfacher, persönlich bei dem Motorenhersteller vorbeizuschauen.

Ein paar Tage später segelte Marcel Bardiaux los. Von Land aus wurde seine blaue Inox beobachtet, als sie mitten in der riesigen Bahia Lapataia vor Anker ging. Sicher nicht sehr bequem für den 80jährigen, in so tiefem Wasser den Anker zu bedienen. Eine halbe Seemeile entfernt hätte er auf einer Reihe von sicheren Ankerplätzen in Strandnähe flaches Wasser vorgefunden. Jean-Paul meinte dazu: „Nur so erlebt man so viel, daß man mehrere Bücher füllen kann.“

Bon voyage, Marcel Bardiaux!

Abschied

Alle Ziele, die wir uns gesetzt hatten, die Überquerung des Südatlantiks im einmotorigen Flugzeug, Staaten-Insel und Kap Hoorn, hatten wir erreicht. Der Rückflug sollte keine besonderen Probleme mehr bereiten, obgleich der Heimweg erheblich länger sein würde. Denn wir mußten über zwei Subkontinente fliegen, über Südamerika und Nordamerika hinweg nach Grönland. Der Rückflug über den Südatlantik wäre zwar erheblich kürzer, aber mit ungleich mehr Risiken verbunden gewesen. Schließlich hatten wir unsere Maschine (und wohl auch unser Glück) auf dem Hinflug ziemlich ausgereizt. Wir hätten zwar über dem Südatlantik in einer Höhe von über 20 000 Fuß die Westwinde nutzen können, doch den Kapverden war nicht eine Insel mit einem großen Flugplatz vorgelagert wie auf dem Hinweg Fernando de Noronha der brasilianischen Küste, wo wir im Notfall hätten niedergehen können. Kurzum, es blieb nichts anderes übrig als der lange Heimweg über Grönland, allerdings – und das war der große Unterschied – führte die Strecke fast immer über Land. Wiewohl Urwald auch nicht gerade ein ideales Gelände für eine Notlandung war.

Unserer Maschine war zwischenzeitlich eine Sonderbehandlung durch einen beim Aero-Club von Ushuaia angestellten Mechaniker zuteil geworden. Probleme hatte er bei der Beschaffung des richtigen Öls gehabt. In ganz Argentinien gab es kein Mehrbereichsöl. Die Shell-Vertretung in Buenos Aires hatte treuherzig gemeint, Herr Schenk möge sich sein Öl halt beim nächsten Mal mitbringen. Wie sollten sie auch wissen, daß das zulässige Gewicht für die Zuladung bis zum letzten ausgenutzt war.

Mittlerweile war unsere Maschine freilich etwas leichter geworden, weil wir die Karten für Afrika, die Kapverden und die Ostküste von Südamerika nicht mehr brauchten. Das machte ungefähr ein Kilogramm aus. Es tat mir jedesmal wohl, wenn ich wieder ein paar Blätter in den Papierkorb werfen konnte, denn ich hatte das Gefühl, unsere Sicherheit um ein paar Gramm erhöht zu haben.

Im Gegensatz zur Hinreise machte ich mir über die Route des Heimflugs keine besonderen Gedanken. Ich nahm einfach das Übersichtsblatt für die existierenden Flugkarten und legte von Ushuaia nach Florida ein Lineal auf. In Florida wollten wir einen kurzen Stopp einlegen. Im übrigen aber wollten wir mit so wenig Zwischenaufenthalten wie möglich Labrador und dann Island erreichen. Auf der Übersichtskarte waren unter dem Lineal nur wenige Orte eingezeichnet, aber sie paßten zufällig genau mit unserer Reichweite überein. Mitten in Brasilien lag eine Stadt, von der ich noch nie etwas gehört hatte: Campo Grande. Von dort aus würden wir wohl Manaus am Amazonas erreichen können. In Buenos Aires wollten wir vorher noch das zu Ehren von Gunther Plüschow von der Gunther-Plüschow-Gesellschaft errichtete Denkmal besuchen. Außerdem mußte ich noch Filme zum Entwickeln bringen (in Ushuaia war das nicht möglich).

Innerhalb von 30 Minuten stand die grobe Reiseplanung fest. Zu Beginn sollte es ein nicht so langer Schlag sein, am besten nur bis Comodoro Rivadavia. Denn schließlich mußte ich erst wieder etwas Übung bekommen, wir waren ja einen Monat lang nicht geflogen.

Mechaniker Roberto Fungueiro hatte nicht nur den 50-Stunden-Dienst durchgeführt. Frisch gewaschen und poliert, stand die Mooney blitzend im Hangar. Da der ausgebildete Flugzeugmechaniker mit dieser doch recht komplizierten Maschine nicht vertraut war, mußte ich mich auf seine Gewissenhaftigkeit verlassen. Doch als er mich auf einige kleine Mängel aufmerksam machte, da konnte ich sicher sein, daß er sich den Flieger genau angesehen hatte. Denn die Mängel waren mir bekannt. Als Roberto mir den Schlüssel und das Flughandbuch in die Hand drückte, hatte ich ein gutes Gefühl.

Eine Reihe von Mitgliedern des Aero-Clubs, die Besatzung der Ksar natürlich und das Fernsehen von Ushuaia waren zur Verabschiedung erschienen. Wehmütig setzten Carla und ich uns in den Flieger und blickten noch einmal über die Bucht von Ushuaia hinweg, wo die Ksar im Yachtclub lag. Es war wenig Wind, mit dem Start würden wir keine Schwierigkeiten haben. Vor uns neben der Landebahn konnte ich gerade noch das überstrichene Wrack der Boeing 737 sehen, die mich gemahnte, mich jetzt voll auf die Fliegerei zu konzentrieren.

Unsere Freunde warteten geduldig, bis wir auf die Landebahn rollten, aber wir konnten ihnen nicht mehr zuwinken, denn wir waren nur noch mit dem Abhaken unserer Checklisten beschäftigt. Unmittelbar vor uns startete eine Piper Archer, jene, mit der ich fünf Jahre zuvor zahlreiche Rundflüge über dem Beagle-Kanal gemacht hatte. Nun saßen Thomas und Marie-Paul darin sowie ein Pilot vom Aero-Club Ushuaia. Sie wollten uns ein Stückchen begleiten, auch einige Fotos machen. Kaum hatte die Archer abgehoben, bekamen auch wir vom Fluglotsen (welche Ehre, er sprach heute fließend Englisch) das „cleared for departure". Start frei!

Die Archer war inzwischen kurz vor Puerto Williams, wiewohl über argentinischem Territorium, und nur noch als Punkt zu erkennen. Über Funk versuchten wir unsere Flüge so zu koordinieren, daß wir in Schußweite für die Kameras kommen würden. Thomas mußte übersetzen, denn ihr argentinischer Pilot sprach kein Englisch, was einiges Durcheinander verursachte, denn die Fliegersprache unterscheidet sich von der normalen Umgangssprache. So dauerte es geraume Zeit, bis wir uns allmählich näher kamen. Ein besonderes Problem ergab sich daraus, daß die Mooney erheblich schneller war als die Archer. Ich nahm zwar das Gas weg, aber das brachte nicht viel, wegen der guten Gleiteigenschaften der Mooney. Erst als ich das Fahrgestell ausfuhr, konnte die Archer uns erreichen.

Aus dem geplanten Formationsflug in einem Abstand von etwa 50 Metern wurde jedoch nichts, denn Böen von den Bergen um den Beagle-Kanal herum wirbelten unsere Absichten gehörig durcheinander. Es war mehr Zufall als Können, daß sich unsere beiden Maschinen einmal auf vielleicht 200 Meter annäherten. Trotzdem gelang es Thomas, ein paar Bilder von uns zu schießen. Es hatte keinen Sinn, es noch weiter zu versuchen. So verabschiedeten wir uns, drehten nach Nordosten ab und stiegen auf die zur Überquerung der Berge Feuerlands, der Sierra Alvear, erforderliche Höhe.

Als der Höhenmesser 7000 Fuß zeigte, verabschiedeten wir uns auch vom Tower in Ushuaia; der Fluglotse gab uns in gepflegtem Englisch die besten Wünsche mit auf den Weg.

Zwei Stunden später landeten wir bei Sonnenschein in Comodoro Rivadavia, und weitere 30 Minuten später rollte eine Boeing 737 neben uns aus, in der Reinhard saß. Eigentlich sollte die 737 in Ushuaia eine Stunde vor uns starten, hatte jedoch Verspätung, so daß wir mit unserer kleinen Mooney früher in Comodoro Rivadavia ankamen als Reinhard. Ich ging unter den City-Jet und schaute etwas neidisch nach oben, denn Reinhard würde spätestens in zwei Tagen zu Hause sein.

Die Stromsperrzeiten in Mar del Plata waren uns noch gut in Erinnerung. Würden wir in Comodoro Rivadavia das gleiche erleben? Doch hier hatte die Regierung eine Überraschung ganz anderer Art für uns bereit. Auf Plakaten in den Lifts des Hotels hieß es lapidar: „Habemas 56 horas no aqua." 56 Stunden lang kein Wasser! Zunächst hatte uns das noch etwas amüsiert, denn schließlich konnte man ja auch andere Getränke zu sich nehmen als Wasser – bis uns endlich klar wurde, was das bedeutete: über viele Stunden keine Möglichkeit, sich zu waschen, geschweige denn, eine erfrischende Dusche zu nehmen, keine funktionierende Toilette. Das reichte uns, und am nächsten Morgen flogen wir weiter nach Buenos Aires, wo wir uns in den Transatlantikverkehr einfädeln mußten, um schließlich auf dem internationalen Flughafen zu landen.

Nach dem angenehmen Klima in Ushuaia haute uns die Hitze förmlich um. Beim Aufsetzen auf die Landebahn zeigte das Thermometer im Flugzeug eine Temperatur von 50 Grad an, und auf dem Terminal für Frachtflüge nach Übersee war es nicht viel besser. Warum uns die ansonsten recht freundliche Lady von der Ground Control ausgerechnet in diese übermäßig geschäftige Ecke des gigantischen Flugplatzes gelotst hatte, wurde uns nicht ganz klar, denn zwischen all den DC 10 und den Jumbos kamen wir uns reichlich verloren vor.

Zwischen Carla und mir besteht ein Agreement, daß ich für die Navigation zuständig bin, während sie die Formalitäten erledigt – beim Segeln wie beim Fliegen. Selbst in den größeren Seehäfen der Welt ist Carlas Part eher ein gemütlicher, abwechslungsreicher: Sie sucht das richtige Büro auf und füllt bei einem Plausch mit dem Hafenkapitän die erforderlichen Formulare aus. In den meisten Flughäfen der Welt ist das erheblich komplizierter. Die großen Fluggesellschaften haben ihre Agenten, die die Formalitäten meistens schon im voraus erledigen. Kein Wunder, daß es zu Komplikationen kommt, wenn man, wie wir, nicht so routiniert ist und auch die Landessprache nicht beherrscht.

Wir hatten das Glück, daß uns eine Angestellte der Flughafenverwaltung weiterhalf, die einige Worte Englisch sprach und dolmetschen konnte. Von fliegerischen Problemen hatte sie keine Ahnung, was aber nicht so wichtig war. Hauptsache, sie war imstande, sich am Telefon für uns durchzufragen.

Nach drei Stunden hatte Carla den Papierkram erledigt, und es war ihr sogar der Platz genannt worden, wo wir unseren Flieger abstellen konnten. Allerdings fand ich diesen Platz in meinen Unterlagen nicht verzeichnet, und so bat ich die Lotsen von der Ground Control, mich über Funk dorthin zu leiten. Ihr Englisch war fast so schlecht wie mein Spanisch, „Pista a la vista" ließ sich auch nicht mehr anwenden, und so wurde ich mit jedem zurückgelegten Kilometer auf den Rollwegen des Flugplatzes mißtrauischer. Zunächst ließen wir die gigantischen Frachtmaschinen, dann die Passagiermaschinen der internationalen Fluggesellschaften zurück und passierten die mittelgroßen Maschinen (zu denen wir kaum hinaufsehen konnten) der Zubringerlinien. Als unser kurvenreicher Weg uns nach vielen Kilometern zwischen den riesigen Hallen der Flugzeugwerft hindurchführte, bekam ich schon Bedenken, ob die Reichweite der Funkgeräte weiterhin ausreichen würde, um vom Tower den Weg gewiesen zu bekommen. Ohne Funkverbindung wären wir hier aufgeschmissen gewesen.

Es ging weiter. „Straight ahead!" sagte der Lotse. Immer geradeaus. Den Werften folgten Abstellplätze für Flugzeugwracks und schließlich armselige Schuppen, wo offensichtlich gelegentlich kleine Sportmaschinen repariert wurden. Aber das war immer noch nicht das Ende. „Straight ahead!"

Endlich erreichten wir einen fußballfeldgroßen Platz aus riesigen Betonplatten. Und genau hier, erklärte uns der Lotse, sollten wir bleiben. Er würde uns einen Wagen vorbeischicken. Das war auch nötig, denn ich schätzte die Entfernung zum Tower auf rund zehn Kilometer. So weit war unsere Mooney noch nie auf dem Landwege unterwegs gewesen.

Wir luden nur die wichtigsten Gepäckstücke aus, denn auf dem Gelände eines so riesigen Flughafens würde unsere Maschine sicher bewacht und das zurückbleibende Gepäck vor Dieben geschützt sein. Dann warteten wir auf den Wagen. Weit und breit war nichts, was uns Schatten spenden konnte. So setzten wir uns schließlich unter die Tragflächen, um vor der sengenden Sonne einigermaßen geschützt zu sein. Die ersten Stunden in der Hauptstadt Argentiniens hatten wir uns wahrhaftig anders vorgestellt.

Als uns schließlich ein alter, verrosteter Follow-me-Wagen der Flughafenverwaltung aufpickte, waren wir klatschnaß geschwitzt und hatten nur noch den einzigen Wunsch, so rasch wie möglich unter die Dusche zu kommen. Glücklicherweise trafen wir in der großen Flughafenhalle wieder auf die freundliche Lady, die uns zu einem Schalter führte, wo man Taxis bestellen konnte.

Wir erfuhren, daß es zweierlei Taxis gab. Die einen, als Taxi gekennzeichnet, sollten wir auf keinen Fall nehmen, das sei für uns zu gefährlich. Die anderen seien neutral aussehende Mietwagen, denen wir uns ohne Skrupel anvertrauen könnten. Die Sache hatte nur einen Haken: Die Agentur, die diese Wagen vermittelte, hatte im Augenblick keinen Wagen frei – und wir waren, wie wir erst jetzt merkten, die letzten in einer langen Reihe von Wartenden. Erschöpft ließen wir uns in die Sessel fallen, und es wurde uns zum ersten Mal drastisch bewußt, wie bequem als Reisemittel eine Segelyacht ist, verglichen mit einem Flugzeug. Manchmal zumindest.

Die letzte unangenehme Überraschung erlebten wir, nachdem wir in die Rücksitze des Mietwagens gesunken waren und der Fahrer in die gebührenpflichtige Schnellstraße zur Innenstadt einbog. Nach einigen Kilometern Fahrt, die am Eisenzaun des Flughafens vorbeiführte, sahen wir plötzlich am Straßenrand unseren kleinen Flieger stehen. Der schützende Drahtzaun um den Flugplatz war hier längst zu Ende, und unsere Mooney, 200 Meter neben der Straße, war für jeden Spaziergänger ohne weiteres erreichbar. Das Türschloß würde keinen besonderen Widerstand bieten, denn aus Gewichtsgründen war es so wenig stabil gebaut, daß man es – so glaubte ich zumindest – mit zwei Fingern ausreißen konnte. Das war eine schöne Bescherung. Schließlich hatten wir einige für uns unentbehrliche Wertsachen in der Mooney zurückgelassen, beispielsweise die Überlebensanzüge und vor allem die Rettungsinsel. Nicht auszudenken, was bei einem Einbruch in unsere Mooney aus unserer Rückreise werden würde.

Selbst die erfrischende Dusche im Hotel brachte uns nicht auf andere Gedanken, und so beschlossen wir, die Filme mit nach Deutschland zu nehmen, statt sie, wie vorgesehen, in Buenos Aires entwickeln zu lassen. Am nächsten Morgen schon wollten wir wieder starten.

Cumulonimbus

Unsere Erleichterung war groß, als wir am späten Vormittag zur Mooney kamen und die Tür unversehrt war. Wiederum dauerte es einige Stunden, bis endlich der Benzinwagen kam und wir den Flieger auftanken konnten. Das Wetter war schön, doch die hellen Wolken am blauen Himmel hatten einen leichten Stich ins Graue, was die Wettervorhersage bestätigte. Wenn wir nicht bald wegkommen würden, könnte es Probleme mit Gewittern geben.

Wir hatten bereits unsere ATC-Clearance und warteten auf die Startfreigabe. Da meldete sich plötzlich eine im Endanflug befindliche Dornier 228, was mich verwunderte, denn in diesem Teil der Welt ist dieser Flugzeugtyp noch nicht allzu häufig vertreten. Noch überraschter war ich, als sich einige Minuten später erneut eine Do 228 mit „established on the ILS“ meldete und – jetzt fiel es mir endlich auf – ein deutsches Rufzeichen angab. Da mußte ich an die Telefonate denken, die ich geführt hatte, um meinen Südatlantikflug vorzubereiten. Über viele Ecken war ich damals an einen Flugkapitän verwiesen worden, der eine ganze Menge Erfahrung bei Flügen in die Antarktis gesammelt hatte. Von Deutschland aus waren diese Flüge immer mit Flugzeugen vom Typ Dornier 228 unternommen worden, die den Beinamen Polar 2 und Polar 4 hatten. (Früher waren es einmal drei Polar-Flugzeuge, doch Polar 3 wurde beim Rückflug von der Antarktis über Afrika von Raketen abgeschossen und die Besatzung getötet.)

Flugkapitän Schwacke hatte mir am Telefon einige wertvolle Tips für den Transatlantikflug gegeben und gemeint, daß wir uns ja möglicherweise treffen würden. Darüber hatte ich gelächelt, denn wie sollten wohl zwei Flugzeuge aus Deutschland, in Südamerika unterwegs, zufällig zusammentreffen. So klein war die Welt nun auch wieder nicht.

Aber, siehe da, Flugkapitän Schwacke hatte recht behalten, und obwohl wir keine Chance mehr hatten, uns persönlich kennenzulernen, widerstand ich der Versuchung nicht, in den geschäftigen Funkverkehr des internationalen Flughafens von Buenos Aires während einer Sprechpause ein „Grüß Gott, Herr Schwacke!" loszuwerden. Nach einer langen Denkpause kam dann ein zögerndes „Grüß Gott.. 0", mit vielen Fragezeichen im Unterton. Wie sollte der deutsche Antarktis-Flieger auch unter all den Giganten der Lüfte, die um das Flugfeld herumstanden, die winzige einmotorige Mooney aus Deutschland ausfindig machen.

Fünf Minuten später waren wir in der Luft und staunten nicht schlecht, als wir auf dem Voraussektor des Radargerätes dicke grüne Flecken entdeckten, die immer näher kamen, in Gelb übergingen und schließlich in blinkendes Rot. Gewitter! Aber die Fluglotsen erwiesen sich als flexibel und lotsten uns geschickt um diese riesigen Cb's herum. Das Wetter war schön; nach wie vor brannte die Sonne vom Himmel, und der Flug nach Campo Grande wäre nicht weiter erwähnenswert gewesen, wenn da nicht ständig diese riesigen Haufenwolken herumgestanden hätten, oben mit einem Amboß, der sicher bis in 50 000 Fuß Höhe reichte. Frei von Wolken schwenkten wir, den internationalen Flughafen von Buenos Aires im Rücken, auf die Luftstraße ein, die uns an der uruguayischen Grenze entlang über Iguazu ins Landesinnere von Brasilien führen sollte. Unter uns schlängelte sich bald das braune Band des Rio Uruguay, und ich vermutete, daß dieser riesige Fluß verantwortlich für die Gewitterbildung schon so früh am Nachmittag war. Noch standen die Cb's so weit auseinander, daß es keine Schwierigkeiten machte, mit Genehmigung der Flugverkehrskontrolle zwischen ihnen hindurchzufliegen, über uns immer der blaue Himmel.

Plötzlich krachte es ohrenbetäubend, und im gleichen Moment wurde die Mooney auf die Seite gelegt, wobei sie sicher 90 Grad Lage erreichte. Obwohl wir angeschnallt waren, spürte ich schmerzhaft das Kabinendach auf meiner Stirn. Ich war für einen Moment benommen, konnte unsere Lage im Raum gar nicht so recht beurteilen. Der Autopilot war herausgeflogen, piepste herzerweichend, aber ansonsten schien alles in Ordnung. Kein Regentropfen, keine krasse Temperaturveränderung deutete auf ein

Gewitter in unserer unmittelbaren Nähe hin, und doch bekamen wir seine Auswirkungen zu spüren. Kaum hatte ich die Maschine wieder gerade hingestellt, wurde sie erneut durchgerüttelt. Ich blickte auf das Variometer, das am Anschlag stand und mir einen Steigflug von unglaublichen 2500 Fuß pro Minute signalisierte. Merkwürdigerweise ging die Geschwindigkeit nicht zurück, sondern nahm rapide zu. In diesem Moment erinnerte ich mich an meine Fluglehrerin Madlene Clausen, mit der ich mich während eines Checkflugs ebenfalls am Rande eines Cb's befunden hatte: „Wenn dir so was mal passiert, schmeiß alles raus, was du hast!"

Ein Blick auf den Speedometer zeigte mir, daß unser kleiner Flieger die kritische Geschwindigkeit von 140 Knoten noch nicht überschritten hatte, und so fuhr ich das Fahrgestell aus, um die Knotenanzeige nach Möglichkeit in den weißen Bereich zu bringen. Denn je schneller ein Flugzeug ist, um so leichter kann es von starken Turbulenzen zerlegt werden. Das ist die große Gefahr bei Gewitter.

Gewitter? Wir sahen nach wie vor nichts um uns herum, was darauf hingedeutet hätte. Tatsächlich flogen wir nach zwei oder drei Minuten wieder durch ruhige Luft, als ob nichts geschehen sei. Der Schrecken aber hielt noch lange an – in einem kleinen Flugzeug war man doch lange nicht so sicher wie auf den Planken einer Yacht.

Stunde um Stunde brachten wir jetzt damit zu, Gewitter zu umfliegen, und es tröstete uns wenig, als wir am Funkgerät hörten, daß selbst Airliner-Piloten die Flugverkehrskontrolle um die gleiche Genehmigung baten. Nach fünf Stunden befanden wir uns schon im Landesinneren von Brasilien und sahen gelegentlich durch die Löcher der inzwischen fast geschlossenen Wolkendecke den grünbraunen Urwald. Keine Straße, kein Dorf, nichts, was sich im Falle eines Maschinenschadens für eine Notlandung geeignet hätte. Dann stieg die Wolkendecke an. In Abständen von 15 Minuten mußte ich einen immer höheren Flightlevel erbitten, der mir jeweils zugestanden wurde. Es häuften sich aber auch die Rückfragen der Fluglotsen, ob ich tatsächlich in einer Höhe von über 20 000 Fuß fliegen könne. So gerieten wir langsam, ohne es zu merken, in eine Falle, die der Wettergott für uns aufgestellt hatte.

Es ist nämlich so gut wie unmöglich, am Himmel Entfernungen abzuschätzen.

Allmählich hatte sich am Horizont eine Wolkenwand aufgebaut, von der ich annahm, daß sie leicht zu überfliegen sei. Wie sich dann aber herausstellte, war diese Wolkenwand nicht zehn oder 20 Meilen entfernt, sondern 70 oder 80 (oder auch 100) Meilen, und sie war erheblich höher, als ich ursprünglich geschätzt hatte. Sukzessive hatte ich mir eine Freigabe für 28 000 Fuß geben lassen, die sogenannte Dienstgipfelhöhe für unseren Flieger. As wir jedoch an der Wolkenwand angekommen waren, mußte ich mich immer noch zum Armaturenbrett vorbeugen, um zu den riesigen Haufenwolken über mir aufblicken zu können. Keine 1000 Fuß konnte ich mehr höher steigen, und nach unten war uns der Weg durch eine dichte Wolkendecke versperrt, in der mein Bordradar eine Reihe von roten Flecken (und damit Gewitter) anzeigte. Richtig wäre es gewesen, jetzt umzukehren und den nächsten Flugplatz anzufliegen. Doch unabhängig davon, daß ich im Augenblick ohnehin nicht die Muße hatte, in meinen Unterlagen nach irgendwelchen Flugplätzen in Brasilien zu suchen, hätte es in erreichbarer Nähe auch keinen anderen Platz als Campo Grande gegeben, wo wir hätten einklarieren können. Nicht nur aufgrund eigener Erfahrungen hatte ich einen gehörigen Respekt vor den brasilianischen Offiziellen, und allein der Gedanke, auf einem Flugplatz ohne Einklarierungsmöglichkeit zu landen, bereitete mir größtes Unbehagen.

Ich war in Gedanken noch bei dem Ärger mit den Offiziellen, als wir schon in die Wolkenwand einflogen. Es war gespenstisch, denn es wurde plötzlich dunkel im Cockpit, während auf dem Vorausssektor des Radargeräts ein lebhaftes rotes Blinken einsetzte. Ich kuppelte den Automaten aus, denn ich war mir sicher, daß er die zu erwartenden Turbulenzen ohnehin nicht überstehen würde und ich eingreifen mußte. Da war es mir schon lieber, das Steuer von vornherein in der Hand zu haben und es nicht erst im Notfall übernehmen zu müssen. An unsere Windschutzscheibe prasselten mit ohrenbetäubendem Lärm Regentropfen – oder waren es schon kleine Hagelkörner? Ab und zu lichtete sich das dunkle Grau der Wolkenwand, dann hörte auch der Regen wieder auf, und gelegentlich konnten wir sogar den Himmel über uns sehen. Zum ersten Mal meldete Carla deutliche Zweifel an meiner Pilotenqualifikation an: „Warum machst du so einen Scheiß?“

Ich hatte jetzt keine Zeit, darauf zu antworten (und auch keine Lust), denn ich war vollauf damit beschäftigt, eine Lücke zwischen den Gewittern zu finden, die sich auf dem Radarschirm abzeichneten. Daß der Kompaßkurs inzwischen längst nicht mehr stimmte, wußte ich, aber das war jetzt auch egal. Selbst um die Höhe kümmerte ich mich nicht mehr. Verzweifelt suchte ich nach irgendeiner Lücke unter uns, um aus diesem Chaos herauszukommen. „First fly!“ erinnerte ich mich an eine der wichtigsten Regeln beim Fliegen.

Nachdem wir schon stundenlang der Flugverkehrskontrolle gelauscht hatten, wußten wir, daß in unserer unmittelbaren Nähe kein anderes Flugzeug sein würde, so daß auch das Verlassen meiner genehmigten Flughöhe im Moment unbedenklich war. Und selbst wenn, es wäre mir in diesen Sekunden ohnehin nichts anderes übriggeblieben, als dem Zugriff dieser Gewitter zu entfliehen, gleichgültig auf welchem Weg. Das Steuerhorn hatte ich mit zwei Händen gegriffen, das Fahrgestell war längst ausgefahren, und ich hatte nur noch den einen Wunsch, hier rauszukommen.

Allmählich wurden die Lücken zwischen den Gewittern deutlicher, und gelegentlich sahen wir in der Wolkendecke unter uns sogar dunkle Flecken, hatten also Sicht nach unten. Mir wurde klar, daß es ein großer Fehler gewesen war, immer höher zu steigen, was uns schließlich in diese fast ausweglose Situation gebracht hatte. Und so griff ich in der ersten ruhigen Flugphase zum Mikrophon und bat um einen Flightlevel von 60. Der Fluglotse glaubte, sich verhört zu haben. Er fragte zweimal zurück, bis er endlich begriffen hatte, daß wir tatsächlich aus 28 000 Fuß bis auf 6000 Fuß absteigen wollten: „Due to thunderstorms!“

Als wir uns schließlich unter die Wolkendecke durchgeschwindelt hatten, sah die Landschaft geradezu gespenstisch aus: Es war so finster wie sonst nur am späten Abend. Rings um den Horizont standen dunkelgelb, manchmal auch leuchtend golden Cumulonimbusse, bedrohten den schwarzgrünen Urwald unter sich. Aber weit und breit in unserer Flughöhe keine Wolke mehr. Wenn wir noch etwas zu erwarten hatten, dann waren es höchstens Niederschläge aus Gewitterwolken über uns oder auch Blitze. Unsere Situation war sicher nicht viel weniger gefährlich als noch vor ein paar Minuten, doch fühlten wir uns wesentlich besser, nachdem wir zumindest einen freien Blick auf die Erde hatten.

Wir merkten, daß wir uns allmählich einer großen Stadt näherten, denn gelegentlich war der Urwald von schwarzen Straßen durchschnitten – die Versuchung war groß, nach dieser nervlichen Anspannung ganz einfach auf einer solchen verlassenen Straße zu landen. „Nur jetzt die Nerven nicht verlieren!“ beruhigte ich mich. Bald hatten wir auch Funkverbindung nach Campo Grande, und der Fluglotse versuchte uns in seinem schlechten Englisch klarzumachen, von welcher Seite wir den Platz anfliegen sollten, um den Cb's, die rings um den Platz standen, aus dem Weg zu gehen. Wie froh waren wir, als wir schließlich in den Endanflug kurvten, das erlösende „cleared to land“ hörten und schließlich mit quietschenden Reifen aufsetzten. Noch nie zuvor war ich beim Fliegen so erleichtert gewesen, als wir wieder festen Boden unter uns spürten.

Behördenärger

Nachdem die Maschine abgestellt war und ich den Schlüssel aus dem Zündschloß gezogen hatte, lehnte ich mich zurück, verschränkte die Arme, hob den Kopf und verspürte eine große Vorfreude auf ein schönes Hotelzimmer mit Dusche. Aber da hatte ich mich gehörig verrechnet, denn die Strapazen an diesem Tag waren noch lange nicht vorbei, und das dicke Ende sollte noch kommen.

Eine Gruppe von Offiziellen näherte sich unserem Flieger; glücklicherweise war einer darunter, der Englisch sprach. Er stellte sich als Zöllner vor und bat höflich, einen Blick in das Flugzeug werfen zu dürfen. „Ist das Ihr persönliches Gepäck?“ Ich bejahte, worauf mich der Zöllner freundlich anlächelte: „Ich möchte mal hineinsehen.“ Dabei deutete er auf den Kamerakoffer mit der Aufschrift „PANASONIC Super-VHS-Movie“.

Nach einer eingehenden Musterung des Inhalts erklärte er mir, immer noch mit einem verbindlichen Lächeln, daß ich selbstverständlich den Kamerakoffer nicht mit aus dem Flugzeug nehmen dürfe. Als ich etwas ratlos nach dem Warum fragte, wies er darauf hin, daß dies viel zu gefährlich sei. Für mich und für die Kameras. Denn in Brasilien gebe es viele Räuber. Wir sollten ruhig alles im Flugzeug lassen, er selbst würde auf die Wertsachen aufpassen.

Das kam natürlich nicht in Frage, denn selbst wenn er das tatsächlich ehrlich meinte, konnte er doch nicht 24 Stunden beim Flugzeug bleiben. Und jeder, der das Vorfeld betreten konnte, mußte sich beim Anblick meiner zahlreichen Kameras im Flugzeug förmlich eingeladen fühlen, sich zu bedienen. Immer noch sehr höflich, bestand ich darauf, mein ganzes Gepäck, wie sonst auch, mit zum Taxi zu nehmen. Und genauso höflich schüttelte der dunkelhäutige Zöllner den Kopf.

Nach zähem Hin und Her ließ er sich immerhin so weit erweichen, daß er mir gestattete, unser gesamtes Gepäck auf einen Trolly zu laden und zur Zollabfertigung im Flughafengebäude zu schieben. Ich dachte schon, nun müßte er wohl nachgeben, aber er hatte noch ein weiteres Argument im Ärmel. Er würde die Kameras im Flughafen in einem Sicherheitsraum einschließen und den Schlüssel selbst aufbewahren. Ich sagte deutlich „Nein!".

Nichts konnte den Zöllner überzeugen, daß sein Ansinnen für uns einfach unverständlich war, weder der Hinweis darauf, daß es nirgends auf der Welt einem Touristen verboten sei, seine Kameras mit ins Land zu bringen, noch das Argument, daß alle diese Kameras sich ja bereits in Rio de Janeiro im brasilianischen Inland befunden hätten. Immer wieder schüttelte er den Kopf und verwies auf die große Gefahr eines Überfalls. Scheinheilig meinte er, daß er, falls auch nur ein einziges Objektiv fehlen würde, ja von einem Schmuggeltatbestand ausgehen müsse und dann doch das ganze Flugzeug zu beschlagnahmen sei, was er absolut nicht wolle.

Inzwischen war sicher schon eine Stunde vergangen, die Paßformalitäten waren längst erledigt, und wir standen immer noch mit Koffern und Kameras auf dem Schiebewagen im Abfertigungsraum. Schließlich wurde es mir zu dumm, und ich versuchte zu bluffen: Wenn wir die Kameras nicht mitnehmen dürften, würden wir eben nicht beide im Hotel übernachten, sondern ich würde hierbleiben. Am nächsten Morgen würden wir dann weiterfliegen.

Der Beamte zuckte die Schultern. Er schien meine Drohung nicht sonderlich ernst zu nehmen. Da spielte ich einen letzten Trumpf aus: „Dann werden wir eben gleich weiterfliegen!"

Diese Aussicht schien ihm nicht zu behagen, und er rief einen Beamten (wie in Brasilien üblich, ein Angehöriger der Luftwaffe) herbei, mit dem er in für mich unverständlichem Portugiesisch verhandelte. Mehrfach hörte ich das Wort „libre" und machte mir daraus meinen Reim. Der Soldat verklickerte dem Zöllner offensichtlich, daß ich schließlich ein freier Mann sei und auch er mich nicht aufhalten könne. Auf die Frage des Zöllners, was ich nun zu tun gedächte, erklärte ich, daß ich mich ein paar Stunden hier auf die Stühle legen und anschließend weiterfliegen würde. „Bitte sehr!" meinte er und kehrte mir den Rücken.

Jetzt saßen wir, todmüde von einem aufregenden Flug durch Gewitterwolken, in einem schmuddeligen Wartesaal eines Provinzflughafens in Brasilien. Durch die hohen Fenster konnten wir sehen, daß es bereits dunkel geworden war. Inzwischen hatten auch schon die Putzfrauen das Kommando über die Räume übernommen. Nur eine etwa 40jährige Brasilianerin saß noch in einer Ecke des Warteraums; sie schien nicht auf ein Flugzeug zu warten. Nach einer Stunde kam unser Zöllner zurück und versuchte erneut, uns zur Schlüssellösung zu überreden. Ich dachte nicht im Traum daran, darauf einzugehen, denn zu oft schon waren wir selbst in Brasilien vor den Offiziellen gewarnt worden. Ich erinnerte mich an Thomas, der jahrelang in Brasilien gelebt und häufig von korrupten Polizeibeamten erzählt hatte. Vorsichtig fragte ich den Zöllner, ob denn eine besondere Gebühr zu zahlen sei, um meine zahlreichen Kameras mit ins Hotel nehmen zu können. Aber selbst dieser Hinweis auf unsere Zahlungswilligkeit fruchtete nichts; der Beamte schüttelte nur den Kopf. Immer deutlicher wies er uns auf die Gefahr hin, daß das Flugzeug beschlagnahmt werden könnte.

Jetzt hatte ich die Nase so voll, daß ich ernsthaft mit dem Gedanken spielte, sofort weiterzufliegen. Ein völlig unrealistischer Gedanke, denn nach diesem Horrorflug war ich gar nicht mehr imstande, weitere sechs oder sieben Stunden, noch dazu in der Nacht und über dem brasilianischen Urwald, zum Amazonas zu fliegen. Andererseits wollte ich aber auch meine Kameras nicht riskieren, denn ich war mir ziemlich sicher, daß sie für immer verschwunden wären, wenn ich sie dem Zöllner überließe.

Die Brasilianerin in der Ecke des Warteraums mischte sich plötzlich in unser Gespräch ein und redete ziemlich energisch auf den Zöllner ein. Ihr Tonfall ließ in mir den Verdacht aufkommen, daß es sich um seine Frau handelte. Und das war der Schwachpunkt: Denn ganz offensichtlich wollte der Beamte vor seiner Frau den starken Mann markieren und wußte bei der Sturheit der fremden Touristen nicht, wie er seinen Theaterauftritt zu einem vernünftigen Schluß bringen sollte. Seine Dienstzeit schien längst zu Ende zu sein (das ließ die Schimpferei der Frau vermuten, die schon so lange auf ihn gewartet hatte). Er wurde wankend, bäumte sich aber noch einmal kurz gegen uns auf und drohte damit, daß er die

Nummern sämtlicher Objektive aufschreiben müsse. Aha, er hatte den Rückzug angetreten!

Um ein wenig nachzuhelfen, fragte ich die Frau scheinheilig, aber sehr höflich, ob sie mir als Sprach- und Ortskundige nicht dabei helfen könne, die Nummer des deutschen Konsuls aus dem Telefonbuch herauszusuchen. Nun reichte es ihr wohl. Ihre Lautstärke gegenüber ihrem Mann wurde noch ein bißchen schriller, und mit ein paar flüchtigen Stichproben in unseren zahlreichen Gepäckstücken gab er schließlich klein bei.

Der Zöllner war offensichtlich ein Mann, der auch Niederlagen einstecken konnte. Freundlich fragte er uns, ob er uns ein Hotelzimmer bestellen solle, und tatsächlich setzte er sich an sein Diensttelefon und wählte ein paar Nummern an. War es vielleicht sein schlechtes Gewissen, als er anbot, uns in seinem eigenen Wagen ins Hotel zu bringen?

Wie gern wäre ich jetzt in irgendein Taxi gestiegen. Aber nachdem mich die letzten fünf Stunden auf dem nächtlichen Flugplatz von Campo Grande gelehrt hatten, daß man gegen die Macht eines kleinen Zöllners in Brasilien ziemlich chancenlos ist, befürchteten Carla und ich, daß wir den Mann möglicherweise verärgern könnten. Also setzten wir uns zu ihm und seiner Frau ins Auto und ließen uns ins Hotel fahren. Uns und die Kameras!

Was der Zöllner letztlich im Sinn gehabt hat, weiß ich nicht. War es reine Schikane, oder hatte er tatsächlich unsere Interessen im Auge gehabt? Ein Umstand spricht jedenfalls gegen ihn. Als wir am nächsten Tag wieder zum Flugplatz kamen, war unser Zöllner nicht da. Er würde erst nächste Woche wieder zum Dienst erscheinen, hieß es. Er hätte also weder unser Flugzeug bewachen noch uns den Schlüssel zum Sicherheitsraum aushändigen können, wo unsere Kameras aufbewahrt werden sollten.

Urwald

Als die Landebahn von Campo Grande unter uns verschwand, waren wir nicht traurig, dieses Nest hinter uns zu lassen. Unser nächstes Ziel hieß Manaus am Amazonas.

Wieder flogen wir Stunden über den brasilianischen Urwald hinweg, der aus der Luft sehr eintönig aussah. Die Funkfeuer lagen jetzt weit auseinander, und häufig war die Sendeenergie der Funkanlagen irgendwo im Urwald so schwach, daß selbst unsere empfindlichen Instrumente die Signale nicht mehr auffangen konnten. Für die Berufsfliegerei mögen die wenigen Funkfeuer zur Navigation ausreichen, denn in 30 000 bis 35 000 Fuß Höhe haben die Jets viel bessere Empfangsmöglichkeiten als wir. Daß aber auch Verkehrsmaschinen wegen der ungenügenden Dichte elektronischer Navigationshilfen gelegentlich große Orientierungsprobleme bekommen können, zeigte ein Unglück, das sich kurz nach unserer Ankunft in Deutschland über dem brasilianischen Urwald ereignete:

Die Boeing 727 einer großen brasilianischen Fluggesellschaft hatte sich offensichtlich geringfügig verflogen, was beispielsweise im europäischen Luftraum außer zu Verspätung und erhöhtem Spritverbrauch zu keinen nennenswerten Schwierigkeiten geführt hätte. Über dem brasilianischen Urwald aber kam es zur Katastrophe. Denn als die Besatzung ihren Irrtum bemerkte, befand sie sich bereits außerhalb der Reichweite von Funkfeuern und hatte über dem gleichmäßigen Laubgrün des brasilianischen Dschungels, der von Horizont zu Horizont reichte, keine Möglichkeit mehr, ihre Position einigermaßen zu bestimmen. Der Kapitän flog so lange, bis sein Treibstoff verbraucht war, forderte über Bordfunk die Passagiere auf, zu beten, und crashte in den Urwald.

Wenn wir bei unserem Flug von Campo Grande in Richtung Manaus schon von diesem Unglück gewußt hätten, dann hätten wir sicher nicht so vertrauensvoll in unserer Maschine gesessen und in aller Ruhe Protokoll über unsere Tankumschaltungen geführt.

Nach Manaus sind wir jedoch nie gekommen. Denn etwa 100 Meilen vor dem Ziel – ich schickte mich schon an, den Sinkflug einzuleiten – erklärte uns der brasilianische Fluglotse treuherzig, daß der Flugplatz wegen Bauarbeiten geschlossen sei. Wir sollten nach Santarém weiterfliegen. Ich erschrak nicht besonders, denn in meine Flugvorbereitung hatte ich, wie vorgeschrieben, ohnehin einen Ausweichflughafen einbezogen, und das war der einzige internationale Flughafen in der Nähe von Manaus, Santarém. Kurz darauf sahen wir einen riesigen Flußlauf mit dunkelbraunem Wasser – sicher einer der zahlreichen Arme des Amazonas. Parallel zum Fluß auf einem kleinen Hügel konnten wir sehr bald die Landebahn ausmachen. Wir bekamen die Genehmigung zu einem Direktanflug auf Sicht. Welch ein Unterschied zum unfreundlichen Empfang in Campo Grande!

Kaum waren wir ausgerollt, umstellten zahlreiche junge Männer die Maschine. Jeder wollte irgendein Detail über unseren Flieger wissen. Wir hatten Mühe, ihr Englisch zu verstehen. Nur unser einziehbares Fahrwerk schauten sie etwas verächtlich an. Der Chefpilot des dortigen Aero-Clubs klärte mich dann auf: „Mit diesem Flieger könnten Sie niemals in einer Goldmine im Inneren des Urwalds landen!“ und deutete auf ein paar Piper am Flugfeldrand, die von der Reifensohle bis zum Kabinendach völlig verstaubt und verdreckt waren. Wenn irgendwo im Urwald wieder mal Gold gefunden würde, dann würden als erstes ein paar Bäume abgeholzt oder niedergebrannt, um eine Art Landebahn zu schaffen. Über Sender würden anschließend die Piloten von Santarém aufgefordert, die mit Gold mehr oder weniger angereicherte Erde auszufliegen. Wer einen solchen Auftrag, der immerhin ein paar Flugstunden einbrächte, im Hinblick auf die kaum akzeptablen Landebedingungen ablehne, würde nicht wieder aufgefordert. Also würde geflogen, ohne Rücksicht darauf, ob die Landungen dem Fahrgestell guttäten oder nicht.

Obwohl unsere Mooney für einen solchen Job untauglich gewesen wäre, freuten sich die Piloten wie kleine Kinder, als sie sich einer nach dem anderen ins Cockpit unseres Fliegers setzen und an der Elektronik herumspielen konnten. So was kannten sie von ihren Fliegern nicht. Die Piloten von Santarém flogen nur nach Sicht. Ihre einzigen Orientierungshilfen waren der Schnapskompaß und meistens ein kleiner Flußarm oder auch eine zwischen den Laubbäumen kaum erkennbare ungeteerte Straße. Gelegentlich mußten sie sogar hinter der Staubwolke eines Autos herfliegen, um die Orientierung nicht zu verlieren. Für diese Art von Navigation brauchten sie keine Elektronik; in den niedrigen Höhen wäre sie ohnehin nicht zu gebrauchen gewesen, denn Drehfunk- oder sonstige Flugfunkfeuer gibt es im Urwald nicht.

Eine Stunde nach der Landung war unsere Maschine bereits wieder aufgetankt, etwas, was ich sehr schätze, denn nur dann hat der Pilot wirklich Ruhe, die nächsten Tage „an Land“ zu genießen. Lediglich bei der Frage nach Sauerstoff mußten die Fliegerkollegen passen, denn ihre Flugzeuge flogen nie über 12 000 oder 13 000 Fuß, so daß sie Sauerstoff nicht brauchten. Sie wollten aber versuchen, welchen zu beschaffen. Ich war mir ziemlich sicher, daß ihnen das nicht gelingen würde, denn Sauerstoff für die Luftfahrt muß speziell getrocknet sein, damit in großen Höhen die in fast jedem Gas enthaltene Feuchtigkeit nicht gefriert und die Ventile vielleicht gerade dann blockiert, wenn der Pilot besonders tief einatmen möchte.

Amazonas

Das Tropical Hotel, das einzige in Santarém, entsprach gehobenem europäischem Standard. Mit einem Zimmerpreis von umgerechnet 46 Mark für zwei Personen war es jedoch extrem preiswert. In dem Elendsviertel nahe am Fluß nahm sich das Hotel mit seinem gepflegten Pflanzenschmuck und den Swimmingpools jedoch wie ein Fremdkörper aus. Wie uns ein junger Brasilianer namens Gil erzählte, freuten sich die Leute von Santarém über das Hotel. Es wurde eigens gebaut, um den Strom der Touristen, die zum Amazonas kommen, auch nach Santarém zu lenken. Die meisten würden jedoch immer noch nach Manaus geflogen.

Gil gehörte zu jenen jungen intelligenten Menschen, die wissen, daß Weiterbildung am ehesten aus der Armut herausführt. Er liebte seine brasilianische Heimat, und er sprach mit großem Ernst von den Gefahren, die für seine Landsleute und vor allem für die Indianer im Amazonasgebiet durch die Zerstörung der Natur heraufbeschworen würden.

Wir hatten Gil im Hotel kennengelernt. Als wir den Direktor des Hotels fragten, ob es möglich sei, am nächsten Tag einen Ausflug auf dem Amazonas zu machen, schickte er uns Gil. Wir handelten nicht lange, als er uns für eine ganztägige Führung auf dem Amazonas lediglich 40 Dollar nannte.

Am nächsten Morgen holte Gil uns pünktlich um acht Uhr im Hotel ab. Im Taxi fuhren wir zum Amazonas hinunter, wo ich aber an den Anlegestellen kein Boot erkennen konnte, das für einen Ausflug von drei Leuten in Frage gekommen wäre. Schließlich hielt der Fahrer auf Gils Geheiß an einem „Flußdampfer" an, auf dem gut und gern 100 Personen Platz gehabt hätten. Kaum waren wir an Bord, klingelte die Glocke, und ein Dieselmotor brummelte auf.

Offensichtlich wurden keine weiteren Fahrgäste mehr erwartet, denn das Schiff legte langsam von der schrägen Kaimauer ab, beschleunigte auf Marschfahrt und nahm Kurs auf die Flußmitte. Gil bestätigte, daß wir die einzigen Fahrgäste seien. Auf meine vorsichtige Frage nach dem Preis für diesen Dampfer sagte er verwundert: „Wieso, Sie haben doch schon alles bezahlt. Dieses Schiff ist in den 40 Dollar enthalten. Machen Sie sich keine Gedanken, ich habe schon einen guten Preis für mich herausgehandelt."

Bald hatten wir die Mitte des Flusses erreicht, und Gil deutete mit der Hand nach vorn, wo scharf abgegrenzt braunes auf blaues Wasser traf. Dort mündete wieder ein Arm in den Amazonas, von denen es, wie Gil erklärte, mehr als tausend gebe. Ich stieg in den Schiffsrumpf hinunter, der zu meiner Überraschung fast völlig leer war. Von der Decke hing eine Hängematte, in der zwei kleine Mädchen mit Puppen spielten. In der Mitte stand ohne jede Verkleidung ein grüner Yanmar-Diesel mit schätzungsweise 40 oder 50 PS. Eine dicke Brasilanerin lehnte mit einem gütigen Lächeln an einer hölzernen Bodenwrange und lauschte auf das Motorengeknatter. Heizerin und Mutter in einem! Über dem Motor war eine Glocke angebracht, deren Schwengel von einem Draht bedient werden konnte, der wiederum über mehrere Rollen nach oben auf Deck lief.

Ein Zucken im Draht, ganz offensichtlich vom Vater und Kapitän oben aus dem Ruderhaus verursacht, die Glocke bimmelte dreimal, Mutter stürzte zum Gashebel und schob ihn noch etwas vor. Dann lehnte sie sich wieder an den Rumpf zurück, halb liegend, halb stehend.

Zwischen Deck und Rumpf klaffte ein Spalt von 20 oder 30 Zentimetern rings um das Schiff; so hatte man von dem schattigen Platz unter Deck aus einen guten Ausblick auf den Amazonas. Der Fahrtwind fächelte die stickige Dieselluft nach draußen. Mit Handzeichen versuchte ich ein Gespräch mit der Frau zu beginnen, doch der laut polternde Diesel machte jede Kommunikation zunichte. So ging ich wieder an Deck. Gil führte mich auf dem Schiff herum und zeigte mir am Heck die Toilette, nichts anderes als ein Sitzbalken. Direkt daneben stand ein Eimer, und Gil meinte, wenn ich Durst hätte, sollte ich mich an ihn wenden und mir nicht etwa mit dieser Pütz Amazonaswasser hochholen. Dessen Qualität sei wohl ausreichend für die Einheimischen, nicht aber für die zimperlichen Fremden. Wie zum Beweis warf er an einer langen Leine die Pütz ins Heckwasser, stellte sie anschließend vor sich auf den Boden und klatschte sich mit beiden Händen das Wasser ins Gesicht.

Die große Stadt Santarém verschwand langsam achteraus, und am Ufer standen nur noch gelegentlich ein paar Strohhütten. Der Schiffsverkehr hatte abgenommen, nur selten noch kam uns ein Flußdampfer oder ein Außenborder-Langboot entgegen. Die Menschen in den Ruderbooten trugen große, breitkrempige Strohhüte, denn die Sonne stand nun hoch am Himmel und sengte herab. Gil hatte ein paar Plastikflaschen mit Trinkwasser mitgebracht, die er jetzt vorsichtig auf das Dach unseres Schiffes legte, indem er auf die Brüstung stieg und sich mit einer Hand an einem Pfosten festhielt. Dann bedeutete er uns, ebenfalls nach oben zu steigen, was mit einigem Nachschieben von unten und Hochziehen von oben auch gelang. Das Blechdach war allerdings zu heiß zum Hinsetzen, und so mußten wir stehen oder uns auf den Kamerakoffer setzen. Der Fahrtwind machte unsere Aussichtsplattform erträglich. Ich genoß es, einmal nicht auf einem schwankenden Ozeanschiff, sondern auf einem Flußdampfer zu sein, der so ruhig durchs Wasser glitt, als würde man sich auf festem Boden befinden.

Wir hatten schon die zweite oder dritte Flußmündung passiert, als wir in einen Nebenarm einliefen. Eine Herde schwarzer Wasserbüffel beglotzte uns vom Ufer aus. Früher habe es diese Tiere in Südamerika nicht gegeben, sagte Gil. Eine der verschiedenen Theorien über ihre Herkunft besage, daß vor 100 oder 200 Jahren Handelsschiffe aus Afrika vor der Küste Brasiliens gestrandet und zerbrochen seien und nicht nur „schwarzes Elfenbein", Negersklaven also, ins Wasser gespült worden seien, sondern auch schwarze Wasserbüffel. Nach einer anderen Theorie sollen diese recht gefährlichen Tiere auf Umwegen von Indien nach Brasilien gekommen sein.

Plötzlich bimmelte die Glocke im Maschinenraum wieder einige Male, und von unserem Hochsitz aus war auch zu hören, daß sich kurz darauf das Bullern des Dieselmotors verlangsamte. Ein paar hundert Meter voraus an Backbord tauchte eine etwa 50 Meter lange Insel mit einer armseligen Hütte auf. Eine Horde Kinder in zerschlissenen Kleidern stand am Ufer und winkte uns zu. Aus einem halb auf dem Strand liegenden großen Kanu entlud ein etwa 30jähriger, braungebrannter Brasilianer große Säcke. Leise knirschend schob sich nun auch der Bug unseres Dampfers auf den Strand. Der Yanmar verstummte, die Menschen am Ufer legten eine Leiter an den hohen Bug, und wir kletterten hinunter. Gil machte uns mit seinem Freund Oswaldo bekannt, von dem er uns schon erzählt hatte. Oswaldo sei der beste Kenner des Dschungels, und er würde uns nun mit seinem Kanu dorthin fahren.

Eine Stunde später schon steckten wir im Dickicht der Lianen, wo die Baumkronen so dicht waren, daß die Sonne das ranke Kanu nicht mehr erreichte. Die Luft war stickig schwül; immer häufiger griffen wir zu der Plastikflasche mit dem Trinkwasser. Oswaldo war hier zu Hause, das merkte man. Mit einer Geschicklichkeit ohnegleichen ruderte er mit einem einzigen Paddel sein langes Kanu um die Bäume und toten Äste im Wasser herum. Es war so still, daß das Plätschern des Paddels als Echo von der grünen Mauer der dichten Lianen zurückgeworfen wurde. Wenn wir mit dem Bug zwischen den zähen jungen Zweigen hängenblieben, griff Oswaldo zur Machete und hieb mit kräftigen Schlägen den Weg frei. Gelegentlich zerriß der schrille Schrei eines Vogels die Stille, worauf von überall her Vogelstimmen erschollen. Auch unter uns, im Wasser, war reichlich Leben. Plötzlich schrie Gil hinter mir auf. Ich drehte mich um und sah, wie er die Hände vors Gesicht riß. Ein dunkler schwarzer Klumpen sauste an uns vorbei und plumpste keinen Meter vor uns ins Wasser. Mit schnellen Schwanzhieben schwamm dieses grauschwarze Etwas davon. Oswaldo lächelte: „Ein Iguana!"

Als es beim nächsten Mal wieder neben uns platschte, da wußten wir schon Bescheid. Oswaldo hatte uns erklärt, daß diese Echsen auf den Zweigen herumlägen und sich, wenn sie flüchteten, einfach ins Wasser fallen ließen, das sei ihr eigentliches Element. Jetzt verstand ich auch, weshalb Gil so erschreckt war, denn es mußte nicht angenehm sein, von so einem aus 20 Meter Höhe herabfallenden Minidrachen getroffen zu werden. Oswaldo stand jetzt am Bug und hielt sich an einem dicken Baum fest. Er forderte Carla und mich auf, auf seine Machete zu blicken. Die Klinge drang klirrend etwa einen Zentimeter tief in die Baumrinde ein und hinterließ eine deutliche Narbe. Ein paar Sekunden später quoll aus der Narbe ein weißer Tropfen, dann ein zweiter und schließlich ein milchiges Rinnsal. „Gummi", erklärte Gil.

Gummi beziehungsweise Kautschuk war früher der natürliche Reichtum Brasiliens. Der Schmuggel von Samen der Gummibäume ins Ausland stand unter Todesstrafe, um zu verhindern, daß andere Mächte sich auf dem Gummiweltmarkt breitmachten. Die Zeit ist längst vorbei, und heute erfindet die Chemie Kunststoffe, die die Fähigkeiten von Naturkautschuk weit übertreffen. Und das zu Billigpreisen – wenn wir die Umweltlasten, die unsere Enkelkinder einmal werden tragen müssen, nicht rechnen.

Plötzlich legte Oswaldo warnend den Zeigefinger auf die Lippen. Sachte hatte er mit dem Paddel das Kanu zum Stillstand gebracht, und schweigend blickten wir in die Baumkronen, wohin Oswaldo deutete. Ich konnte jedoch nichts erkennen. Gil zischelte hinter mir: „Sloth!" – ein Faultier!

So sehr ich mich auch anstrengte, ich konnte nirgendwo in den Baumkronen, in deren Richtung Oswaldo deutete, den Pelz eines Faultiers erkennen. Oswaldo griff mit beiden Händen zu dem dicken Baumstamm zu seiner rechten und zog das Kanu dorthin. Affenartig umklammerten seine Beine den Stamm, und behende kletterte er mit seinen Fußsohlen noch oben. Kurz bevor er die Krone erreicht hatte, legte er sich bäuchlings auf einen der dicken Äste und robbte nach außen. Jetzt konnte ich auch ein graues Pelzknäuel vor Oswaldo erkennen. Vorsichtig löste er es von den Ästen, was es willig mit sich geschehen ließ. Fast so schnell wie er in die Krone geklettert war, kehrte Oswaldo mit dem Faultier auf dem Arm zurück. Er hängte es mit seinen klauenartigen Zehen an einen Ast direkt über dem Kanu – Fototermin. Das „Sloth" machte nicht den geringsten Versuch, zu flüchten, und ließ regungslos Carlas Streicheln über sich ergehen. Als Oswaldo ihm seine Hände entgegenstreckte, schlang das Faultier sich mit den Armen um seinen Hals, so, als würde es von seiner Mutter zur Brust genommen. Oswaldo brauchte es nicht eigens zu halten, als er in die Baumkrone zurückkletterte, um es wieder auf seinen alten Platz zu hängen. Obgleich wir die Stelle genau im Auge hatten, konnten wir das Tierchen mit seinem hübschen Kopf nicht mehr ausmachen.

Stunden waren mittlerweile vergangen – und unsere Wasservorräte aufgebraucht. Obwohl die Sonne uns nicht erreichen konnte, sahen Carla und ich feuerrot aus. Einer so starken UV-Strahlung waren wir seit Wochen nicht mehr ausgesetzt gewesen. Oswaldo und Gil merkten schließlich, daß wir allmählich körperlich überfordert waren. Oswaldo war hier in seinem Element, sozusagen Hausherr im Dschungel. Er war nicht müde geworden, immer wieder auf interessante Details in den Zweigen oder in der unvorstellbaren Blumenpracht zu deuten und sie zu erklären. Wir hatten keinen Blick dafür gehabt und konnten ihn auch in zehn Stunden im Dschungel nicht bekommen, allenfalls eine kleine Ahnung, welch wundervolles Leben der dichte Dschungelvorhang um den Amazonas birgt.

An riesigen Seerosen mit bis zu zwei Metern Durchmesser vorbei ruderten wir schließlich flußabwärts zu Oswaldos Insel. Die ganze Familie stand bereits am Ufer und erwartete uns. Oswaldo ließ es sich nicht nehmen, uns auch noch in sein Heim zu führen – eine ärmliche Hütte. Aber die Menschen auf diesem Eiland strahlten eine große Zufriedenheit aus. Ob sie sich wohl nach etwas mehr Zivilisation sehnten? Zum Abschied zeigte Oswaldo uns noch das ungewöhnlichste Haustier, das wir je gesehen hatten: eine 30 Zentimeter lange Schlange, eine junge Boa constrictor. Er hatte sie sich eigens aus dem Dschungel geholt, um sie in seiner Hütte aufwachsen zu lassen. Diese Schlangen, die ausgewachsen bis zu vier Meter lang werden, ernähren sich am Rande der Zivilisation von Ratten, gelegentlich aber auch von Hühnern. Oswaldo meinte, die Kunst bei der Erziehung seines niedlichen Hausgenossen sei es, ihm den Unterschied zwischen Ratten und Hühnern beizubringen.

Als wir mit dem großen Flußdampfer wieder flußabwärts tuckerten und in der Abendsonne die Häuser von Santarém immer näher kamen, erzählte Gil mir, wie er davon träume, einmal ein paar Touristen in seine Stadt zu bringen. Ich hatte da eine Idee: „Wie wär's mit einer Gruppe von Yachtleuten, die mal eine Woche oder zehn Tage lang das Leben auf den schwankenden Planken einer Hochseeyacht mit dem urigen, nicht sehr komfortablen Leben an

Bord eines stabilen Flußdampfers vertauschen und eine der letzten tropischen Urlandschaften auf der Welt erleben wollen?"

Gil wurde ganz aufgeregt: „Daran habe ich auch schon gedacht, in Gedanken schon alles vorbereitet. Man könnte in Manaus starten und zehn Tage lang flußabwärts zur Amazonasmündung, vielleicht nach Belém, fahren. Ich kenne den Amazonas wie meine Westentasche. Langeweile würde bestimmt nicht aufkommen, denn es gäbe soviel zu sehen. Für das Essen unterwegs würden Bekannte von mir sorgen, ich könnte sogar europäische Küche organisieren. Übernachten müßten deine Yachtfreunde allerdings in Hängematten, die aber sicher bequemer sind als die schwankenden Kojen einer Hochseeyacht. Nachts kühlt die Luft sich ab, so daß auch empfindlichere Europäer, mit Moskitonetzen geschützt, reichlich Schlaf finden könnten. Sie müssen mir nur mal schreiben, und wenn sie in Manaus ankommen, wartet ihr Flußdampfer schon abfahrtsbereit im Hafen. Meine Adresse ist: Gil Serique, Caixa Postal 76, 68100 Santarém-Pará, Brasilien."

Flugkosten

Gil brachte uns um sechs Uhr morgens zum Flughafen und half mir beim Bezahlen und beim Ausfüllen des Flugplans. Auf der Rechnung stand ein kleiner Betrag für das Befüllen der Sauerstoffanlage. Meine Fliegerkollegen hatten doch tatsächlich im Krankenhaus von Santarém medizinischen Sauerstoff organisieren können und die große Flasche mit dem Fahrrad zum Flugplatz transportiert.

Wieder lag eine weite Strecke vor uns; der Flug sollte nach Martinique in Westindien gehen. Mühsam hatte ich mir aus meinen Flugunterlagen die verschiedenen Luftstraßen herausgesucht. In den Abschnitt „Rota“ auf dem Flugplan schrieb ich eine ganze Litanei von Funkfeuern und Luftstraßen auf der Strecke nach Martinique. Offensichtlich war das den Luftverkehrsbehörden in Brasilien zu kompliziert, denn als ich schließlich abflugbereit vor der Rollbahn über Funk die Verkehrsfreigabe übermittelt bekam, hieß es schlicht und einfach: „Martinique direct!“

Für einen europäischen Piloten ist so eine Freigabe unvorstellbar, denn üblicherweise muß er sich mit plus oder minus vier Meilen an eine genau vorgeschriebene Route halten. Mit der großen Freiheit beim Fliegen ist es in Europa nicht mehr weit her. Eine Freigabe, wie sie mir die Offiziellen in Brasilien zum Abschied übermittelt hatten, überließ es mir, welche Strecke ich nehmen wollte. Damit bekam ich dann aber doch kleine Probleme, als ich mich nämlich nach einem dreistündigen Flug bei der Flugverkehrskontrolle von Britisch-Guayana meldete und die freundliche Dame am Funk, die offensichtlich meinen Flugplan nicht vor sich liegen hatte, gleich mehrere Fragen stellte: „Von wo kommen Sie? Wohin wollen Sie? Wer sind Sie, und wie heißt Ihre Gesellschaft?“

Die Funkverbindung war nicht besonders gut, und so dauerte es eine Weile, bis ich der Flugverkehrskontrolle klargemacht hatte, daß es sich um ein deutsches Sportflugzeug handelte, das von Santarém (was sie offensichtlich nicht kannte) nach Martinique (was sie ebenfalls nicht kannte) fliegen wollte. Offensichtlich hatte die Dame in erster Linie die Gebühren für ihr Land im Kopf, denn sie forderte mich auf, meinen Namen, meine Anschrift und den Namen meiner Company durchzugeben. Der Hinweis, daß ich keine Fluggesellschaft sei, sondern rein privat fliegen würde, schien sie zu irritieren. Trotzdem bestand sie auf der Durchgabe von Name und Anschrift. Statt mich nun auf die Schönheit des kleinen Landes Britisch-Guayana mit den malerischen Flußmündungen konzentrieren zu können, verbrachte ich wegen der schlechten Funkverbindung die meiste Zeit damit, diese Daten durchzugeben, und das im Nato-Alphabet, in dem es scharfes S und Umlaute nicht gibt: „Bobby Schenk, Veit-Stoß-Straße 12, 8080 Fürstenfeldbruck, Bundesrepublik Deutschland ..."

Als die Funkverbindung wegen zu großer Entfernung abriß und ich schon die Stimme des Controllers in Westindien hören konnte, war ich gerade am Ende der Durchsage angekommen. Auf die Gebührenrechnung warte ich allerdings noch heute.

Aussteigerparadies

Wenn ich nach dem Höhepunkt dieser Reise gefragt werde, kann ich nicht auf Anhieb antworten. Da muß ich erst nachdenken, denn zu viele schöne Momente hat uns die Reise beschert. Werde ich jedoch nach meinem negativsten Eindruck gefragt, brauche ich nicht lange zu überlegen: Martinique, Kleine Antillen, französisches Übersee-Departement.

Martinique hatten wir deshalb als Stopp in Westindien gewählt, weil wir diese Insel von früheren Aufenthalten her als das charmanteste Eiland mit französischer Lebensart in Westindien in Erinnerung hatten. Jetzt war alles anders. Das fing schon beim Taxifahrer am Flughafen an, der uns so unverschämt ausnahm, wie ich es noch nirgendwo auf der Welt erlebt hatte. Dann das Hotel: Trotz des sensationell hohen Zimmerpreises gab es weder Seife noch Handtuch, und der Wirt schloß ostentativ die Klimaanlage ab. Im Restaurant, wo wir endlich einmal wieder französische Küche genießen wollten, mußten wir uns mit einem verbrannten Stück Fleisch und mit in ranzigem Fett zubereiteten Pommes frites begnügen. Als wir dann unseren Ärger mit einem zweiten Rumpunsch herunterspülen wollten und bei der dunkelhäutigen Bedienung monierten, daß die übliche Zitronenschnitte fehle, meinte sie treuherzig, wir könnten ja die Zitronen aus dem ersten Rumpunsch noch mal verwenden.

Und dann erst der Strand! Für die großen Teerbrocken können die Leute von Martinique sicher nichts, wohl aber für die Sonnenölflaschen, Coladosen und sonstigen Abfälle. Eine Unmenge Menschen lag zwischen diesem Müll herum. Was mir besonders auffiel: Statt hübscher Bikinimädchen sah man hier überwiegend junge, bleiche Europäerinnen in langen, wallenden Kleidern, die barfüßig hinter braungebrannten, zotteligen Rastas hertrotteten, von denen viele eine abgegriffene Gitarre hinter sich herschleiften. Kein Lüftchen wehte, und über dem Strand waberte eine süßliche Haschischwolke.

Ich erinnerte mich an die Zeit, als die deutschen ORION und THALASSA die einzigen Yachten in dieser Bucht waren. Jetzt war der Ankerplatz total überfüllt; die Yachten, die 50 Meter vom Ufer entfernt vor Trosse oder Kette lagen, hatten keinen Platz zum Schwojen mehr. Hier und da hielt nur das Gummidingi am Heck benachbarte Yachten davon ab, in der leichten Dünung gegen das Achterschiff zu rumpeln. Viele dieser Yachten machten den Eindruck, als würden sie schon lange hier herumgammeln. Seeklar sahen sie zumindest nicht aus. Einige schienen von ihren Eignern schon mehr oder weniger abgeschrieben worden zu sein. Das wunderte mich nicht, denn Yachten, die in der Hoffnung auf lukrative Charterverträge nach Westindien verlegt worden waren und dann keine Kunden gefunden hatten, hat es schon immer gegeben. Ein Großteil der Yachten trug die schwarz-rot-goldene Flagge am Heck, und ich dachte mit einiger Wehmut daran, mit wie großen Hoffnungen die Besatzungen wohl Jahre zuvor die Reise angetreten und von der großen Freiheit auf einem der einsamen Ankerplätze rund um die Welt geträumt hatten, weißer Strand und Palmen inklusive. Ich hoffte für sie, daß sie noch genügend Kraft (und Geld) haben würden, um die paar hundert Seemeilen über die Karibik zum Panamakanal zurückzulegen, hinter dem auch heute noch das Segelparadies Pazifik liegt.

Am nächsten Tag ließen wir uns zum Flugplatz bringen. Deprimiert widersetzten wir uns nicht einmal dem Versuch auch dieses Taxifahrers, uns das Vierfache des normalen Fahrpreises abzunehmen.

Und doch hatte sich unser Besuch in Martinique gelohnt, denn wären wir nicht auf diesem Flugplatz gewesen, hätten wir auch nicht ein einmaliges Juwel, den großen Höhepunkt der Reise, kennengelernt. Grand Turk heißt dieses Paradies, und es ist so klein, daß es auf den meisten Karten nicht verzeichnet ist, obwohl sein Name – vielleicht – in die Weltgeschichte geschrieben gehört.

Der amerikanische Zoll bestimmte von jetzt an die weitere Reiseroute. In der Karibik, besser gesagt: auf allen Luftstraßen zwischen Süd- und Nordamerika, herrschte große Nervosität. Schuld daran waren die zahlreichen kleinen Flugzeuge, die, meist in Diensten kolumbianischer Drogengangster, Kokain, Heroin oder andere harte Drogen transportierten. Dies hatte schon zu einer Reihe von Sonderbestimmungen beführt, unter anderem dazu, daß Flugzeuge, die die Grenze zu den Vereinigten Staaten von Süden oder Südosten her überflogen, mit besonders großen Buchstaben am Rumpf gekennzeichnet sein mußten. Ebenso bestanden besondere Vorschriften für Flugzeuge mit Extratanks. Wir hatten zwar nichts zu verbergen, doch erfreut war ich auch nicht gerade bei dem Gedanken, daß man möglicherweise mein Flugzeug zerlegen würde, um nach Drogen zu fahnden.

So suchten wir nach einer Möglichkeit, die Zollformalitäten für die Vereinigten Staaten schon vorher zu erledigen. Ursprünglich hatten wir geplant, nach Puerto Rico zu fliegen, doch die dortigen Vorschriften für eine bevorzugte Zollabfertigung trafen auf uns nicht zu. So beschlossen wir, irgendwo zwischen Martinique und den USA auf einer der Hunderte nichtamerikanischer Inseln einen Zwischenstopp einzulegen, um dann mit vollen Tanks gleich bis Florida durchzufliegen, wo möglicherweise die Zollbehörden etwas großzügiger sein würden.

Doch welche der zahlreichen Inseln, von denen wir zuvor noch nie etwas gehört hatten und von denen wir überhaupt nichts wußten, sollten wir anfliegen? Glücklicherweise traf ich am Flugplatz von Martinique ein paar französische Piloten, denen ich mein Problem schilderte. Sie zögerten nicht lange und nannten mir die Caicos-Inseln, die „quiet and nice“ sein sollten. In meinen Unterlagen stellte ich fest, daß es dort auch unser Spezialbenzin gab, und so fertigte ich den Flugplan für Providenciales auf Caicos aus, 2000 Kilometer von Martinique entfernt.

Weltgeschichte

Schon auf der Hälfte der Strecke übernahm mich die amerikanische Flugkontrolle und lotste mich auf kürzestem Weg nach Caicos. Wir waren schon im Sinkflug, als uns der Lotse mitteilte, daß wir in Providenciales kein Benzin bekommen könnten; das habe er gerade übers Telefon erfahren. Wir müßten einen anderen Platz anfliegen. Ich war ziemlich ratlos, und so fragte ich den Fluglotsen, ob er mir nicht einen Platz empfehlen könne. Nach einer Minute kam er zurück und schlug Grand Turk vor. Ich hatte diesen Namen noch nie gehört, aber nachdem der Fluglotse sicher war, daß es dort sowohl Zoll als auch Benzin gab, war es mir gleichgültig, wo wir abends unter der Dusche stehen würden. Ich kannte nicht einmal die Nationalität von Grand Turk, wußte aber, daß es noch nicht amerikanischer Boden war. Unter uns leuchteten inzwischen smaragdgrün die ersten Riffe der Bänke des Bermudadreiecks auf, und ich konnte gut nachempfinden, was die Seefahrer vor ein paar hundert Jahren gedacht hatten, als sie plötzlich unter ihren dicken Schiffsleibern Grund, aber weit und breit am Horizont kein Land sahen.

Grand Turk hatte nur eine einzige Landerichtung, was nicht weiter verwunderte, denn wir waren jetzt wieder im Passatgebiet, wo der Wind – außer während eines Hurrikans – praktisch immer aus ein und derselben Richtung bläst. Am frühen Nachmittag setzten wir schon auf und wurden aufs Vorfeld gelotst. Schließlich kamen wir vor einem kleinen Schuppen zum Stehen, mit einem großen Schild darauf, auf dem in kindlichen Buchstaben „Grand Turk International“ stand.

Wir waren das einzige Flugzeug und wußten gar nicht so recht, was wir jetzt machen sollten. Schließlich rauschte ein Tankwagen heran, und während das Benzin in unsere Tanks floß, erzählte uns der Tankwart, daß wir uns hier in einem unabhängigen Land befänden. Als wir die Hütte, also das Flughafengebäude von Grand Turk International, betraten, standen wir an einem Schreibtisch, hinter dem in einer adretten Uniform eine dunkelhäutige Beamtin saß, die uns lächelnd beim Ausfüllen der zahlreichen Formulare half und anschließend – verbindlich, aber penibel – unser Gepäck kontrollierte. Gründlicher hätte der Zoll in Amerika auch nicht sein können. Mit dem einzigen Taxi, das vor der Tür stand, fuhren wir sodann in die „Hauptstadt", einen Ort mit schätzungsweise 3000 oder 4000 Einwohnern.

Die Wahl des Hotels war einfach, denn es gab nur eins. Selten hatten wir auf unserer Reise ein so gemütliches Zimmer angetroffen. Eine Klimaanlage war nicht vorhanden, aber große Ventilatoren an der Decke fächelten ausreichend Frischluft. Und selbst wenn wir sie abschalteten, kühlte der Passatwind genügend. Gleich neben dem Hotel, ein paar Schritte über die vier Meter breite Hauptstraße, lag der Sandstrand, an dem sich in Sichtweite von uns nicht ein einziger Tourist befand. Das Bemerkenswerteste an diesem Strand war das Wrack einer Segelyacht. Ein dunkelhäutiger Spaziergänger klärte uns darüber auf, daß die Yacht erst zwei Wochen zuvor bei Dunkelheit auf den Strand gesegelt sei. Aus dem fesselnden Zugriff des Sandes, der langsam durch ein riesiges Loch an Backbord in das Schiffsinnere hineingespült wurde, hatte die Yacht nicht mehr befreit werden können.

Jetzt konnte man beim Sonnenbaden zusehen, wie das Schiff von der nicht einmal sehr hohen Brandung allmählich zerlegt wurde. Alles, was noch einen gewissen Wert hatte, war abgeborgen worden und lag, mit kleinen Preisschildern ausgezeichnet, in der Hotelbar herum. Einen Teil des Großsegels hatte der hölzerne Rumpf eingezwickt, so daß sich die Eigner damit begnügen mußten, das Tuch abzuschneiden, um auch hierfür vielleicht ein paar Cents zu erlösen, wenn jemand Segeltuch zum Reparieren benötigte. Der Rest des Großsegels lugte noch unter dem Rumpf hervor und wurde von der Brandung bewegt, die gelegentlich weit auf den Strand hinaufreichte. Ein gespenstischer Anblick, trotz der strahlenden Sonne, die vom blauen Himmel auf das Wrack herunterbrannte. Wenn gelegentlich ein Spaziergänger hier vorbeikam, dann würdigte er das Wrack keines Blickes, was auch nicht weiter verwunderte, denn die Menschen von Grand Turk waren an Schiffswracks gewöhnt.

Grand Turk ist, man konnte es aus der Luft ganz gut erkennen, nichts anderes als eine bewachsene Bank im Meer mit einer Ausdehnung von vielleicht zehn Kilometern. Berge gibt es keine, höchstens ein paar Hügel, die von Menschenhand mit Sand und zermahlenen Korallen aufgeschichtet worden waren. Die Vegetation bestand aus ein paar Palmen und wenigen anderen Bäumen, die ich nicht kannte. In den Gärten sah man zwischen größeren Sandflecken immer wieder das Ergebnis zaghafter Versuche, die Insel dauerhaft zu begrünen. Die Luft war frisch und trotz der hohen Temperatur angenehm. Kein Wunder, denn es war ja Passatzeit. Das Eiland strahlte großen Frieden aus.

Aus einer billig aufgemachten hektografierten Broschüre, die in unserem Hotelzimmer auslag, wußten wir, daß es in der Geschichte von Grand Turk nicht immer so friedlich zugegangen war. Doch nicht Kriege hatten die Insel heimgesucht, sondern Naturkatastrophen und Unglücksfälle. Die Turks Islands liegen in der Zugbahn der Hurrikane, die von Juli bis Oktober über die Karibik hinwegbrausen. Mit großer Regelmäßigkeit treffen diese tropischen Wirbelstürme auf das durch nichts – Berge beispielsweise – geschützte Grand Turk und verwüsten es meistens. In der Schule haben die Inselbewohner gelernt, daß einer der schlimmsten Hurrikane im Oktober 1795 die Insel leergefegt hat. Aber auch in der Folgezeit wurde die Insel bis in die Gegenwart ziemlich regelmäßig von insgesamt zwölf schweren Hurrikanen heimgesucht. Die unzähligen kleinen, nur Sturmstärke erreichenden Wirbelstürme verzeichnet die Chronik erst gar nicht mehr.

Der stärkste Hurrikan jedoch fiel am 30. September 1866 über die Insel her und machte 3000 Menschen obdachlos. 20 Bewohner von Grand Turk überlebten das Unglück nicht. Die zahlreichen Toten auf den Schiffen in der Nähe, die samt und sonders untergingen, waren dabei nicht einmal mitgezählt.

Aber die Geschichte von Grand Turk ist nicht nur durch Wirbelstürme geprägt, sondern auch durch unzählige Schiffbrüche auf den vielen Bänken ringsum, auf die die Schiffe selbst ohne Sturmeinwirkung aufliefen und sanken. Im August 1800 sind mit einem Schlag HMS LOWESTOFT und acht amerikanische Schiffe in der Caicos-Passage verlorengegangen.

Es sollte nicht verschwiegen werden, daß Schiffbrüche des einen Unglück, aber des anderen Freude waren. Die Menschen von Grand Turk ließen sich ihre Rettungsdienste sehr wohl gut bezahlen. Ein einträgliches Geschäft, wie folgende Zahlen aus dem Jahre 1861 belegen:

– Wert des geretteten Eigentums aus der lokalen Schiffahrt: Pfund 84
– Wert des geretteten Eigentums aus der britischen Schiffahrt: Pfund 18 496
– Wert des geretteten Eigentums aus der übrigen Schiffahrt: Pfund 93 186

Wen wundert es, daß die Versuchung für die Bewohner von Grand Turk groß war, dem einträglichen Geschäft gelegentlich etwas nachzuhelfen. In der Zeitung „New York Herold“, Ausgabe vom 20. Juni 1866, war folgender Leserbrief eines Kapitäns der Handelsschiffahrt abgedruckt:

„Ich sehe mich gezwungen, Ihre Leser, besonders diejenigen, die beruflich die Schiffahrt ausüben, auf folgenden Fall von Räuberei hinzuweisen. In der Nacht des 10. Juni kreuzte mein Schiff am Nordwestende von Nordcaicos gegen den Wind an und wartete auf Tageslicht, um in die Caicos-Passage einlaufen zu können. Ungefähr um elf Uhr abends wurde auf der Insel Grand Turk ein Feuer angezündet, wohl um vorzutäuschen, daß das ein Leuchtfeuer sei. Schiffen, die südwärts nach Grand Turk gesteuert hätten, hätte dieses Licht vorgespiegelt, daß sie in die Turk-Passage einliefen. Tatsächlich aber wären sie durch dieses Feuer aufs Riff geleitet worden.

Ich halte es für meine Pflicht, allen Seeleuten, die bei Grand Turk oder in der Caicos-Passage navigieren, zur größtmöglichen Vorsicht zu raten, um nicht von falschen Leuchtfeuern aufs Riff geführt zu werden.“

Unterzeichnet war der Brief mit „Charles E. Cocker, Kapitän der Brigg ISIS OF NEWBURY“.

„Merkwürdig“, dachte ich mir, „da siehst du aus dem Flugzeug mitten im blauen Wasser eine Bank, auf der kaum Bäume wachsen, und denkst, hier bist du an einem Ort weit weg vom Weltgeschehen, wo niemals etwas passieren kann."

An der Rezeption unseres Hotels gab es ein paar Postkarten zu kaufen. Sie zeigten einen menschenleeren Sandstrand mit ein paar Palmen darauf, gesäumt von blauem, kristallklarem Wasser. Daneben hing an der Wand eine schon leicht vergilbte Seekarte, auf der mit einem dicken Filzstift der Kurs durch ein Riffgewirr auf eine Insel zu eingezeichnet war. Handschriftlich stand darunter: „Langboot-Route von Kolumbus am 12. Oktober 1492."

12. Oktober 1492? Das war doch eines der bedeutendsten historischen Daten überhaupt: die Entdeckung Amerikas durch Christoph Kolumbus, Beginn eines neuen Zeitalters.

Interessiert fragte ich das Mädchen an der Rezeption, um welche Insel es sich wohl dabei handeln würde. Ihre Auskunft war etwas unwirsch, so wie man leicht unwillig antwortet, wenn man etwas ganz Selbstverständliches gefragt wird, etwas, was jedermann wissen sollte: „Das ist Grand Turk!"

Ich lächelte höflich, doch ungläubig. Denn ich hatte noch nie etwas davon gehört, daß Kolumbus auf dieser mir bisher noch völlig unbekannten Insel gelandet sein sollte. Für mich hatte Kolumbus immer noch in San Salvador, einer Insel weit nördlich von hier, die Neue Welt zuerst betreten. Ich bohrte nach, wer denn den Kurs eingezeichnet habe und wer mir mehr erzählen könne. Darauf wurde das Mädchen freundlicher. Ich solle nur zu Mister Sadler gehen; den würde ich im Supermarkt antreffen, 200 Meter einfach die Straße runter, kurz vor dem Postamt.

Zehn Minuten später betraten Carla und ich das „Magazin", wo wir den glatzköpfigen Mann hinter der Kasse nach Mister Sadler fragten. Er nahm die Nickelbrille ab, schaute uns etwas verwundert an und sagte: „Das bin ich. Was wünschen Sie?"

Ich hatte gedacht, vielleicht einen Spinner anzutreffen, aber ein Diplom hinter der Kasse, eingerahmt und unter Glas, belehrte mich, daß ich die Geschichte mit der Landung von Kolumbus auf Grand Turk nicht so ohne weiteres als Phantastereien eines alten Mannes abtun konnte. Auf dieser Urkunde bezeugte die Königin von England eben diesem Mister Sadler ihren großen Respekt vor

H. E. Sadler

seinen überragenden wissenschaftlichen Leistungen in der Geschichtsforschung in Sachen Christoph Kolumbus.

Ich stellte mich kurz als Seemann vor und kam ohne lange Vorrede auf den Punkt. Kolumbus und Grand Turk – das sei ja etwas völlig Neues. Bisher sei ich immer davon ausgegangen, daß Christoph Kolumbus auf San Salvador gelandet sei. Die Art und Weise, wie der alte Mann jetzt vor sich hinlächelte, ließ vermuten, daß er schon viele hundertmal darüber Auskunft gegeben hatte: „Das ist richtig. Kolumbus hat in seinem Tagebuch ja selbst geschrieben, daß er auf einer Insel gelandet sei, die er San Salvador nannte. Aber um welche Insel es sich nun tatsächlich handelte, das weiß mit allerletzter Sicherheit niemand zu sagen.“

„Aber San Salvador gibt es. Die Insel liegt nördlich von hier“, wandte ich ein.

Mr. Sadler lächelte milde: „Es hat schon einige San Salvadors gegeben. Von 1802 bis 1926 beispielsweise wurde Cat Island in den Bahamas offiziell San Salvador genannt. Denn auch diese Insel reklamierte für sich, daß dort der Landfall des Kolumbus stattgefunden habe. Erst als deren Ansprüche sich als unrichtig erwiesen, beanspruchten die Bewohner von Watling Island den Namen San Salvador. Und tatsächlich, obwohl zwischenzeitlich auch die Turks Islands offiziell ihre Ansprüche geltend gemacht hatten, wurde ein neues Gesetz erlassen, das Watling Island das Recht verlieh, sich San Salvador zu nennen. Deshalb glauben auch viele Menschen, dort sei der Landfall von Kolumbus gewesen."

Mr. Sadler berichtete nun von seinen jahrzehntelangen Versuchen, schlüssig zu beweisen, daß der Landfall von Kolumbus in Grand Turk stattgefunden habe. Er bezog sich dabei vor allem auf die Aufzeichnungen in den Logbüchern, die an Bord der Schiffe von Kolumbus geführt wurden. Die stärksten Argumente glaubte er in einer Reihe von Beschreibungen von Christoph Kolumbus selbst gefunden zu haben. So ist die Rede davon, daß die Küste von „San Salvador" mit einem „Langboot" (offensichtlich einem Beiboot) rudernd erkundet wurde und man schließlich fast um die ganze Insel herumgerudert sei. In den Aufzeichnungen heißt es unter anderem:

„Ich sah so viel Inseln, daß ich nicht entscheiden konnte, zu welcher ich zunächst gehen sollte. Die Männer, die ich mit mir genommen hatte, machten Andeutungen, daß es noch viel mehr Inseln geben würde, so viele, daß sie nicht gezählt werden könnten. Sie bedeuteten mir, daß allein die Inseln, die sie mit Namen nennen könnten, mehr als hundert betragen würden. Aus diesem Grund suchte ich mir die größte aus und beschloß, dort hinzusegeln, wo ich gerade dabei war. Es ist ungefähr 5 leagues* von der Insel San Salvador entfernt. Die anderen Inseln sind weiter weg, einige auch näher. Alles ist sehr flach, ohne Berge."

Mr. Sadler wies darauf hin, daß vor allem die Nähe zahlreicher anderer Inseln und der von Kolumbus beschriebene geschützte Ankerplatz zwischen vielen Riffen schon nahezu sicher beweisen würden, daß tatsächlich Grand Turk der Platz des Landfalls gewesen sei. Hinzu komme die Tatsache, daß, falls Kolumbus seinen Landfall tatsächlich weiter im Norden gemacht hätte, er auf seinem

* *„league" ist ein historisches Längenmaß zur Bestimmung von großen Entfernungen. 1 league, 4 römischen Meilen entsprechend, macht genau 3,18 nautische Meilen aus. In Spanien, England und Frankreich beispielsweise ging man von abgerundet 3 nautischen Meilen aus = 5,5 Seemeilen.*

Weg nach Kuba, wo er unzweifelhaft gewesen sei, über Hunderte von Bänken und durch Riffe hätte segeln müssen. Es sei ausgeschlossen, daß er diese – besonders für einen Europäer – bemerkenswerten nautischen Gefahren nicht einmal erwähnt hätte.

Nein, ein Spinner war dieser Mr. Sadler nicht. Er hatte fundierte nautische Kenntnisse und wußte exakt, wovon er sprach. Ich erwähnte, daß einer meiner amerikanischen Segelfreunde, Luis Marden, in dem amerikanischen „National Geographic Magazine" berichtet habe, daß er aufgrund zweimaligen Nachsegelns der angeblichen Route von Christoph Kolumbus und Nachberechnungen mit dem Computer ebenfalls zu dem Schluß gekommen sei, daß Watling Island, also das vorgebliche San Salvador, der historische Ort sei. Mr. Sadler schüttelte den Kopf:

„Mangels nautischer Daten läßt sich hier nicht viel berechnen. Kolumbus hat tatsächlich nicht astronomisch navigiert. Er hatte zwar ein Instrument dabei, mit dem man – theoretisch – die Höhe der Sonne messen konnte, doch er hat es nicht benutzt. Das war auch gut so, denn später an Land hat er es ausprobiert und festgestellt, daß dieses Instrument nicht genau genug arbeitete. Wir wissen über die Reise von Kolumbus nicht viel mehr als die Zeitdauer und den genauen Abfahrtsort. Sogar bei den angegebenen Kompaßkursen müssen wir äußerst vorsichtig sein, denn von Mißweisung wußte man damals noch nichts. Und die Mißweisung im Atlantik kann weit über zehn Grad betragen. Letztlich können wir uns nur auf die schriftlichen Aufzeichnungen von Kolumbus über seinen Landfall beziehen und auf das, was er an Land beobachtet hat. Und dann spricht alles für Grand Turk. Denn welche Insel hat sonst noch einen See? Einen See im Landesinneren, von dem Kolumbus ebenfalls im Logbuch berichtet hat. Und von welcher anderen Insel aus können am Horizont noch zahlreiche weitere Inseln ausgemacht werden?"

Mr. Sadler hatte recht. Luis Marden war in seinen Berechnungen mit dem Computer und der Rekonstruktion von Kolumbus' Atlantiküberquerung aufgrund der Kursangaben und der zurückgelegten Strecke zweimal – auf dem Papier – in die Nähe von Watling Island gekommen, wobei er sehr wohl Strömungen in seine Berechnungen mit einbezogen und dabei Windkarten

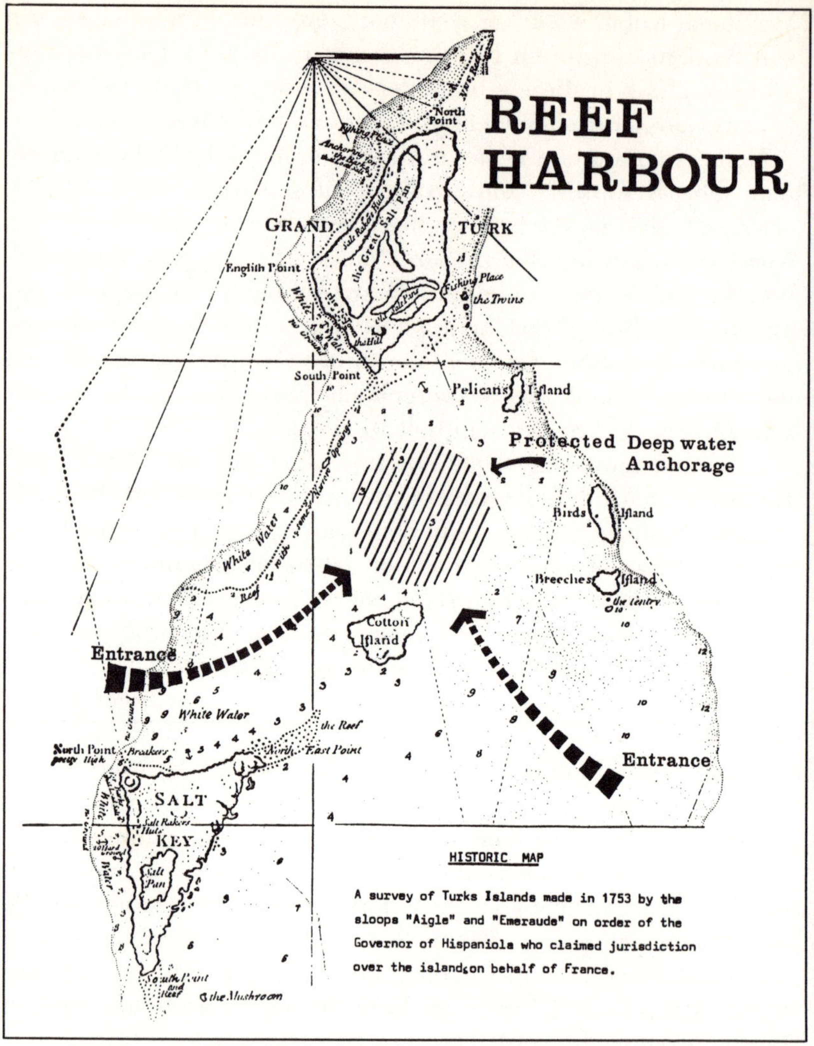

„Die Übersichtskarte über die Turks Islands wurde 1753 von den Besatzungen der Sloops ‚Aigle' und ‚Emeraude' angefertigt, und zwar auf Anweisung des Gouverneurs von Hispaniola, der für Frankreich Ansprüche auf die Inseln erhob." Der schraffierte Bereich zeigt den „geschützten Ankerplatz zwischen vielen Riffen" – siehe dazu auch Abb. 45 im Farbteil. (Aus „Turks Islands Landfall", Vol. I, von H. E. Sadler.)

zugrunde gelegt hatte, in denen Beobachtungen und Messungen zahlreicher Schiffe über mehr als hundert Jahre statistisch verwertet worden waren. Aber was bedeutet schon Statistik.

Bei meiner ersten Atlantiküberquerung hatte ich bis zur anderen Seite des Ozeans im Durchschnitt ungefähr einen halben Knoten Strom, bei der zweiten überhaupt keinen, gelegentlich sogar Gegenstrom – obwohl ich nach den Windkarten mit einem Schiebestrom von mehr als einem Knoten hätte rechnen können. Mit den Stromwerten aus der ersten Atlantiküberquerung hätte ich die Koppelkurse von Kolumbus zu einer fast geraden Linie nach Watling Island verarbeiten können, mit den Stromwerten der zweiten aber hätte ich weit danebengelegen. Bewiesen hätte das gar nichts.

Gleichgültig, ob Kolumbus nun tatsächlich auf Grand Turk seine ersten Schritte in der Neuen Welt gemacht hatte oder nicht, ich war fasziniert von dieser Geschichte. Besonders die navigatorischen Aspekte bewiesen wieder einmal, wie unvollkommen die früher einst gerühmte Koppelnavigation doch ist. Da kennen wir nun den präzisen Abfahrtsort, die zurückgelegte Distanz, den abgelaufenen Kurs. Und nicht nur das, wir besitzen auch eine recht detaillierte Beschreibung des Ortes, wo Kolumbus angeblich seinen Landfall machte. Dennoch können wir nicht mit Sicherheit sagen, wo dies gewesen ist. Mr. Sadler zeigte mir Unterlagen über den theoretischen Landfall auf anderen Inseln. Erstaunlich genug: Auf die bemerkenswerten Details aus dem Logbuch, den Binnensee und die zahlreichen sichtbaren Inseln, war einfach nicht eingegangen worden.*

Beim Anflug auf Grand Turk hatten wir noch nicht geahnt, daß wir auf einem möglicherweise historischen Platz landen würden, und so hatten wir auch nicht nach Details vom Landfall Kolumbus' Ausschau gehalten. Aber jetzt wollten wir uns Sadlers „Beweise“ doch einmal aus der Luft betrachten. Ich meldete mich beim Tower für einen Sichtflug an. Das erweckte offensichtlich Mißtrauen.

* *Nach meiner Rückkehr habe ich noch in vielen anderen Quellen über Kolumbus' Landfall nachgelesen, mit dem gleichen Ergebnis. Mit letzter Konsequenz wird sich der Landeplatz wohl nicht bestimmen lassen. Gleichwohl spricht alles dafür, daß Mr. Sadlers Lebenswerk nicht vergeblich gewesen ist.*

Auch „Rundflug“ als Antwort auf die Frage nach dem Zweck meines Fluges schien nicht so recht zu befriedigen, denn ich wurde aufgefordert, alle zwei Minuten eine Standortmeldung durchzugeben. Erst als ich dem Fluglotsen erklärte, daß wir nach der Ankerreede von Kolumbus Ausschau halten wollten, schien er überzeugt, daß wir nicht eines der zahlreichen kleinen Flugzeuge waren, die auf den kleinen Landepisten der verschiedenen Privatinseln in dieser Gegend Drogen übernehmen und sie nach Florida transportieren.

Immerhin: Wir fanden die Angaben von Mr. Sadler bestätigt. Mit einer Yacht hätte ich zwar nicht unbedingt zwischen diesen Riffen, ungeschützt gegen Winde aus allen Richtungen, aber sicher gegen Schwell, ankern wollen, doch für eine kleine Flotte, wie Kolumbus sie befehligte, war dies der ideale Ankerplatz.

Zur Beruhigung des Fluglotsen setzten wir schon nach 30 Minuten Rundflug über die Turks Islands wieder auf der Bahn von Grand Turk International auf.

Bermudadreieck

Vor dem Weiterflug nach Fort Lauderdale in Florida wollte ich am Flugplatz noch den neuesten Wetterbericht einholen. Fehlanzeige: „Sie brauchen kein Wetter, um diese Jahreszeit haben wir immer schönes Wetter!“ hieß es.

Tatsächlich war es wieder ein Traumtag, als wir von der Landepiste abhoben, um auf die vorgegebene Reiseflughöhe von 12000 Fuß zu steigen. Der Funkverkehr wurde immer dichter – wir näherten uns den Vereinigten Staaten, wo das Flugzeug ein so alltägliches Verkehrsmittel ist wie bei uns das Auto. Es dauerte nicht lange, bis wir in eine hochreichende Front einflogen. Bald waren wir in den Wolken, und auf dem Radarschirm tauchten die ersten gelben, dann sogar rote Flecken auf. Wir wurden mehrere Male so heftig durchgeschüttelt, daß immer wieder der Selbststeuerautomat rausflog. Um uns herum hörte ich über Funk eine Reihe anderer Flugzeuge, die aber nichts Auffälliges meldeten. So beruhigte ich mich trotz der erheblichen Turbulenzen, auf die ich vielleicht doch etwas überempfindlich reagiert hatte.

Aber dann hörte ich im Lautsprecher den Piloten einer kleinen Turboprop aus Puerto Rico jammern: „It's quite bumpy here, can you help me out?“

Ihm schlossen sich reihenweise andere Piloten an, die ebenfalls über das heftige Wetter klagten. Der Gedanke, daß wir uns mitten über dem Bermudadreieck befanden, machte mich nun doch etwas nervös, obwohl mir klar war, daß all die angeblichen Rätsel dieser Gegend nur Journalistengequatsche waren. Der Fluglotse war diesen Betrieb offensichtlich gewohnt, denn er teilte in ruhigem Ton seine Beobachtungen am Radarschirm mit, der starke Gewitter über den Bahamas zeigte. Die letzten eineinhalb Stunden vor Fort

Lauderdale waren wir nur noch damit beschäftigt, den Headings, das heißt den Kursangaben des Fluglotsen zu folgen. Ohne unfreundlich im Ton zu werden, hatte seine Sprache nunmehr die Geschwindigkeit eines Maschinengewehrs. Mit uns auf der Frequenz waren sicher noch mehrere Dutzend andere Flugzeuge, die der Mann am Mikrophon in Fort Lauderdale um die Gewitterwolken herumzuleiten versuchte. Welch eine Leistung, hier nicht die Übersicht zu verlieren! Als mein DME nur noch 25 Meilen bis Fort Lauderdale anzeigte, bekam ich ein letztes Heading mit der Anweisung, mich auf einer anderen Frequenz zu melden. Der Lotse verabschiedete sich mit den Worten: „You can choose runway left or right."

Das war für einen Piloten aus Deutschland ganz unglaublich. Nicht allein, daß der Fluglotse sicher dreimal soviel Verkehr zu bewältigen hatte, wie er sich normalerweise am deutschen Himmel abspielt, und trotzdem ohne Anzeichen von Nervosität alle seine Schützlinge nicht nur von Punkt A nach Punkt B, sondern auch um die zahlreichen Gewitter herumführte. Schließlich bekam man sogar auch noch großzügig angeboten, unter mehreren Landebahnen die schönere auszuwählen. Mit allem hatte ich gerechnet, nur damit nicht.

Ich war so verdutzt, daß ich aufs Geratewohl die rechte Bahn wählte. Schließlich war es mir gleichgültig, ob ich links oder rechts landete, Hauptsache, wir würden bald aus diesem Chaos am Himmel heraus und sicher am Boden sein.

Widerspruchslos gab mir der Tower von Fort Lauderdale die rechte Landebahn frei, bat mich aber, meine Geschwindigkeit möglichst lange zu halten, weil unmittelbar hinter mir „heavy traffic" sei. Ich konnte den „heavy traffic" nicht sehen, denn unsere kleine Mooney hat kein Rückfenster, aber das konnte nur bedeuten: DC 10 oder Boeing 747. Ein paar Meilen vor mir landete eine Boeing 727, und ich setzte noch etwas Leistung nach, um mit ungefähr 160 Knoten in etwa die Landegeschwindigkeit der Riesenvögel zu halten. Schließlich wollte ich nicht den Verkehr durcheinanderbringen. Erst unmittelbar vor der Landebahn nahm ich das Gas raus und schob den Propeller ganz nach vorn. Ich brauchte zwar annähernd die Hälfte der riesigen Landebahn, um endlich auf

Aufsetzgeschwindigkeit zu kommen, aber immerhin: Als ich auf dem Taxiweg war, blickte ich zurück und sah gerade mit einer Rauchwolke eine schwere 747 aufsetzen. Daß ich nicht die richtige Landebahn gewählt hatte, wurde mir klar, als ich rund 20 Minuten lang über den riesigen Flugplatz und schließlich auch auch noch über die linke Landebahn rollen mußte, um endlich am amerikanischen Zoll anzukommen. Wir waren im gelobten Land, zumindest sehen es die Amerikaner so.

Waren wir das wirklich? Carlas Bild im Paß erkannten die Zollbeamten zunächst nicht an, da es angeblich keine Ähnlichkeit mit ihr zeige. Auf diese Weise eingeschüchtert, zitterte ich etwas beim Ausfüllen der zahlreichen Formulare, worauf mich die resolute Zollbeamtin mit dem Riesencolt im Halfter anfauchte: „Your writing is terrible!"

Aber schließlich hatten wir es in wenigen Minuten geschafft, die überarbeiteten Beamten etwas freundlicher zu stimmen, hatten die Gebühr bezahlt und unser umfangreiches Gepäck zur Prüfung vorgelegt. Jetzt schienen sie überzeugt, daß wir keine Drogenschmuggler waren, sondern harmlose Segler/Flieger aus Deutschland. Sie wurden zusehends freundlicher. Endlich klebte mir der korpulente schwarze Zollbeamte mit einem gewissen Stolz die Zollmarke an die Windschutzscheibe meines Fliegers und erklärte fast feierlich: „Welcome in the United States!"

Hindernisse

Nach ein paar Tagen „Urlaub" bei unseren Weltumseglerfreunden Cliff und Joyce Nunnery in Destin/Florida und einem Zwei-Tage-Ausflug nach New Orleans, um einmal echten Jazz in der Bourbon Street zu erleben, machten wir uns auf den langen Heimweg. In sieben Stunden überflogen wir von Florida über New York die Vereinigten Staaten, um bei strahlendem Sonnenschein in Bangor/Maine, dem nördlichsten Flugplatz der USA, zu landen.

Hier war die letzte Gelegenheit, unseren Flieger für den Nordatlantikflug vorzubereiten. Wir ließen die Sauerstoffflaschen füllen, und es gelang uns sogar, die Propellerenteisung wieder funktionstüchtig machen zu lassen. Vor der Tankstelle standen ein paar andere kleine Maschinen herum, darunter eine Cessna 183. Der dazugehörige Pilot war der Österreicher Peter Goldstein, Segler und Besitzer einer Tauchschule auf Tonga, der sich recht häufig ein Zugeld als Ferrypilot, also als Überführungspilot, verdiente. Das letzte Mal hatten wir ihn zusammen mit Fred Trommeschläger in Kerrville/Texas getroffen, als wir unsere Mooney von der Flugzeugwerft übernahmen, um sie nach Deutschland zu überführen. Fred Trommeschläger, Deutschland-Importeur für Mooney, hatte mich nicht nur bei der Ausrüstung meiner Mooney 252 beraten, sondern mir auch für die Vorbereitung der Transatlantikflüge viele wertvolle Tips gegeben. Man spürte, daß in Fred nicht in erster Linie das Herz eines Kaufmanns schlug, sondern eher das eines enthusiastischen Fliegers. Dem Schulbubengesicht des 44jährigen sah man die Erfahrung von vielen tausend Flugstunden nicht an.

Peter war der einzige in meinem „fliegerischen" Bekanntenkreis, der schon einmal das erfahren hatte, was wir alle auf so weiten Flügen ständig befürchten. Als er nämlich einmal eine Mooney von

Fred Trommeschläger

Labrador nach Island bringen wollte, ging der Zeiger des Öldruckmessers plötzlich auf Null, und Peter blieb nichts anderes übrig, als aufs Wasser zu gehen. Innerhalb kürzester Zeit soff seine Maschine ab. Er hatte sich jedoch in seinem Überlebensanzug noch in das vier Grad kalte Wasser retten können und wurde sechs Stunden später von einem russischen Trawler aufgefischt. Das hatte Peter offensichtlich nicht besonders beeindruckt, denn inzwischen hatte er schon wieder viele Dutzend Flugzeuge überführt. Er fragte mich, ob ich nicht Karten von den Azoren bei mir hätte, denn – er deutete auf die nicht besonders neu aussehende Cessna – der Flieger brauche etwas zuviel Öl. Es sei ihm nicht wohl bei dem Gedanken, die nördliche Route zu fliegen. Ich konnte der Argumentation von Peter nicht ganz folgen, denn die Strecke über die Azoren ist erheblich weiter. Wenn die Maschine schon auffällig viel Öl verbrauchte, dann würde ich doch die kürzere, nördliche Route über Grönland wählen. Sicher, wenn ich die Wahl hätte, bei Grönland oder bei den Azoren ins Wasser zu gehen, spräche alles für die Azoren. Aber ich würde einen Flug auch gar nicht erst antreten, wenn ich wegen zu hohen Ölverbrauchs mit einer Notwasserung rechnen müßte.* In den nächsten Tagen sollte ich noch reichlich Gelegenheit haben, mir Gedanken darüber zu machen, ob eine Flugzeugüberführung mehr eine psychische Belastung für den Piloten oder mehr eine physikalische Prüfung des Motors ist.

Peter lieh sich die Karten von Donald aus und kopierte sie bei der Flugsicherung. Donald war ein deutscher Ferrypilot, ungefähr (ich hoffe, er wird mir nicht böse sein) zwei Zentner schwer und mit einem bubenhaften Gesicht, dem man die große Erfahrung als Flieger nicht ansah. Zunächst dachte ich, er sei ein übervorsichtiger Anfängerpilot. Denn er erklärte uns, daß wir am nächsten Tag mit einem Tief zu rechnen hätten und er deshalb erst am übernächsten Tag mittags losfliegen würde, wenn das Wetter wieder gut sei. Ich geniere mich nicht, zuzugeben, daß ich innerlich über den ängstlichen Donald lächelte.

Der Wetterbericht am anderen Tag war so, wie ich noch niemals einen Wetterbericht bekommen hatte. Der Meteorologe übermittelte ihn mir am Telefon mit ausgesprochen fröhlichen Worten: „Sie werden böigen Wind mit bis zu 35 Knoten aus Norden haben. Die Wolkenuntergrenze liegt bei 200 Fuß; bis in 25 000 Fuß Höhe haben Sie mit schwerer Vereisung zu rechnen. Am Platz sowie im Steigflug bekommen Sie gefrierenden Regen, ab 5000 Fuß gibt es jede Menge Turbulenzen. Außerdem – glauben Sie es oder nicht! – sind Gewitter in allen Himmelsrichtungen angesagt."

Donald hatte recht gehabt! Wir mußten einen Extratag einlegen, bevor wir die kurze Strecke von Bangor nach Goose Bay in Labrador zurücklegen konnten. Als wir die Wartehalle von Goose Bay betraten, staunten wir nicht schlecht: Sie war nahezu voll von Hundekäfigen. Wer transportierte wohl in Labrador so viele Hunde herum?

* *Am 28. September 1989 wollte Fred Trommeschläger zusammen mit einem Fliegerkameraden eine Mooney 252 auf dieser Strecke nach den Azoren fliegen. Offensichtlich konnte Fred das Funkfeuer auf den Azoren nicht rechtzeitig empfangen, so daß er stundenlang verzweifelt die Inselgruppe suchte. Als nach einem Funkkontakt mit einem Schiff auf dem Nordatlantik feststand, daß er zu weit von den Azoren entfernt war, um sie mit dem Restbenzin noch zu erreichen, entschloß Fred sich zur Notwasserung. Das Schiff beleuchtete die Wasseroberfläche, die See war glatt, der Anflug stimmte. Jedoch wenige Meter vor dem Aufsetzen ging die Nase der Mooney plötzlich nach unten und berührte das Wasser. Das Flugzeug explodierte. Man fand nur noch die aufgeblasene Rettungsinsel.*

Die einfache Erklärung: In Goose Bay fand so eine Art Olympiade, die Labrador Games, statt, und einer der Wettbewerbe waren Hundeschlittenrennen. Früher wären die Teilnehmer mit Skiern gekommen, heute reisten sie zwar schneller, aber auch weniger romantisch mit älteren Propellermaschinen an. Insgesamt war die Wetterlage nicht ungünstig, und so beschlossen wir, am nächsten Tag mit dem ersten Licht loszufliegen. Der Geheimtip unter den Ferrypiloten, das Labrador-Inn (eine Unterkunft, von der böse Zungen behaupteten, man würde bis zum 75. Zimmer durchkommen, wenn man mit einer Winchesterbüchse reinschießen würde), hatte zwischenzeitlich geschlossen. Das neue Hotel war eher wohl noch schlechter, und so waren wir froh, als um fünf Uhr morgens das dampfende Taxi vor der Tür stand und uns im tiefen Schnee und bei beißender Kälte zum Wetterbüro brachte.

Die kanadischen Militärs, die dort ihren Dienst versahen, waren Profis auf ihrem Gebiet; sie hatten die Wetterunterlagen für uns fix und fertig in eine Mappe gepackt. Der Offizier erklärte uns kurz, daß wir bis Island im großen und ganzen mit Rückenwind rechnen könnten, sobald wir die Küste Kanadas hinter uns hätten. Auf 15 000 Fuß Höhe hätten wir die Wolken unter uns; außerdem bestünde angesichts von minus 30 Grad keine Gefahr der Vereisung.

Neben unserer Mooney stand mittlerweile ein zweiter kleiner Flieger: die Cessna 210 (ganz was Feines, mit Druckkabine) von Donald, dem Ferrypiloten, den wir wegen seiner ängstlichen Vorsicht noch in Bangor – zu Unrecht – belächelt hatten. Donald war auch auf dem Wege nach Island. Für mich war die Sache klar: Wir brauchten uns in der Wartehalle nur unseren Überlebensanzug anzuziehen, zum Flugzeug zu stapfen, uns in die Maschine zu setzen und loszufliegen.

Aber Donald machte schon wieder Bedenken geltend. Ob die Maschinen bei diesen minus 20 Grad auch wirklich anspringen würden? Er war sich einigermaßen sicher, daß seine Cessna es nicht tun würde. Deshalb könne er wohl auch erst sehr viel später starten. Er benötige zum Starten „groundpower", nämlich Landstrom. Der zuständige Mann sei erst ab acht Uhr zu erreichen.

Wir verabschiedeten uns und waren heilfroh, als wir uns endlich auf die schmalen Sitze gezwängt hatten und die Tür schließen konnten. Ich drückte den Starter. Der Anlasser zog zwar kräftig durch, aber unser braver Motor machte keine Anstalten anzuspringen. Für die Mooney gibt es eine Tabelle, in der in Sekunden angegeben ist, wie lange, abhängig von der Lufttemperatur, der Primer zum Benzineinspritzen gedrückt werden muß. Aber die Tabelle war auf unsere niedrigen Außentemperaturen nicht ausgelegt, und so drückte ich mehr nach Gefühl auf den Knopf. Als der Motor auch nach dem fünften Versuch und nach der fünften vorgeschriebenen Pause von zwei Minuten nicht anfing, allein zu drehen, wußte ich nicht mehr, ob ich zuwenig Kraftstoff gegeben oder ob ich ihn schon ersäuft hatte. Unabänderlich wurde es mit jedem Startversuch gewisser: Ohne fremde Hilfe hatte unsere Mooney keine Lust, die 2500 Kilometer nach Island zu fliegen.

Nicht wütend, aber ziemlich entnervt stiegen wir wieder aus und gingen in unseren eiskalten Überlebensanzügen in die geheizte Halle zurück. Donald hatte inzwischen keine neuen Erkenntnisse; er konnte uns nur das sagen, was er aus zahlreichen Überführungsflügen wußte. Groundpower würde es erst am späten Vormittag geben, Preheating – damit wird der Motor vor dem Starten durch heiße Luft auf normale Temperatur gebracht – wahrscheinlich überhaupt nicht. Denn die einzige verfügbare Vorheizmaschine sei seit langem kaputt. Zwar gebe es jemanden, der so ein Wunderding besitze, aber der sei sich seiner Monopolstellung voll bewußt und verlange allein schon 250 Dollar, um überhaupt zum Flugzeug zu kommen.

Die Situation war jetzt doch so, daß wir kaum eine Chance sahen, noch am selben Tag wegzukommen. Mißmutig liefen wir zum riesigen Hangar der Air Labrador und fragten, ob wir denn nicht, ohne Rücksicht darauf, was es kosten würde, unsere Maschinen bis zum nächsten Morgen bei ihnen unterstellen könnten. Denn der Schuppen war geheizt, und selbst mit schwachen Batterien wäre es morgens kein Problem gewesen, die Flieger in Gang zu bringen. Der Mann wiegte bedächtig sein Haupt und sagte zu, daß er es zumindest probieren würde, unsere Maschinen abends noch reinzuholen. Wir sollten die Vögel einstweilen stehenlassen.

Allmählich stellte sich heraus, daß wir in Donald einen guten

Gesellschafter hatten. Als Ferrypilot war er besonders darauf aus, so schnell wie möglich loszufliegen. Kaum irgendwo sonst hat der Spruch „time is money" so sehr seine Berechtigung wie in der Fliegerei. Donald würde alles unternehmen, um möglichst schnell wegzukommen.

Vorsichtshalber wollten wir für die Nacht noch einmal Zimmer bestellen. Die nächste Hiobsbotschaft: Das Hotel war ausgebucht. Ich schlug vor, mit einem Taxi alle Privathäuser nach einer Unterkunft abzuklappern. Denn bei minus 20 Grad mußten wir zumindest ein warmes Bett haben – wenn wir denn schon zu einem weiteren Tag in dem trostlosen Goose Bay verurteilt waren. Aber Donald, der Fuchs, gab nicht auf: „Ich weiß nicht, ich hab so ein Gefühl, daß heute doch noch etwas läuft. Ich bleib jedenfalls hier."

Kaum hatte Donald uns auf diese Weise wieder ein wenig aufgebaut, kam ein Uniformierter vom Zoll, der offensichtlich unsere Schwierigkeiten mitbekommen hatte (oder uns endlich loswerden wollte), und meinte, daß im Café einer säße, der sich privat einen Preheater gebastelt hätte. Mit 35 Dollar pro Flugzeug wären wir dabei. Das waren Nachrichten!

Eisberge

Wenig später hingen aus dem Motor der Cessna Donalds wie Elefantenrüssel zwei dicke Schläuche heraus und mündeten in einem Kasten, in dem ein Diesel vor sich hintuckerte. Mit 120 Grad Celsius überstrich die heiße Luft den Motorblock, blies das gefrorene Öl von der Kurbelhausentlüftung auf den Boden und sengte die Isolierungen der elektrischen Leitungen an. Aber als sich Donald nach 20 Minuten mit seinen zwei Zentnern hinter sein Steuerhorn zwängte, machte der Propeller nur ein oder zwei Umdrehungen, bis der Motor aufbrüllte.

Dann kam unsere Mooney an die Reihe, mit gleichem Erfolg. 30 Minuten später rollten wir den Taxiway entlang zur Startbahn. Das Wetter war gut, als wir uns mit 1000 Fuß Steiggeschwindigkeit pro Minute anschickten, Flightlevel 190 zu erklimmen. Durch Vergleich der im Flugzeug angezeigten „Geschwindigkeit durch die Luft“ mit der „Geschwindigkeit über Grund“, die ich zunächst noch von meinem DME bekam, konnte ich die Gegenwindkomponente berechnen. Die Wettervorhersage stimmte ziemlich genau; hoffentlich traf sie auch auf den ab Küste Labrador in Aussicht gestellten Rückenwind zu. Bei Flightlevel 150 wollten wir aus den Wolken schon raus sein, aber wir befanden uns immer noch mittendrin. Ich drehte auf meinem Funkgerät 123,45 MHz ein. Diese Frequenz hatte ich mit Donald vereinbart, damit wir uns unterwegs gelegentlich unterhalten konnten. Wenn es auch nicht besonders wahrscheinlich war, daß wir nützliche Informationen austauschen konnten, so war der Sprechkontakt zu einem ebenso einsamen Flieger über dem Nordatlantik sicher eine große moralische Stütze (in erster Linie für uns). Da Donald aber 30 Minuten vor uns gestartet war und ungefähr die gleiche Geschwindigkeit hatte, konnte er uns jetzt doch mit Informationen helfen. Also, meinte Donald, bei Flightlevel 190 erst sei die Wolkendecke zu Ende; er sei auf Flightlevel 210 und habe minus 45 Grad.

Durch die Startschwierigkeiten hinkten wir jetzt viele Stunden hinter unserem Zeitplan her. Wenn wir, wie vorgesehen, bis Island fliegen würden, könnte es Probleme geben. Nicht, daß wir bei Dunkelheit in Island nicht hätten landen können, aber die Vorstellung, daß sich kurz vor Einbruch der Dunkelheit ein Notfall ereignete, war mir äußerst unbehaglich. Eine Notwasserung konnte angesichts der niedrigen Wassertemperatur nur dann glimpflich ausgehen, wenn die Chance bestand, innerhalb von fünf oder sechs Stunden herausgefischt zu werden. Eine Rettung wäre aber ausgeschlossen gewesen, wenn der Notfall am späten Nachmittag eingetreten wäre. Ich erinnerte mich an die Worte des kanadischen Luftfahrtoffiziers, der uns die Genehmigung erteilt hatte, den Atlantik zu überqueren: „Seien Sie extrem vorsichtig! Erst letzte Woche haben wir drei Maschinen verloren, eine zweimotorige und zwei einmotorige. Eine Cessna war noch in der Lage, Notraketen abzuschießen. Doch als unsere Suchflugzeuge am Unfallort eintrafen, sahen sie in den zehn Meter hohen Wellen nur ein paar Trümmer und eine Rakete. Vom Piloten fehlte jede Spur."

Ein unangenehmes Gefühl beschlich mich. Ich war schließlich kein Ferrypilot, derartige Flüge waren für mich keine Routine. Ein einigermaßen sicheres Gefühl konnte ich dabei nur haben, wenn sie sorgfältig vorbereitet und in aller Ruhe durchgeführt wurden. Von Ruhe konnte jetzt aber keine Rede sein. Wir waren hektisch, Stunden verspätet aufgestiegen und hofften jetzt, noch bei Tageslicht in Island einzutreffen. Ich will es nicht verschweigen: Ich hatte Angst. Die ganze Aufregung um unseren verspäteten Start hatte mich schon Nerven genug gekostet.

So als ob Donald, der zwar auf gleicher Höhe, aber rund 150 Kilometer vor uns war, Gedanken lesen könnte, hörte ich ihn plötzlich im Lautsprecher sagen: „Ich geh nach Grönland, ich hab schon meine Clearance dafür bekommen."

Als einziger Flughafen in Grönland kam Narssarssuaq in Betracht. Von diesem Flugplatz hatte ich schon Schlimmes gehört. Er liegt im Scheitel eines Fjords, der sich so verengt, daß nach einem Fehlanflug in schlechtem Wetter eine Umkehr kaum noch möglich ist. Andererseits sind seine Minima für Instrumentenflug so hoch, daß es besser ist, nach Sicht zu fliegen. Häufig ist wegen des Wetters eine Landung überhaupt nicht möglich; dann muß man viele hundert Seemeilen weiter zu einem Ausweichplatz fliegen. Auch erinnerte ich mich daran, daß Narssarssuaq zu den teuersten Flughäfen der Welt gehört, aber das war mir jetzt egal. Ich bat Donald, beim Controller von Gander Radio auch für mich um eine Freigabe für Grönland nachzufragen, denn ich konnte Gander noch nicht empfangen. Fünf Minuten später meldete sich Donald und gab das Okay der Flugverkehrskontrolle durch.

Ich suchte die Unterlagen für Narssarssuaq heraus. Wie gut, daß ich Donald über Funk jederzeit erreichen konnte. Er hatte diesen Platz schon häufig angeflogen und versorgte mich jetzt mit einigen Frequenzen von Flugfunkfeuern, darunter einer Radiostation eines kleinen Ortes links am Eingang zum Fjord. Er meinte, ich könnte es gut anpeilen. Grundsätzlich bin ich der Meinung, daß es das beste ist, nach Karte zu fliegen. Aber hier vertraute ich mehr der Erfahrung von Donald, der mir den Rat gab, auf 1000 Fuß herunterzugehen und dann in den Fjord einzufliegen. Eine Anflugkarte für einen Sichtanflug hatte ich nicht, und meine Instrumentenanflugkarte riet zu einem vollkommen anderen Anflug. Danach sollte ich in großer Höhe auf das Flugfunkfeuer von Narssarssuaq zufliegen und von diesem aus in den Fjord hineinkreisen, mich sozusagen fallenlassen. Ich entschied mich, Donald zu folgen und direkt nach Narssarssuaq zu fliegen. Eine Stunde nach der Kursänderung Richtung Grönland meldete sich am Lautsprecher wieder die beruhigende Stimme von Donald: „Ich hab gute News, das Wetter in Narssarssuaq ist astrein, mehr als zehn Kilometer Sicht.“

Kurz nachdem Donald sich von uns verabschiedet hatte – der Funkkontakt würde nach dem Abtauchen in die Berge Grönlands abreißen –, konnte ich am Horizont deutlich mächtige Eisberge erkennen und dahinter das glitzernde Grönland. Nachdem ich über unsere Position keinen Zweifel mehr hatte und vor uns die Öffnung eines Fjords lag, meldete ich mich bei der Flugkontrolle in Gander ab und flog nach Sicht in den Fjord ein.

Eine Schwierigkeit, von der ich schon oft gehört hatte, wurde jetzt offenkundig. Beim Überfliegen der eisigen Berge war es unmöglich, die Höhe abzuschätzen; der Höhenmesser gab einen besseren Anhaltspunkt. Manchmal dachte ich, ich wäre nur noch ein paar Meter über den Schneehängen, doch mußten es nach Höhenmesseranzeige mindestens 1000 Fuß sein. Den kleinen Ort, von dem Donald gesprochen hatte, konnte ich am Eingang zum Fjord nicht erkennen. „Na, es wird schon stimmen", dachte ich mir.

Das ist genau die Art von Gedanken, die jeden Navigator stutzig machen sollte. Denn bei einer genauen Navigation gibt es so etwas nicht. Weiter vermutete ich: „Der Platz wird wohl nach dem Berg am Ende des Fjords um die Ecke liegen." Der zweite Denkfehler!

Wir waren jetzt nicht mehr über den Bergen, statt dessen flogen glitzernde Schneehänge links und rechts an uns vorbei. Wilde Fallböen schüttelten die Mooney durch, was zumindest auch mein Navigationshirn wachrüttelte. Ich dachte mir, wenn solche Böen schon bei bestem Flugwetter auftreten, dann müßte doch irgendwo eine Warnung zu lesen gewesen sein. Vor mir sah ich, wie die beiden Bergketten links und rechts immer enger und enger wurden. „Was ist eigentlich, wenn es hinter dem Punkt, wo sich beide Bergketten berühren, nicht nach links um die Ecke geht?" meldete sich mein Navigator-Gewissen. „Was ist, wenn du dich gar nicht im richtigen Fjord befindest, sondern in einem anderen Einschnitt, wenn es am Ende eben nicht mehr weitergeht?" Ein böser Traum, den jeder Flieger einmal träumt: Man fliegt in eine Schlucht hinein, und es wird plötzlich so eng, daß eine Umkehrkurve nicht mehr möglich ist.

Natürlich, das war's! Jetzt war alles klar, das fehlende Dorf, die unsichtbare Landebahn „hinter der nächsten Ecke" – all das stimmte nicht zusammen, oder, besser gesagt, es paßte alles zusammen: Ich war auf dem falschen Weg. Gut, daß ich das rechtzeitig begriffen hatte, Minuten später wäre es kritisch gewesen. So hatte ich noch genügend Platz zwischen den enger werdenden Bergen, eine gemütliche Kurve zurückzufliegen und gleichzeitig zu steigen. Als ich wieder die Bergrücken unter mir hatte, konnte ich nach links in einen anderen Einschnitt zwischen Bergrücken blicken. Das war der richtige, der Eriksfjord. Ein paar Minuten später sah ich mit großer Erleichterung die Landebahn vor mir.

Entdecker Amerikas

In meinem Seglerleben bin ich schon häufig angekommen, nach herrlichen Transatlantikfahrten, nach berauschenden Segeltörns, nach Sturmfahrten oder nach monatelanger Langeweile in Flauten. Aber keine Ankunft hatte mich bisher so erleichtert wie diese, als die Räder unserer Mooney bei Sonnenschein knirschend auf der breiten Bahn von Narssarssuaq aufsetzten. Mit großer Dankbarkeit sah ich Donald, der uns bis hierher so geholfen hatte, schon vor dem riesigen Tor eines Wellblech-Hangars stehen und uns herwinken. Kaum waren wir aus unserem Flieger ausgestiegen und hatten uns die Hände geschüttelt, schoben wir schon die Cessna von Donald und die Mooney mit vereinten Kräften in das warme Gebäude. „Heute abend bist du unser Gast, Donald!"

Donald lachte: „Das wirst du dir noch überlegen, wenn du die Preise im Hotel siehst!" Die waren tatsächlich beeindruckend. Steaks kosteten ab 55 Mark aufwärts, und für ein Bier mußten wir zehn Mark bezahlen. Aber das war uns vollkommen gleichgültig. Wir zählten die Biere gar nicht mehr mit, die wir an diesem Abend tranken, ehe wir in unsere Betten fielen.

Den letzten großen Schreck bekam ich am nächsten Morgen, als Donald und ich im Wetterbüro von Narssarssuaq die Karten studierten. Der freundliche Däne konnte uns keine großen Hoffnungen machen, gleich weiterzufliegen. „Sehen Sie, zwischen Grönland und Nordengland liegen mehrere riesige Tiefs; Sie haben Vereisung bis 25 000 Fuß. Und außerdem müßten Sie mit starkem Gegenwind rechnen, da hat sich seit vorgestern nichts mehr geändert."

Gegenwind? Ich glaubte nicht recht gehört zu haben, denn in Goose Bay war für diese Strecke deutlich Rückenwind angegeben worden. „Nein, nein, ich zeige Ihnen die Karten von gestern." Der Däne zog eine riesige Schublade auf und holte einen Packen Karten heraus, die er auf dem Tisch ausbreitete. Kein Zweifel, Gegenwind von 20 bis 30 Knoten. Nicht viel in 20 000 Fuß Höhe, aber doch so viel, daß die Mooney gestern ihre Räder wahrscheinlich noch so eben auf die Landebahn von Reykjavik in Island gesetzt hätte, wenn sie nicht schon ein paar Kilometer zuvor zu fliegen aufgehört hätte. Und das alles bei Dunkelheit! Wie dankbar war ich jetzt, daß Donald uns nach Grönland gelotst hatte.

Es machte uns deshalb auch nicht mehr viel aus, daß ein um den anderen Tag die Wettervorhersage ungünstig war und wir an diesem Ort festhingen. Wir nutzten die Gelegenheit, das Personal auf dem Flugplatz etwas näher kennenzulernen, vor allem die Mannschaft, die die beiden riesigen Hubschrauber versorgte, unter denen unsere kleinen Vögel in der Halle stehen durften. Das, was sie uns über die Kosten des Flugbetriebs in Grönland erzählten, machte es verständlich, warum hier die Preise so hoch lagen. Allein die Beheizung der Halle kostete im Jahr rund eine halbe Million Mark; hinzu kam noch eine weitere Million für die Miete. Das Benzin kostete pro Liter ungefähr acht Mark, und für Starts an Feiertagen oder für eine Landung nach Dienstschluß wurde eine zusätzliche Gebühr von rund 500 Mark erhoben.

Der Wetterfrosch gab schließlich grünes Licht für Donnerstag, was die Sache teuer machte. Denn nach Ansicht der Flughafenverwaltung war Gründonnerstag ein Feiertag, so daß auch für uns die Extragebühr von 500 Mark anfiel. Der nächste normale Tag wäre der Samstag gewesen, aber es war mir einfach zu riskant, auf diesen einen Tag zu setzen. Zähneknirschend zahlten wir die Gebühr, wobei wir überflüssigerweise darauf hingewiesen wurden, daß sie erneut fällig würde, wenn wir beispielsweise wegen Vereisung zurückkehren und wieder landen müßten.

Die Hubschrauber-Mechaniker luden uns noch zu einer kleinen Spazierfahrt ein. Sie führte uns in ein Tal, wo, seltsam genug, kein Haus, keine Hütte, kein Baum stand, wohl aber, mittendrin, ein gemauerter Kamin. Die Mechaniker wußten, was das zu bedeuten hatte: Während des Koreakrieges hätten die Amerikaner, die übrigens aus militärischen Gründen den Flugplatz in Narssarssuaq gebaut hätten, hier in diesem einsamen Tal ein Krankenhaus errichtet, kein gewöhnliches, sondern eine Pflegestätte für Opfer des Koreakrieges, psychisch Kranke und Gehirngeschädigte. Auf diese Weise seien die am schlimmsten zugerichteten Soldaten vor der amerikanischen Öffentlichkeit regelrecht versteckt worden, um ihr nicht das Grauen des Krieges so offensichtlich vor Augen führen zu müssen.

Nach dem Krieg hatte das Krankenhaus ausgedient, und es wurde mit allem Drum und Dran für ein paar Dollar an eine Abbruchfirma verkauft. Diese Firma machte gründliche Arbeit, baute alles ab und brachte es von der Insel weg. Das einzige, wofür sich keine Verwendung fand, war der Kamin. Jetzt regt dieser nutzlose Gegenstand zumindest zum Nachdenken über die Sinnlosigkeit von Kriegen an.

Bevor wir zum Hotel zurückkehrten, fuhren die freundlichen Dänen uns hoch auf die andere Seite des zugefrorenen Eriksfjords, zu Resten eines Wikingerdorfes, wo Erik der Rote mit seiner Frau Tjodhilde gelebt hatte. Berühmter wurde ihr Sohn Leif Erikson, der als der eigentliche Entdecker Amerikas gilt. Er soll um die Jahrtausendwende von hier, vom Eriksfjord aus, aufgebrochen sein, um als erster Europäer an der Küste von Neuschottland den amerikanischen Kontinent zu betreten. Ein halbes Jahrtausend vor Kolumbus!

Welch ein Zufall: Ohne es geplant zu haben, hatte uns die Reise um den Atlantik zu den Spuren der ganz großen Entdecker, der berühmtesten Seefahrer geführt. Nicht nur über die Magellanstraße war unsere kleine Mooney geflogen, wo die erste Weltumsegelung für immer in die Geographiebücher geschrieben worden war. Durch die beiläufige Auskunft eines französischen Piloten auf Martinique war sie auch in Grand Turk gelandet, jenem Platz, wo Kolumbus höchstwahrscheinlich zum ersten Male Amerika betreten hatte. Und schließlich hatte die kältebedingte Verspätung in Labrador die – vielleicht – lebensrettende Zwischenlandung in Grönland, am Eriksfjord, verursacht, wo vor tausend Jahren der tatsächliche Entdecker Amerikas gelebt hatte.

Als wir am Gründonnerstag losflogen, waren meine Tanks randvoll gefüllt, im Gegensatz zu denen von Donald, für den Island

Endstation war. Mein Fliegerkamerad hatte mir zwar vorgerechnet, daß jeder Liter Benzin, den ich zuviel mit nach Island brächte, mich um acht Mark ärmer machen würde, aber zwischenzeitlich hatte ich die Nase voll von allzu genauen oder, besser gesagt, knappen Berechnungen.

Vier Stunden später landeten wir in Reykjavik, wo gerade ein Ferrypilot mißmutig dabei war, die festgefrorenen Reifen seiner Piper etwas in Bewegung zu bringen. Das Sturmtief über Nordengland schien sich in dieser Gegend eingekrallt zu haben, jedenfalls bescherte es uns ein paar Tage Aufenthalt in Reykjavik, die wir in der Gesellschaft von zwei Ferrypiloten verbrachten. Zermürbend war der tägliche Gang zum Wetterbüro auch für sie. Ich erkannte, daß es sich bei den Überführungsfliegern weder um Abenteurer noch um wilde Draufgänger handelte; ihr Nervenkostüm war nicht viel stärker als das unsere. Beide machten die Flugzeugüberführungen professionell, der eine während seines Urlaubs, der andere als Nebenbeschäftigung in seiner Flugschule. Doch nicht das Geld war entscheidend, sondern die Freude am Fliegen, denn die üblichen 10 000 Mark für eine Überführung waren zumindest als Risikoprämie nicht allzu hoch.

Gleichwohl versicherten mir auch diese beiden Ferrypiloten, wie vor ihnen schon einige andere, daß dies bestimmt ihr letzter Flug sei. Der eine Pilot war wirklich am Ende; er erzählte ganz offen, daß er nur noch fliegen könne, wenn er vor dem Abflug mit einem Klebeband die Anzeige des Öldruckmessers abdecke. Denn das dauernde Glotzen auf dieses Instrument, das mit tödlicher Sicherheit eine Minute vorher das Ende der Maschine voraussagen könne, ertrage er nicht mehr.

Als das Wetterbüro am Ostermontag über Island freien Himmel und erst über dem Nordatlantik eine Wolkendecke bis 25 000 Fuß Höhe ansagte, sah ich meine Chance, mit der Dienstgipfelhöhe von 28 000 Fuß das Sturmtief über Schottland zu überfliegen. Unsere Berechnungen stimmten: 200 Meilen hinter Island trafen wir auf die Wolkenbank. Wir stiegen nach oben und konnten so eben die Höhe über der Schlechtwetterzone halten. Das Thermometer war auf minus 50 Grad abgesunken, aber die Innentemperatur hielt sich auf plus 20 Grad. Kurz vor der Küste Schottlands riß die

Wolkendecke auf, was für uns sehr wichtig war, denn so konnten wir sehen, daß wir nun nicht mehr über Wasser waren. Der Sauerstoffvorrat ging merklich zurück, und über Belgien bekam ich endlich die Genehmigung, zunächst auf 20 000 Fuß und dann auf 10 000 Fuß herunterzugehen. Das war höchste Zeit, denn die Anzeige des Sauerstoffgerätes näherte sich dem roten Feld. Schon im Sinkflug befindlich, stießen wir noch durch ein paar Schauer, ehe wir nach einer Flugzeit von siebeneinhalb Stunden in Augsburg landeten. Wir schoben unsere brave Mooney in den Hangar, wobei ich mir überlegte, daß ich sie am nächsten Sonntag wohl einmal waschen müßte, denn da hing noch der Staub von Afrika und Amerika dran.

Anhang

Die Flugetappen in Zahlen

Start Nr.	Augsburg nach	Flight-level	sm	km	tat-säch-liche Flugzeit	voraus-berech-nete Flugzeit	Gallonen	l/100 km	km/h	kn
01	Malaga	120	1042	1930	6:17	6:27	70,8	13,9	307	165
02	Gran Canaria	120	792	1408	4:33	4:44	43,0	11,1	322	173
03	Sal	120	797	1465	5:00	4:46	60,0	15,3	309	166
04	Recife	120	1657	3069	10:46	11:43	100,0	12,3	285	153
05	Rio de Janeiro	120	1107	2050	6:24	6:32	74,7	13,8	320	173
06	Iguazu	120	702	1300	4:24	4:20	53,3	15,5	295	159
07	Mar d. Plata	120	825	1528	4:59	5:04	57,1	14,1	307	166
08	Rio Gallegos	120	1030	1908	7:05	6:21	81,5	16,2	269	145
09	Ushuaia	90	212	393	1:22	1:22	18,0	17,4	287	154
10	Com. Rivadavia	120	609	1128	3:40	3:41	45,3	15,2	308	166
11	Buenos Aires	120	786	1456	5:20	4:50	61,1	15,9	273	147
12	Campo Grande	120	990	1833	6:08	5:52	75,6	15,6	299	161
13	Santarém	220	1090	2019	6:49	6:37	83,3	15,6	296	160
14	Martinique	120	1094	2026	6:48	6:42	77,3	14,4	298	161
15	Grand Turk	120	722	1337	4:06	4:26	48,2	13,6	322	174
16	Ft. Lauderdale	120	574	1063	3:42	3:30	46,5	16,6	287	155
17	Destin	140	512	948	3:08	3:12	40,5	16,6	302	163
18	Bangor	250	1227	2272	6:26	7:23	74,0	12,3	353	191
19	Goose Bay	110	650	1204	3:53	4:11	52,0	16,3	303	164
20	Narssarssuaq	190	688	1274	4:00	4:07	52,0	15,4	319	172
21	Reykjavik	210	673	1246	4:50	3:56	63,0	19,0	258	140
22	Augsburg	270	1539	2850	7:47	8:45	95,9	12,7	366	198
	Total		19318	35707	117:32	118:30	1373,1	14,5	304	164

Die Mooney 252

Länge	7,50 m
Spannweite	11,0 m
Höhe	2,50 m
Motor	Continental 210 PS
Leergewicht	816 kg
Reichweite nach Prospektangaben mit normalen Tanks	2200 km
Reisegeschwindigkeit bei 78,6 % Leistung in 28 000 Fuß Höhe	202 kn
Abreißgeschwindigkeit	59 kn
Dienstgipfelhöhe	28 000 Fuß

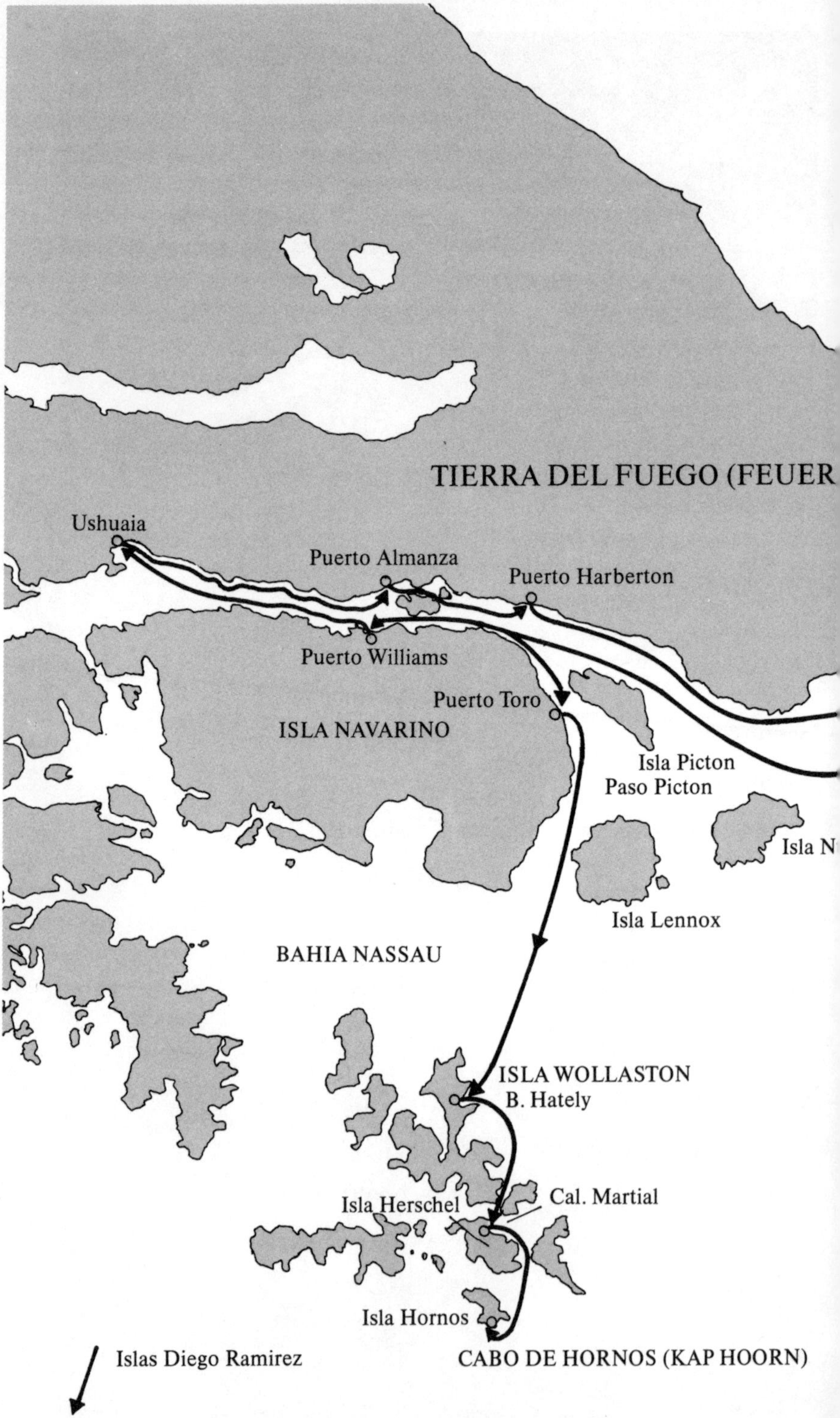

TIERRA DEL FUEGO (FEUER
Ushuaia
Puerto Almanza
Puerto Harberton
Puerto Williams
Puerto Toro
ISLA NAVARINO
Isla Picton
Paso Picton
Isla N
Isla Lennox
BAHIA NASSAU
ISLA WOLLASTON
B. Hately
Isla Herschel
Cal. Martial
Isla Hornos
Islas Diego Ramirez
CABO DE HORNOS (KAP HOORN)

Segelroute und Stationen der KSAR

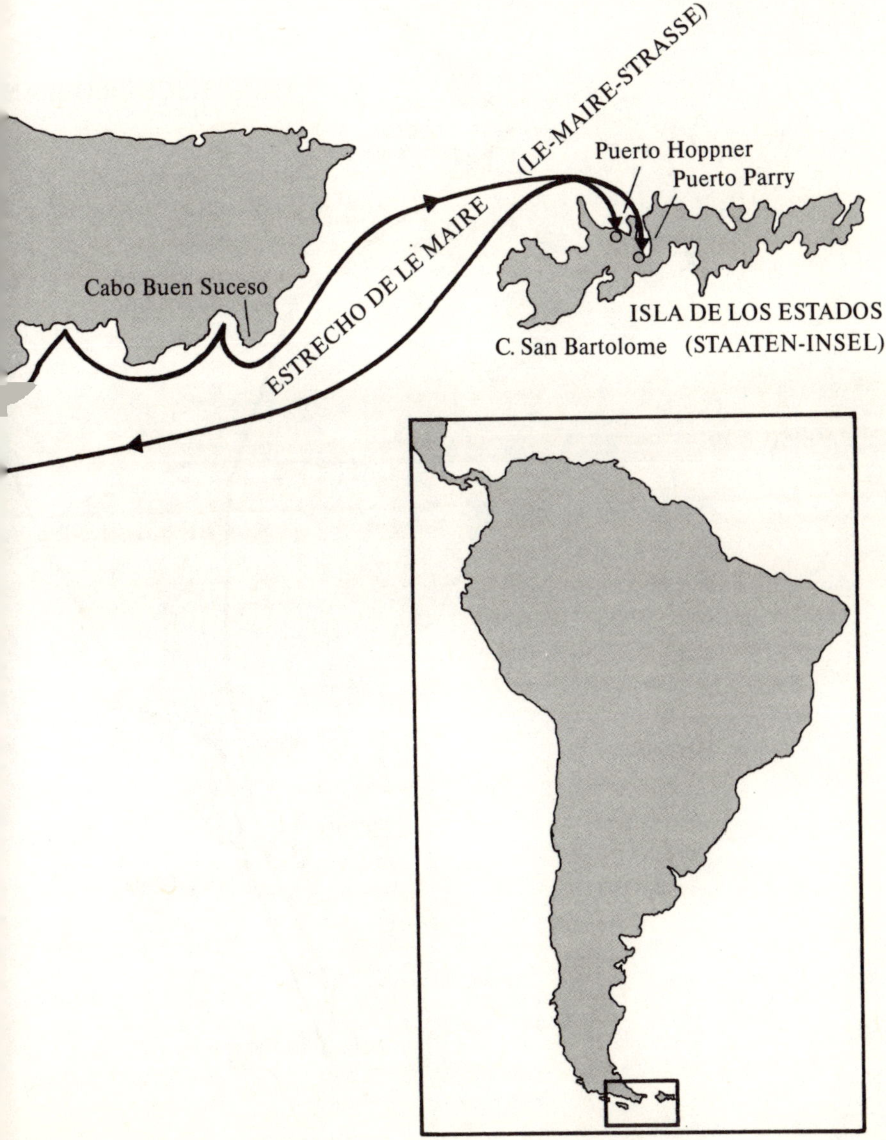

GRÖNLAND
Narssarssu
LABRADOR
Goose Bay
Bangor
USA
ATLANTISCHER OZEAN
Destin
FLORIDA
Fort Lauderdale
TURKS ISLANDS
Grand Turk
KAPVER
IN
KLEINE ANTILLEN
Martínique
ÄQUATOR
Santarém
BRASILIEN
Rec
Campo Grande
Rio de Janeiro
Iguazu
Buenos Aíres
ARGENTINIEN
Mar del Plata
Comodoro Rivadavia
Rio Gallegos
Ushuaia
FEUERLAND

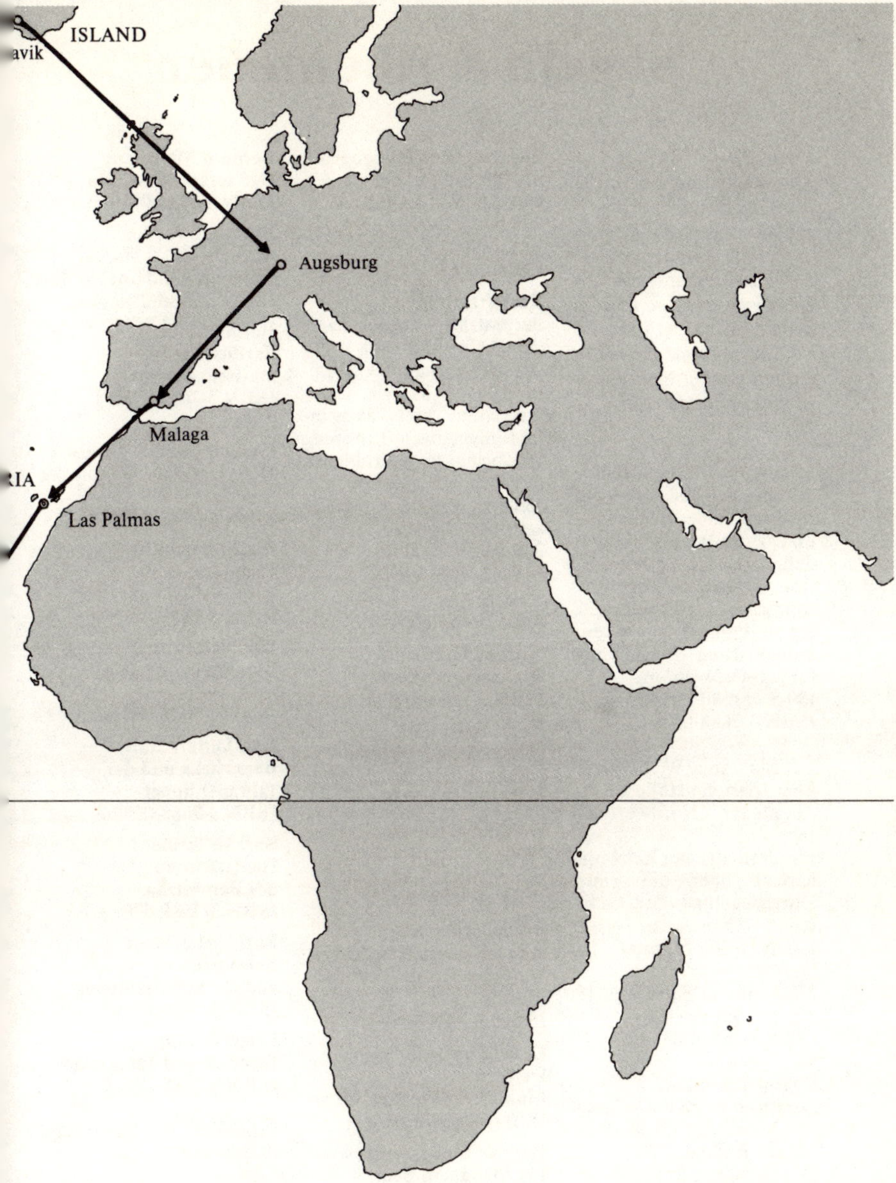

Flugroute und Stationen der MOONEY

Segeln & Abenteuer

Viele tausend Seiten Spannung und Entspannung zu Taschenbuchpreisen bietet die Reihe „Segeln & Abenteuer". Erlebnisberichte von Gefahren auf See und die Erzählungen beherzter Skipper und Bordfrauen garantieren Leseabenteuer aus erster Hand.

Maurice u. Maralyn Bailey
118 Tage den Tod vor Augen
Eiserner Überlebenswille und Erfindergeist helfen den Baileys, eine beispiellose Odyssee in ihrer Rettungsinsel durchzustehen, bis sie endlich von einem koreanischen Fischdampfer gerettet werden.
180 S. mit 80 Zeichn.
ISBN 3-7688-0829-7

Jeff MacInnis/W. Rowland
Eher friert die Hölle zu
Abenteuer Nordwestpassage
Ein dramatischer Erlebnisbericht über die erste Durchsegelung der tückischen Nordwestpassage Kanadas im offenen Hobie-Cat.
216 S. mit 38 Farbfotos, 18 Zeichn. u. 1 Karte
ISBN 3-7688-0830-0

Bobby Schenk
Segeln im Reich der Stürme
Mit Yacht und Miniflieger bis ans Ende der Welt
Der bekannte Segler fliegt zusammen mit seiner Frau Carla im eigenen Sportflugzeug nach Südamerika, um im gefährlichsten Revier der Welt zu segeln.
296 S. mit 52 Farbfotos, 15 Zeichn. u. 2 Karten
ISBN 3-7688-0831-9

Karl Vettermann
Barawitzka - Lauter Kapitäne, keine Matrosen
Als selbsternannter Admiral führt „B. A." vier Charteryachten mit Skipperlehrlingen nach Tunesien. Das bringt viele Probleme mit sich, die sich nur mit seiner gewohnten Pfiffigkeit lösen lassen.
280 S. mit 27 Zeichn.
ISBN 3-7688-0832-7

Außerdem lieferbar:

Wilfried Erdmann
Die magische Route
ISBN 3-7688-0787-8

Horst Haftmann
Oft spuckt mir Neptun Gischt aufs Deck
ISBN 3-7688-0788-6

Wolfgang Hausner
Taboo
Eines Mannes Freiheit
ISBN 3-7688-0597-2

Ernst-Jürgen Koch
Hundeleben in Herrlichkeit
Weltumseglung mit der „Kairos"
ISBN 3-7688-0669-3

David Lewis
Ice Bird
Einhand in Eis und Sturm
ISBN 3-7688-0708-8

Hannes Lindemann
Ein Mann, ein Boot, zwei Kontinente
ISBN 3-7688-0748-7

Bernard Moitessier
Der verschenkte Sieg
ISBN 3-7688-0749-5

Burghard Pieske
Shangri-La
Mit dem Wind um die Welt
ISBN 3-7688-0596-4

Burghard Pieske
Karibisches Eis - arktisches Feuer
ISBN 3-7688-0789-4

Bobby Schenk
Freiheit hinterm Horizont
Die klassische Weltumsegelung
ISBN 3-7688-0609-X

Joachim Schult
Yachtpiraten
Kriminalfälle auf See
ISBN 3-7688-0750-9

Karl Vettermann
Barawitzka segelt nach Malta
ISBN 3-7688-0671-5

Karl Vettermann
Barawitzka und der Taiwan-Klipper
ISBN 3-7688-0790-8

Karl Vettermann
Die Irrfahrten des Barawitzka
ISBN 3-7688-0710-X

Karl Vettermann
Barawitzka und die See-Amazonen
ISBN 3-7688-0751-7

Hugo Wehner
Tagedieb und Taugenichts
ISBN 3-7688-0711-8

Erhältlich im Buch- und Fachhandel

Delius Klasing Verlag